产业发展与研究丛书

新形势下全球价值链视角的地方汽车产业集群升级实证研究

张兆英　著

中国水利水电出版社
www.waterpub.com.cn
·北京·

内 容 提 要

　　本书是在汽车新赛道和"3060"双碳目标等背景下,采用产业集群理论、钻石模型理论和TRIZ理论等,从全球价值链视角对宁波汽车产业集群升级的实证研究。它为地方汽车产业集群突破价值链"低端锁定"困境,打造高质量的汽车智能制造、先进的现代汽车服务和集群的团队协调发展,从而走向全球化的品牌产业集群提供了真实案例,希望借此促进地方汽车产业集群升级和中国制造的高质量发展,提升中国汽车的社会影响力和国际地位,为政府制定产业决策提供参考。

　　本书逻辑清晰,论据翔实,论证有力,值得品读。

　　本书适合于关注汽车产业发展研究与实践、汽车产业集群升级和中国制造高质量发展的各界人士广泛阅读,也可作为从事产业经济、企业经营管理和相关政府部门公务人员的参考书籍。

图书在版编目（ＣＩＰ）数据

新形势下全球价值链视角的地方汽车产业集群升级实证研究 / 张兆英著. -- 北京 : 中国水利水电出版社,
2024.4（2024.11 重印）
　（产业发展与研究丛书）
　ISBN 978-7-5226-2443-3

Ⅰ. ①新… Ⅱ. ①张… Ⅲ. ①汽车工业－产业集群－产业发展－研究－中国 Ⅳ. ①F426.471

中国国家版本馆CIP数据核字(2024)第086720号

策划编辑：石永峰　责任编辑：张玉玲　加工编辑：刘瑜　封面设计：苏敏

书　　名	产业发展与研究丛书 新形势下全球价值链视角的地方汽车产业集群升级实证研究 XINXINGSHI XIA QUANQIU JIAZHILIAN SHIJIAO DE DIFANG QICHE CHANYE JIQUN SHENGJI SHIZHENG YANJIU
作　　者	张兆英　著
出版发行	中国水利水电出版社 （北京市海淀区玉渊潭南路 1 号 D 座　100038） 网址：www.waterpub.com.cn E-mail: mchannel@263.net（答疑） 　　　　sales@mwr.gov.cn 电话：（010）68545888（营销中心）、82562819（组稿）
经　　售	北京科水图书销售有限公司 电话：（010）68545874、63202643 全国各地新华书店和相关出版物销售网点
排　　版	北京万水电子信息有限公司
印　　刷	三河市德贤弘印务有限公司
规　　格	170mm×240mm　16 开本　13.5 印张　265 千字
版　　次	2024 年 4 月第 1 版　2024 年 11 月第 2 次印刷
定　　价	68.00 元

前　言

本书是作者多年从事汽车产业相关的科学研究和教学研究的劳动成果。它是作者主持的浙江省科技厅软科学研究计划"基于 TRIZ 的全球价值链视角下地方汽车产业集群升级的实证研究"（课题编号 2020C35031）和宁波品牌建设与创新升级研究基地的宁波市哲学社会科学规划课题《关于宁波"新能源汽车之城"品牌的产业链低碳高质量发展路径探究》（JD6-173）的研究成果，也是浙江工商职业技术学院京沪品牌升级研究中心的科研成果。本书是作者长期从事汽车类课程教学的实践成果，也是作者获得 2020 年浙江省教师教学技能竞赛二等奖、指导学生获得第五届浙江省大学生经济管理案例竞赛二等奖和第八届省大学生统计调研大赛三等奖的成果结晶。

本书内容共有十四章。首先是界定概念和梳理产业集群理论、钻石模型理论和 TRIZ 理论等，接着逐层分析宁波汽车产业集群的现状，即分别分析宁波汽车产业在汽车产业新赛道、现代制造业的技术创新和智能制造的发展状况，采用钻石模型理论分析宁波汽车产业集群的七要素和升级问题；随后探究出其升级的路径；然后分析了国内外知名汽车产业集群升级的经验，建议借鉴日本和韩国的"整零轮轴式"协同发展模式，将集群升级定位为在政府的相关政策支持下，走技术学习为主的自主创新道路；随后提炼出集群升级的"七化"对策，即产业迭代高能化、技术创新高端化、产业基础高级化、集群服务先进化、集群配套高标化、集群团队"战斗化"和集群品牌全球化；同时建议政府做好顶层设计，协调集群内外资源，强化政策支持集群发展和监督集群管理；最后采用典型案例加以验证。对于较为复杂的中高端新能源汽车的销售问题，采用 TRIZ 理论来解决。总之，在全球价值链视角下，宁波汽车产业集群升级的实质在于打造高质量的汽车制造业、先进的汽车服务业、集群团队协调发展，共同走向全球化的品牌集群。

在此感谢在本书形成过程中给予过支持和帮助的所有人。感谢作者所在的浙江工商职业技术学院各级领导和同事们给予的鼓励支持和热心帮扶，感谢宁波大学的杨丽华教授在我访学期间为我开启了集群研究的视窗，感谢台湾明新科技大学的林永帧教授把我领进了创新理论 TRIZ 的奇妙之门，感谢宁波汽车零部件协会的汪虹会长及同事们为本书提供了大量的实证支持和专业指导，感谢中国社会科学院大学研究生院的李海舰、刘霞辉、罗仲伟等教授和同学们给予的学术指导和支持。特别感谢吕洪霞教授的热心推荐和中国水利水电出版社的石永峰编辑对本书的精心付出。

希望本书能为关注地方汽车产业集群升级和中国制造高质量发展的各界人士带来参考价值。受个人的水平所限，文中存在的疏漏之处，敬请专家学者们批评斧正。

张兆英
2023 年 9 月于宁波

目　　录

第一章 绪 论

一、选题背景和意义

（一）选题背景

（1）汽车产业在经济发展中地位重要且适合集群发展，已是全球价值链的重要组成部分。汽车产业是现代工业皇冠上的"明珠"，是众多城市发展先进制造业的优选。其产业链长、关联度高、消费拉动强、就业面广。它具有极强的规模经济、产业关联、资本密集和技术密集特点，集群发展模式可有效增强其综合竞争力。我国汽车产业经过多年的高速发展，已成为世界汽车产销第一大国，已融入全球生产经营网络之中，是全球价值链中的重要组成部分。

（2）宁波汽车产业集群升级作为实证分析的必要性。宁波是我国汽车生产经营的重要基地，有吉利、上汽大众等 16 家整车生产企业，具有汽车零部件品类齐全的全国先发优势，以及 39 家全国单项冠军的汽车相关企业。宁波汽车产业产值通常占浙江省的一半以上。2022 年，浙江省汽车产业总产值为 7155.1 亿元，其中宁波市的已超 3500 亿元，宁波汽车制造业的 811 家规上企业（规模以上企业）完成工业总产值 3344.5 亿元，同比增长 15.8%，约占整个浙江省汽车产值一半（46.7%）。宁波汽车产业集群是全市"246"产业发展规划的"2"个万亿级产业集群之一，它曾入选 2020 年国家先进制造业集群培育名单。宁波汽车产业集群的升级就是中国制造高质量发展的典型代表。所以本书以宁波汽车产业集群为例，作为中国汽车产业集群升级的实证研究。

（3）新形势带来了我国汽车产业突破全球价值链低端锁定和加速实现中国汽车梦的契机。随着国际产业的转移，中国经济地位的平稳上升，我国即将成为第四个国际汽车产业中心。但是我国的汽车产业被长期锁定于全球价值链低端环节，经常扮演着"打工者"角色。这种低端锁定给我国汽车产业发展带来了巨大风险。随着全球经济发展的滞缓和环境的改变，汽车产业发展由整车的市场驱动零部件迅猛增长的浪潮已逐渐退去。然而汽车发展迎来了新赛道，现代制造业正面临技术创新和智能制造的大变革，在"3060"双碳目标和互联网+的驱动下，我国汽车产业有望突破全球价值链低端锁定，夯实世界第一汽车产销大国的地位，加速实现"弯道超车"。因此，在此背景下，从全球价值链视角来研究宁波汽车产业集群升级，具有重要的现实意义和历史价值。

（二）研究意义

1. 理论意义

本书是基于新常态下全球价值链视角来研究地方汽车产业集群升级，其研究结果有助于提升我国汽车产业的自主品牌价值，有助于提升中国汽车制造业的社会影响力和国际地位，为中国智造提供理论来源。

2. 实践意义

本书是对沿海地区的汽车产业集群进行实证研究，其研究结果将有助于推动当地区域经济的发展，也可作为我国其他省市地区的汽车产业集群，乃至其他产业集群发展的借鉴参考。其研究结果可为政府制定汽车产业集群相关决策提供参考建议。

总之，在全球价值链视角下，对宁波汽车产业集群升级的实证研究，既可加速地方汽车产业的集群升级，增强中国制造的竞争力，推动宁波经济高质量发展，也为其他地区产业经济发展提供参考借鉴。

二、研究思路、方法与数据

（一）研究思路

本书的研究基本思路分为五个阶段：前期准备、识别问题、分析及解决问题、实践验证和研究结果。具体流程为：首先在发现宁波汽车产业集群需要升级的问题前提下，学习相关理论基础知识，对宁波汽车产业集群整体进行调研，接着对集群的核心层主体企业及辅助层的配套产业及机构进行现状分析，尤其针对汽车产业新赛道、制造业的技术创新和智能制造背景下的状况，分别对集群进行相关分析，然后采用钻石模型进行要素分析；在探索宁波汽车产业集群升级的模型和路径后，借鉴国内外知名汽车产业集群的升级经验，最终得出宁波汽车产业集群升级的对策和政策建议等。

（二）研究方法

本书主要采用了以下研究方法。

1. TRIZ 相关方法

本书中涉及的 TRIZ 相关方法有物－场分析法、功能分析法等。本书将用 TRIZ

的物—场分析来创新探究中高端新能源汽车的消费者购买决策问题，用物—场分析来解决中高端新能源汽车的消费者痛点问题，即采用物—场模型所描述的问题来查找相对应的标准解法。

2. 三角互证法

三角互证法是质的研究中保证效度的方法。这种方法可用来检验不同的资料来源或不同的资料收集方法。本书通过对宁波汽车产业集群的相关主体，进行文献研究、问卷调研、实地调研和专题访谈等多方验证，以期研究结果更加客观中立。

3. 实证分析和规范分析

实证分析主要运用于发现宁波汽车产业集群升级中存在的问题，然后通过路径分析，再找到其升级路径来解决问题。规范分析主要用于对宁波汽车产业升级的政府建议研究，必须进行价值判断，来分析政府在产业升级中的促进和监督管理作用等。

4. 比较分析法

本书通过不同时期、不同国家和地区的汽车产业集群、汽车品牌销量等的对比，寻找出汽车产业集群发展的普遍性和特殊性，并总结出最典型的产业升级模式。为了更好地探明宁波汽车产业集群不同主体和相关产业的竞争优势，本书中大量运用了比较分析来加以论证。

5. 案例法

本书在对宁波汽车产业集群升级进行实证分析的过程中，对集群内的核心层的主体企业，以及辅助层的相关产业、机构等采用了丰富的案例，它可以充分体现宁波产业集群内涵的丰富性，也可以显示宁波汽车产业发展过程中的各个因素之间的相互作用。同时，由于案例具有一定的特殊性，因此在推广运用时还需注意借鉴参考的有效性。

（三）数据来源

本书的数据主要来源有以下几个方面。一是第一手数据，主要来自笔者所在的项目团队与宁波汽车集群业内企业专家、资深从业人员、4S店消费者的问卷调研和专题访谈，以及交通枢纽和车展现场的问卷调查。二是来自国家相关部门，如国家和地方统计局、中国汽车流通协会、中国汽车工业协会、工信部等有关部门。三是来自相关咨询机构，如盖世汽车、亿欧汽车、前瞻产业研究院和恒大研究院等。四是汽车专业平台或综合平台的汽车频道，如汽车之家、第一电动网、爱卡汽车、懂车帝、搜狐的汽车频道、太平洋汽车、新浪汽车等。其他公开信息资料来自期刊文献网站、科研院所与高校文献等。

三、研究创新与不足

（一）研究创新

本书的创新主要有三点。

1. 研究视角创新，将丰富产业集群升级理论

在全球价值链的理论基础上，让中国汽车企业在政府政策指引下，实现自主创新，突破全球价值链的低端锁定，实现从工艺流程升级—产品升级—功能升级—链条转换的路径。

2. 研究背景独特，结果具有前瞻性和区域特色

在汽车产业面临严峻环境考验的新常态下，以具有中国特色的汽车产业集群的典型代表——宁波的汽车产业集群作为研究对象，研究结果具有前瞻性和区域特色。

3. TRIZ 理论的创新应用，将丰富产业集群理论

TRIZ 理论中丰富的方法和技术能系统性地创新解决问题，将使本书的研究结果更具创新性和可行性。

（二）不足之处

本书主要受限于外部环境的特殊变化和集群的多层次多主体的复杂性调研问题。由于突发公共卫生事件、汽车芯片及其他外部因素的不确定性，研究内容和结论的参考价值有一定的限制。另外，研究团队在对集群内部众多企业开展的调研，由于可能涉及商业机密、影响生产的安全性等，加之其他因素，导致有些数据的获取和验证非常困难，并且不同渠道数据可能具有不一致性。

四、本书总体框架

本书首先界定概念和梳理产业集群理论、钻石模型理论和 TRIZ 理论等，接着逐层分析宁波汽车产业集群的现状，即分别分析宁波汽车产业在汽车产业新赛道、现代制造业的技术创新和智能制造的发展状况，采用钻石模型理论分析宁波汽车产业集群的七要素和升级问题；随后探究出其升级的路径；然后分析了国内外知名汽车产业集群升级的经验，建议借鉴日本和韩国的"整零轮轴式"协同发展模式，将集群升级定位为在政府的相关政策支持下，走技术学习为主的自主创新道路；随后提炼出集群升级的"七化"对策，即产业迭代高能化、技术创新高

端化、产业基础高级化、集群服务先进化、集群配套高标化、集群团队"战斗化"和集群品牌全球化；建议政府做好顶层设计、协调集群内外资源，强化政策支持集群发展和监督集群管理；最后采用典型案例加以验证。本书的总体框架如图 1-1 所示。

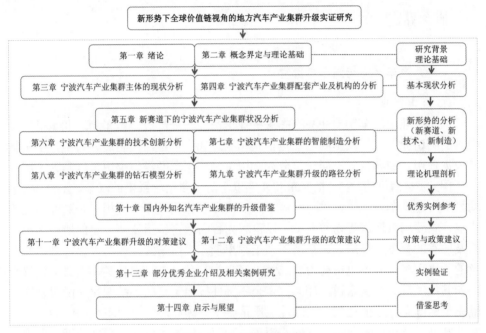

图 1-1　本书的总体框架

第二章 概念界定与理论基础

一、概念界定

（一）汽车产业与汽车零部件

1. 汽车产业

汽车产业由汽车制造业与汽车服务业这两大部分组成。汽车制造业是世界上最大的制造业之一。汽车制造业包括整车制造和汽车零部件制造。其中，整车制造根据使用范围和目的的不同，可分为乘用车和商用车两类。乘用车以私人家用为主，不以营利为目的。它包括轿车和9座以下的主要用于乘坐的汽车，含SUV（运动型多用途汽车）、MPV（多用途汽车）、赛车及家用皮卡。商用车是商业用途的车辆，主要用来运送货物和人员，以营利为目的。它包括9座以上的所有客车，以及所有的货车、专用车、军用车、工程车辆、农用车等。汽车零部件制造所涉及的种类更多，大致包括动力总成类、底盘类、车身类、附件类、电器类、仪表类和其他类等。一般来说，10000多个零部件按照一定的系统规律才能组合成一辆完整的汽车，才能达到规定的性能质量要求。因此对每个汽车零部件的工艺要求非常高。汽车服务业包括汽车的销售、物流、研发、贸易、维修保养、驾驶培训、文化休闲、汽车回收和二手车交易等行业。

汽车产业是一个高度整合的综合性产业。汽车从研发、生产到最终投入市场，其产业链上所涉及的企业包括原材料供应企业、汽车零部件制造企业、汽车整车制造企业、汽车服务企业等。因此可将汽车产业链分解为相关产业、汽车零部件制造业、汽车整车制造业、服务贸易业以及服务支撑体系五个部分。汽车产品对技术要求极高，开发周期长（平均3~4年），且生产流程繁杂，涉及的相关厂商达数百家之多，需要产业链上各产业之间的相互配合。汽车产业链长，上游涉及钢铁、纺织、石化、玻璃、橡胶、塑料等为汽车零部件及整车制造提供原材料的基础工业企业，下游延伸至研发、销售、维修、租赁、保险、金融、物流、旅游、文化等服务贸易行业。另外，汽车产业链的每一个环节都有相应的法律法规标准体系、试验研究开发体系、认证检测体系等完善的支撑体系。因此汽车产业与其他传统产业相比，具有典型的规模经济效应，是资本密集、技术密集和知识密集型产业。

2. 汽车零部件

汽车零部件是指机动车辆及其车身的各种零配件，通常人们把汽车零部件叫作汽车配件。根据中国国家统计局制定的《国民经济行业分类与代码》，经 2017 年国家统计局行业分类调整后，其国民经济行业类别代码为 C3670。汽车零部件主要包括：

（1）汽车部件：离合器总成、变速器总成、传动轴总成、分动器总成、前桥总成、后桥总成、中桥总成、差速器总成、主减速器总成、前后悬挂弹簧总成等。

（2）汽车零件：缓冲器（保险杠）、制动器、变速箱、车轴、车轮、减震器、散热器、水箱、消声器、排气管、离合器、方向盘、转向柱及转向器等，如图 2-1 所示。从汽车产品的角度来说，凡是构成了汽车整车的系统组件、系统、总成的部件、零件以及其他相关部件都称为汽车零部件。业界也有把总成、系统和系统组件统称为系统，就是指具有特定功能的，能够独立安装和使用的组合件，比如座椅系统、汽车内部系统等；而汽车零部件则是对应整车而言的。所有的汽车零部件一般在经过冲压、焊接、油漆、整车装配四大工艺过程后即形成汽车整车。所以从工艺流程的角度来说，整车的生产过程就是汽车零部件生产过程加上汽车零部件经过四大工艺成为汽车整车的过程。所有生产和销售汽车零部件的企业集合，就构成了汽车零部件产业。

（二）产业集群及相关概念辨析

1. 产业集群的内涵

产业集群的概念出自经济地理学。产业集群的本质就是一个集团，其中的成员包括但不限于机构及企业等，通常属于某个特定领域或者地理位置十分接近，且成员之间存在相互作用。这就是迈克尔·波特对产业集群的看法。产业集群的组成成员非常复杂，常见的有学校、研究机构、金融机构、相关服务机构、服务生产过程的供应商以及参加产品等，完全突破了特定产业之间的界限，无论是不同行业之间，还是不同机构之间，都可以相互发生作用。产业集群内部不仅存在互为补充的关系，还存在竞争关系，增效作用和加乘效果是其重要特征。集群成员不管是互相合作，还是公平竞争，都可以提高产业集群的加乘作用。如果中小型企业占据产业集群的绝大部分，组成成员是很多既独立又合作的小企业，企业之间表现出一定的分工和协作行为，那这样的集群又被称为"中小型企业集群"，这是我国学者仇保兴提出的观点。企业间的承诺和信任、竞争和互补以及适应和交换等都属于协作行为，这些行为不仅可以帮助企业更好地经营生产，还可以提高企业的竞争力，成功战胜外来竞争者。王缉慈认为，特定区域内的专业化程度较高的企业及其支撑机构，会出现柔性集聚现象，并渐渐发展成有紧密联系合作网络的企业集群，即产业集群。

发动机零件

凸轮轴/曲轴皮带轮系列
凸轮轴/曲轴链轮系列
VVT/VCT转子/定子系列
凸轮轴前轴颈/轴颈
凸轮轴信号轮/信号盘
中间轴油封法兰
轴承座
平衡轴链轮
曲轴轴承盖系列
M/S曲轴连杆
驱动链轮/双联齿轮
分电衬套
进排气座圈
气门导管
涨紧轮/自动张紧轮偏心销等

变速器零件

手动变速同步齿毂系列
自动变速行星齿轮支架
变速滑块拨叉系列
齿轮泵内外齿轮
高低速同步器锥环系列
同步器导块
倒挡锁块/保险块/感力块
压板
同步器齿壳
同步器齿环
同步器保持环

油泵零件

机油泵转子系列
机油泵齿轮系列
变量泵转子
高压油泵正时带轮
油泵链轮

水泵零件

水泵带轮系列
水泵凸缘
水泵轮毂
水泵法兰
法兰盘

转向零件

移动条/移动架
紧固座
径向架/轴向架
球头联结板/驱动销板
配油盘
转向衬套
固定凸轮
三角轮毂

刹车零件

真空泵转子
真空泵连接器
斜齿轮
ABS齿圈系列
后音轮/传感器齿圈

车身零件

摇窗齿轮
座椅传动齿轮
排气管密封圈
排气管法兰
制动滚轮
电机小齿轮
升降齿轮

底盘零件

减震器活塞
减震器导筒
压缩阀座/底阀体
流通限位器
复原阀体
上下球头

空调零件

轮毂/扭矩限定轮毂
6V/7V轴套
滑动销
导向座
平衡块

其他零件

凸轮轴斜齿轮
曲轴斜齿轮
锥齿轮
伞齿轮

图 2-1　汽车零部件

这里出现的产业集群是指那些特定区域内的相关机构、相关产业厂商、金融机构、服务供应商、专业化供应商以及企业等，彼此之间存在交互关联性、合作关系以及竞争关系，且所处位置比较接近。

2. 产业集中与产业集群

个别产业中存在规模非常大、影响力十分广泛的企业，这些企业相当于该产业中的龙头老大，它们在整个产业中的份额就是所谓的产业集中。产业组织研究的重点之一就是产业集中。企业在该产业中的垄断状况是产业集中的主要反映内容，不会受产业空间分布带来的影响，也不重点关注同一产业内企业间的联系。经过深入分析和对比发现，产业集中和产业集群不存在任何直接关联，两者的概念大相径庭。

3. 产业集聚与产业集群

从空间层面出发，产业呈现为集中分布，就是所谓的产业集聚，它的研究内容主要围绕产业空间分布形态展开。产业的发展积聚在同一个空间，其中的基础设施都可以使用，这是产业集聚的典型特征，有利于增强规模经济效益。产业集聚和产业集群有着密切关联，但两者依旧不完全一样。产业集群有可能从产业集聚转化而来，但不是所有的产业集聚都能变成产业集群。这是因为个别产业虽然地理位置接近，但产业内部完全独立自主，没有任何关系，根本形不成产业集群。

4. 产业链与产业集群

产业链是对一种产品从原料到销售的全过程的描述，包括加工、生产等各个环节。这一概念最早由阿尔伯特·赫希曼在 1958 年的《经济发展战略》中提出，他从一个产业的前向联系和后向联系的角度来理解产业链。产业链的概念不仅涉及产业内的联系，还包括价值链、生产链、供应链、商品链等相关概念。然而，产业链的研究主要集中在产业内的联系，较少关注产业以外的机构，如商会、协会、中介机构等。

与产业链相比，产业集群的概念更为深入。它不仅包括产业内的联系，还包括产业与其他相关机构如商会、协会、中介机构等的联系。更重要的是，产业集群强调了空间的集聚，这意味着产业集群中的各个产业环节不仅要在产业链上有紧密的联系，还需要在地理空间上有集中的布局。这种布局有利于资源的优化配置，有利于提高产业的竞争力。

5. 工业园区与产业集群

经济技术开发区的建设和发展对中国的工业园区建设有促进作用，沿海地区出现经济技术开发区的时间是 1984 年以后，以利用外资为主、以出口为主、以工业为主是当时国家对开发区提出的要求，一切都是为了推动高新技术产业的发展。最初建立工业园区是为了更好地利用外资，有利于从外部促进经济的增长。所以不少工业园区没有考虑到自身所处区域的实际状况，导致园区产业无法和周围产业融为一体，在限制了园区自身发展的同时，影响了当地经济的进一步提高。这意味着工业园区和当地企业没有形成通力合作关系，而产业之间联系密切是产业集群重点强调的内容，属于从内部促进经济增长的方式之一，两者完全不一样。但有的工业园区和企业有着密切的联系，从而形成产业集群。

（三）汽车产业集群

关于汽车产业集群的概念，学者们有不同视角的理解。颜炳祥（2008）认为，汽车产业集群是指大量汽车产品制造业、汽车批发零售业和汽车服务业及相关支撑企业与外围的服务机构在一定地域范围内集聚和集中，共同构成的功能群体。它具有地域化集聚、专业化分工、社会化协作、技术创新、学习效应和品牌效应。肖景橙（2018）提出，汽车产业集群是指由汽车整车企业、汽车零部件企业、汽车服务企业、相关原材料及设备供应企业和政府、金融机构、中介机构、大学及科研机构等相关支撑机构在一定区域范围内聚集在一起所形成的产业群落与其所处的外部环境共同组成的具有一定层次、结构和功能的有机整体，如图 2-2 所示。

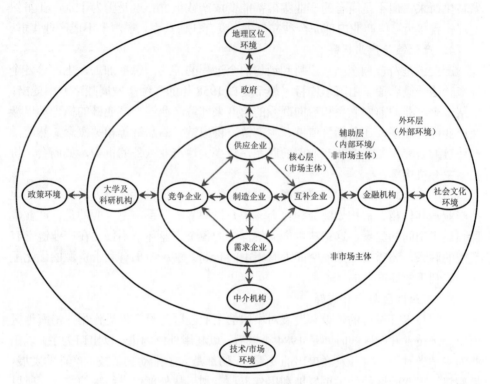

图 2-2　汽车产业集群结构

从图 2-2 中可以看出，汽车产业集群分为核心层、辅助层、外环层。其中，核心层由制造企业、供应企业、需求企业以及提供同类或相似产品和服务的竞争、互补企业等不同类型的与汽车行业相关的企业种群组成，是汽车产业集群生态系统中的市场主体。辅助层则由政府、金融机构、中介机构、大学及科研机构等支撑机构种群组成，是汽车产业集群生态系统中的非市场主体。它们主要为核心层提供诸如资金、技术、知识、信息、管理、人力资源等服务和支持，如政府为汽车产业集群提供政策以及资金支持，金融机构为汽车产业集群提供融资、担保、基金、信托、保险、投资以及财务服务等专业化金融服务，大学及科研机构为汽车产业集群提供相关的人才、知识和技术，汽车行业协会、学会等为政府、企业、社会建立起沟通桥梁，其他中介机构如技术交易机构、咨询公司、法律事务所、会计事务所等为汽车产业集群提供技术信息、咨询、策划、法律、财务等方面的专业化服务等。外环层是汽车产业集群周围的环境因子，大致包括地理区位、政策、技术/市场、社会文化等环境因子。有利的外部环境因子，不仅是汽车产业集群形成的先决条件，也是汽车产业集群实现稳定、可持续发展必不可少的要素。本书将采用此种汽车产业集群的系统结构。

要正确辨别产业集群的含义，才能精准分析把握汽车产业集群升级的相关内容，否则，由于概念理解的偏差，容易造成内容范围过窄或分析不到位。

（四）产业集群升级

产业集群处于特殊的演化阶段时，其中的企业、机构等成员会明显改变原有的行为模式和组织方式，从而增强自身的竞争力，确保有更好的发展前景和更光明的未来，这就是所谓的产业集群升级。这里认为产业集群升级的实质就是提高集群的创新能力，整个过程是一个创新改革过程，重点是不断挖掘和提升产业集群的价值创造能力。只有集群中的每个成员都养成创新改革意识，并具有创新改革能力，才能真正增强集群网络的影响力，提高整个群体的创新能力。

（五）全球价值链

全球价值链是由 Gereffi（2001）提出来的一个全球性跨企业网络组织，它实现了在全世界将商品或服务价值进行生产、回收处理等过程的目的。它涵盖了产品从原料到生产再到消费最后到回收处理的全过程。在生产过程中，Gereffi 更注重的是企业可以在链条整体上创造和得到的价值，脱离了价值链理论对商品所带来的局限性。

Humphrey（2000）认为，"分散在全球各个角落的各种活动的功能整合与协调"是现阶段全球化的性质特点，它对于发展中国家来说，在竞争力的提高方面具有关键作用。他提出两个观点：第一，对于发达国家和发展中国家的对外贸易来说，随着时间的流逝，逐渐深入到由世界购买商所控制和协作的全球价值链体系。第二，融入由世界购买商支配的全球价值链中去，有利于发展中国家实现产业快速升级的目的。

Sturgeon（2002）在 20 世纪将韩国、新加坡等"亚洲四小龙"的出口导向型战略称为基于全球供应基地"供应商导向型产业升级"，它们都是为发达国家的跨国企业提供服务，利用出口加工的方式进入全球市场，通过引入"制造设计"模式，开发具有设计和创新的产品，从而实现技术创新和产业升级的目标。目前，这条极具代表性的产业升级之路，对发展中国家来说依旧值得学习和借鉴，对发展中国家在产业升级上有重要意义。

二、理论基础

（一）产业集群升级

1. 产业集群升级的内涵

国内外学者对产业集群升级的含义进行了大量探讨。其中 Gereffi（1999）的观点是，产业集群的升级是集群企业从全球价值链的底层向顶层进步的过程，也就是说，企业正在向资本集型或技术密集型领域的转变过程。Humphrey 和 Schmitz（2000），以及 Pietrobelli 和 Rabellotti（2004）提出，产业集群的提升实际上是集群获取更高的附加价值，且主要归功于创新。Porter（1998）在对发展中国家进行考察后，认为集群升级就是通过更有效率的生产或更高技术的环节制造出更好的产品，因此产品生产效率和生产环节是集群升级的两种主要形式。梅丽霞等（2005）的观点是，产业集群的进步体现在其技术革新和系统性、对外交流和社会资金的增强，也就是说，这个产业集团在全球的价值链上有更强的增值潜力。许多专家持有这样的观点，即集群的进步主要体现为其创新实力的增强（刘锦英等人，2006；潘利，2007；段文娟等人，2007），例如产品的更新换代、服务的优化、制造技术和性能的改进、产业链的优化以及集群的网络影响的提高。因此，产业集群的提升是一个全面且有序的流程。"创新"被广泛接受为提升的核心要素，并且和 Porter 等早期学者的看法基本吻合。然而这类理论常常在探讨提升的核心含义、实际路线等方面，缺少了从微观、变化、融汇角度的考虑。

2. 产业集群转型升级的路径

国内外学者一致认为，产业集群转型升级的路径主要有三种：

（1）从集群内寻找升级的路径。张杰、刘东（2006），Otsuka Sonobe（2011），阮建青、石琦、张晓波（2014）提出，在产业集群中寻找升级的途径是必要的。他们认为每个产业集群都有独特的地理要素，这不仅影响着各个集群的起源，也会对集群的未来发展产生影响。因此，在产业集群内部探索基于本土资源的知识架构与组织创新才能，就是产业集群改革提高的策略。

（2）创新推动集群升级。Porter 和 Karlinsky（1990）认为，最优的集群升级策略是通过生产最优质的产品提高生产效率或将其转移到更具有价值的部分来实现的。陈晓涛（2007）主张产业集群的提升应该是依赖于技术革新来调整当前的产业集群布局，以达到产品与市场的革新。Tilson（2001）则提出，只有在消费者和供应商都对供应链目标有所认同的情况下，才能进行合作，理解各自的角色，建立起互相信赖的平台，并加强可持续发展的机制，从而提升集群的绩效。

（3）全球价值链的视角的集群升级。Humphrey、Schmitz（2000），刘闲月、孙锐、林峰（2012）等人从全球价值链的角度探讨了集群升级的问题，其观点是由于全球价值链的空间、价值及控制权的构造特征，各个价值环节之间有着协同和竞争的联系。在产业集群提升的过程中体现为不同等级的地区产业集群的提升与反向提升的竞争。Khalid Nadvi（2005）对巴基斯坦与德国的医疗设备产业集群进行了深入研究，探讨了发展中国家与先进国家的地理集群是如何融入全球价值链的。鉴于中国的工业集团在全球的价值链中被低端所限制，中国的专家们也给出了许多解决这个问题的方法。毛加强（2008）提出了产业集群在全球价值链上的升级路径，即功能升级—产品升级—工艺流程升级—链条转换。辛娜（2012）主张我国产业集群应激发企业自主创新能力，培育国内需求市场并寻求市场需求，以突破全球价值链低端锁定。胡大立（2016）认为在全球价值链的背景下，发展中国家的产业集群升级应根据具体情况选择适当的方式。各种价值链推动方式（包括生产者和消费者推动）应该实施各种提升策略。GVC治理模式（市场型、模块型、关系型、领导型、科级制）也会对发展中国家产业集群提升途径的决定产生影响。

总之，国内外学者关于产业集群升级的理论研究非常丰富，其研究成果对于指导地方发展汽车产业集群发展具有重要意义。

（二）汽车产业集群升级

国内外学者在此领域的相关研究颇为丰富。Humphrey和Memedovic（2003）通过对全球汽车产业价值链的系统研究指出，发展中国家汽车产业通过嵌入产业来升级，而零部件供应商的功能升级有赖于政府政策的开放和支持。胡乃祥（2011）认为产业集群发展有三种模式：中外合资型、自主创新型和本土联合经营型。汽车产业的发展模式更倾向于自主创新模式。以李献宾为代表的学者对汽车OEM企业的升级路径进行了深入研究，认为企业根据不同的驱动力可以分成生产者驱动型和消费者驱动型，前者应主动和集群内的领导型企业交流沟通，争取建立长久的合作关系，不断升级优化自身生产技术和更新经营理念，同时实施一系列有效控制成本的措施，如低价营销等；后者则应积极完成企业转型，尽快从制造商变成中间商，并按照OEM（代工生产）—ODM（原始设计制造）—OBM（自有品牌生产）的路径升级。关于我国产业集群的升级路径，很多学者进行了积极探索和深入研究，其中以段文娟为代表的学者获得较突出的研究成果，提出了三种科学有效的路径。升级路径一是提升企业集群的技术水平；二是提高企业集群的市场开拓能力；三是同时提高企业集群的技术水平和市场开拓能力，企业可以直接跃迁到全球价值链的高端。

由于我国汽车产业基础与国际还有很大差距,有关汽车产业集群的研究视角、研究内容及方法还应不断拓展和丰富。因此本书将采用全球价值链的视角,针对汽车产业不同价值链的驱动模式和产业集群的 GVC 治理模式。

(三)钻石模型

1. 钻石模型

它是由美国哈佛商学院著名的战略管理学家迈克尔·波特提出的。波特的钻石模型用于分析一个国家某种产业在国际上有较强的竞争力的原因。迈克尔·波特通过考察和研究美国、日本等国的 100 多个产业案例,系统地从竞争优势角度进行了产业竞争力的研究。波特归纳了产业竞争中各学者的观点,为竞争优势理论提供比较完整的解释,第一次为产业竞争力研究提供了一个系统且完整的分析框架,他认为生产要素,相关产业和支持产业,需求条件,战略、结构和同业竞争因素构成一个整体,四个要素具有双向作用,形成钻石体系。另外,政府与机遇这两个外部辅助因素,也对某个产业的竞争力产生影响,强调产业的发展需要政府"看得见的手"。波特的钻石模型如图 2-3 所示。

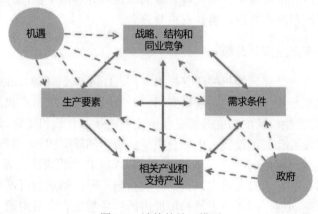

图 2-3　波特的钻石模型

2. 钻石模型六要素说明

(1)生产要素。生产要素分基础生产要素和高级生产要素。基础生产要素主要是产业发展需要的人力、自然、知识、资本等资源;高级生产要素主要是科研人才、科研机构和高等院校及基础设施建设。

(2)需求条件。需求条件包括国内外的市场需求。国内市场需求能够推动企业占领市场先机,提前进行产品研发与生产,在行业早期阶段可形成规模化的成本领先优势。

（3）相关产业和支持产业。本要素具体指一个产业的上下游企业的实力强弱，企业的相关及支持产业的优势所转化的企业的竞争优势高低，产业上下游企业的内部联通状况对产业发展的影响程度。这些因素可转为国家之间的产业竞争力优势比较。

（4）企业战略、结构和同业竞争。企业的设立和运营管理涉及企业战略、企业联盟与并购的实施，同业竞争对企业占据的市场地位产生很大的影响。而同业竞争在国内市场下会产生更大的竞争效果，同一市场的竞争会迫使企业在科技研发方面引导或限制产业的发展。

（5）政府。政府可通过定向提供购买补贴或者退出购买补贴等行政手段扩大市场需求，引导和监督产业发展。

（6）机遇。机遇可促进产业发展和国家进步。例如，汽车"新四化"带来的产业迭代机遇、"3060"双碳目标下的汽车新能源和轻量化转向等，为中国汽车发展带来"弯道超车"的优势。

上述钻石理论、全球价值链及区域创新系统理论等形成了产业集群升级研究的重要理论基础。

（四）TRIZ 理论

1. TRIZ 来源与内容

TRIZ 来源于俄文的英文音译 Teoriya Resheniya Izobreatatelskikh Zadatch 的首字母缩写，即"发明问题的解决理论"，中文译为"萃思"或"萃智"，即"萃取思考"或"萃取智慧"。它是苏联发明家根里奇·阿奇舒勒（Genrich Altshuller）和同事们经对大量专利的总结分析而得到的研究方法体系。TRIZ 理论是一种基于知识系统原理的问题发明解决方法，是经验性的、定性的、建设性的、通用的方法体系。它依托人们不同的专业技术知识，可以激发出新思路，产生创新解决问题的方案，是一种能有效描述新技术、新系统发展的方法体系。传统的 TRIZ 方法体系包括 8 个技术演变模式、40 条发明原理、39 个技术参数、冲突矩阵、76 个发明性问题的标准解决方案、发明问题解决算法（ARIZ）以及工程知识效应库。V.Souchkov（2019）、孙永伟，Sergei Ikovenko（2017）认为它是一种系统化的创新方法，能让使用者通过系统、规则的方式，精准地发现创新过程中可能碰到的各种问题，同时也能发现并改善前后的冲突关系。

2. TRIZ 理论的应用与创新

井辉、郇志坚（2005），Li Huangye，Liu Yongmou，Severinets Georgi 等人（2016）指出，TRIZ 理论已经在工程技术领域取得了突飞猛进的发展，同样适用于商业管理与教育管理的创新研究。唐中君等（2004）利用 TRIZ 的基本思想和方法对生产方式的创新机理和方法进行研究，提出了生产方式创新模型。罗以洪、邵云飞（2018）根据 TRIZ 建立了理想化信息系统架构概念，将 TRIZ 结合 BSC 及战略一致性模型，建立反映企业业务系统与信息系统之间的匹配关系对应的数学模型，解决了信息系统规划中的矛盾。王君华、刘国新（2015）构建面向 TRIZ 的企业内部协同创新体系的特征和条件，得出企业内部协同创新体系构建的六个关键点、四大主题要素。易加斌、董丛文（2018）则对 TRIZ 理论在管理创新领域的应用进行了系统归纳。虽然 TRIZ 理论能对复杂问题进行系统性的创新解决，但它较为复杂，需要与其他理论结合使用，才能取得良好创新效果。

鉴于 TRIZ 有系统化创新的优势，所以本项目将在全球价值链的视角下，用 TRIZ 来解决基于新形势的宁波汽车产业集群升级中的多主体、动态复杂的相关问题。这样将使汽车产业集群升级，打造宁波汽车产业集群升级的研究结果也更具创新性和可行性。

本章小结

本章主要对汽车产业、产业集群等相关概念和理论基础进行分析，明确汽车产业集群与升级的概念与范围，并着重介绍钻石模型理论、TRIZ 理论，为本书的研究奠定坚实的理论基础。

第三章　宁波汽车产业集群主体的现状分析

汽车及零部件产业是宁波的传统优势产业，也是当地重点打造的246万亿级产业集群。

2022年，宁波市汽车制造业规上企业达到811家，工业总产值达到3344.5亿元，同比增长15.8%。汽车及零部件全行业完成的工业总产值超过3500亿元，占浙江省汽车产值的46.7%。宁波市整车制造规上企业共完成工业总产值1123.1亿元，同比增长17.6%。浙江吉利和上汽大众合计产值占比达98.8%。宁波市805家汽车零部件制造规上企业完成工业总产值2221.4亿元，同比增长14.9%，占全市汽车制造业规上工业总产值的66.4%。前30家重点企业共计完成工业总产值1159.7亿元，同比增长32.1%，三分之二企业实现正增长。全年汽车出口交货值达到292.8亿元，同比增长17.5%。

一、宁波整车制造业的现状分析

（一）宁波乘用车现状分析

1. 宁波轿车

（1）宁波轿车生产概况。宁波生产轿车的公司主要有浙江吉利和上汽大众宁波分公司。吉利作为大型汽车企业，它从台州起步，在宁波壮大。其生产工厂遍布全国，但是它在宁波已经布局了6家汽车整车生产工厂，在全国各地中工厂最多，是当之无愧的吉利大本营。这6家工厂分别为吉利春晓工厂（宁波北仑）、吉利杭州湾工厂（宁波杭州湾新区）、吉利慈溪工厂（宁波慈溪）、领克余姚工厂（宁波余姚）、领克梅山工厂（宁波北仑）和极氪杭州湾工厂（宁波杭州湾新区）。吉利汽车的主要轿车车型有全新帝豪、博瑞、博瑞GEMHEV、博瑞GEPHEV、缤瑞等。上汽大众宁波分公司生产基地位于杭州湾，主要轿车车型有大众品牌凌渡、凌渡GTS，以及斯柯达品牌新明锐家族（全新明锐、明锐旅行车）等车型。

（2）轿车市场状况。

1）国内市场。2022年汽车市场整体增速放缓，但国内轿车市场仍然保持增长的态势。国内轿车市场的总销售量达到了创纪录的3700万辆，同比增长了10%。其中，自主品牌汽车的销售量增长了15%，合资品牌汽车的销售量增长了7%，进口品牌汽车的销售量也有所提高。由此可知，国内轿车市场的竞争越来越激烈，各品牌厂商的市场份额分配也在发生变化。同时，轿车销售量呈现出微型轿车、中型轿车、豪华轿车、大型轿车四种类型的平衡分布。其中，微型轿车销售量约占总销售量的30%，中型轿车占比约为25%，豪华轿车占比约为20%，大型轿车占比约为25%。同时，豪华轿车和大型轿车销售量逐年上升；新能源轿车销售量持续增长，成为市场热点。

2）国际市场。2022年轿车销售量呈现出较为平稳的增长趋势。其中亚洲市场仍然是轿车销售的主要市场，占据全球轿车销售总量的40%以上。欧洲和北美市场轿车销售量较为平稳，分别占25%和20%左右。南美洲、非洲和大洋洲市场的轿车销售量逐年增长。

（3）市场的发展趋势。首先需要关注的是消费者需求的多样性。随着消费升级的趋势逐渐明显，消费者对轿车的需求也呈现出多元化的特征。比如，年轻消费者更加注重轿车的个性化和科技感，而中老年消费者则更加注重轿车的舒适性和安全性。其次，轿车市场的竞争格局也越来越激烈。除了传统的汽车厂商之外，越来越多的新兴企业也开始涉足轿车市场，这不仅提高了市场的竞争力，也带来了更多的创新和变革。最后，新能源轿车的发展也是轿车市场的重要特征之一。随着环保意识的提高，新能源轿车已经成为市场的新宠，未来也将继续成为市场的发展方向。

总之，轿车市场将会继续保持增长的趋势。从国内市场来看，微型轿车、中型轿车、豪华轿车、大型轿车四种类型的平衡分布将会成为市场的主要特征。从国际市场来看，亚洲市场仍然是轿车销售的主要市场，而新能源轿车的发展也将成为市场的新热点。在此背景下，轿车市场的竞争将会更加激烈，消费者需求的多样性也将成为市场的重要特征。

2. SUV乘用车

SUV乘用车是一种融合了越野车部分功能、家庭休闲需求满足以及优秀的大路行驶性和多功能性的车型。它继承了越野车的高通过性、轿车的舒适性以及长途运转的力量，将运动、休闲和商务等多种功能集于一身。正因如此，多功能性成为SUV近年来备受追捧的关键优势。

（1）宁波SUV生产概况。宁波这座美丽的港口城市，是我国SUV生产的重要基地之一。在这里，有五款备受关注的SUV车型正在热销，它们分别是途昂、柯珞克、途岳、远景S1、博越和领克05。这些车型各具特色，吸引了大量消费者的目光。其中，途昂、柯珞克、途岳是由上汽大众汽车有限公司宁波分公司位于杭州湾的生产基地负责生产的。这些车型凭借出色的性能和舒适的驾驶体验，赢得了消费者的广泛好评。

（2）SUV 汽车市场消费情况。在 2022 年，我国汽车市场的整体增长速度有所放缓，然而 SUV 市场的表现却截然不同，它持续火爆并保持着高速增长的态势。据中国汽车工业协会的统计数据显示，2022 年，全国 SUV 销售总量达到了 299 万辆，与 2021 年同期相比，增幅高达 49.4%。这一增长速度远高于乘用车市场的增速。同时，SUV 市场的发展趋势也呈现出一些新的特点，其中最显著的就是高端化和小型化。越来越多的消费者倾向于购买更豪华、更先进的 SUV 车型，而一些紧凑型、小型 SUV 也因为其时尚、实用的特点受到了消费者的欢迎。这样的市场变化为我国的自主品牌企业提供了一个宝贵的机会。我国的自主品牌企业可以通过研发更符合市场需求的 SUV 车型，来提升自己的市场份额和品牌影响力。事实上，许多自主品牌企业已经开始在 SUV 市场上发力，推出了一系列具有竞争力的新车型。

（3）SUV 市场的发展趋势。

1）近年来，紧凑型 SUV 市场的动向引起了广泛的关注。回顾过去几年，我们可以看到国内紧凑型 SUV 市场正在经历飞速的发展。为了迎合市场需求，各大汽车制造商纷纷投入力量，研发小型 SUV 车型。例如，东风标致 2022、雪佛兰创酷、北京现代 ix25、哈弗 H2 和瑞风 S3 等车型，都是车企在这一市场领域的重要布局。同时，一些国际知名品牌也加入了小型 SUV 市场的竞争，例如，三菱、路虎和起亚等纷纷宣布将推出自家的小型 SUV 车型。这些新车型将为消费者带来更多的选择。值得一提的是，小型 SUV 市场的产品已经相当丰富，包括别克昂科拉、福特翼搏等热销车型。这些车型凭借时尚的外观、实用的性能以及经济的油耗，赢得了广大消费者的青睐。这是由于消费者对 SUV 车型的喜好和需求发生了变化，更加注重车辆的实用性和适应性，而且 SUV 车型的外观时尚、通过率高等吸引了越来越多的消费者。在节能减排的大环境下，以及高油价、城市停车空间小的背景下，低价、低油耗的小型 SUV 会有良好的市场空间。小型 SUV 相比传统 SUV，排量、售价更低；相比轿车，又有高离地间隙、高视野的优点，再加上便利停车等因素，会越来越受消费者欢迎。

2）豪华 SUV 市场也呈现出快速增长的趋势。这主要是因为消费者的消费水平不断提高，对汽车的要求也变得更高。同时，豪华 SUV 车型也具有更高的品质和更多的配置，能够满足消费者更加多元化的需求。此外，豪华 SUV 车型还具有更强的越野性能和更高的安全性能，这也是消费者选择豪华 SUV 车型的一个重要原因。

3）消费者对于 SUV 车型的喜好和需求发生了变化。这也影响到了国内 SUV 市场的竞争格局和品牌占有率。随着消费者对实用性和适应性的要求不断提高，一些品牌的 SUV 车型逐渐失去市场份额，而一些品牌的 SUV 车型逐渐成为市场领先者。例如，长安 CS75、哈弗 H6 等车型在国内紧凑型 SUV 市场上拥有较高的市场份额，而奥迪 Q5、宝马 X5 等车型则在豪华 SUV 市场上占据一定的市场份额。

4）SUV 市场的环保趋势也备受关注。这主要是因为 SUV 车型的燃油消耗和排放量较高，对环境造成了一定的影响。因此，环保问题也成了 SUV 车型发展的一个重要因素。为了解决这个问题，一些 SUV 车型开始采用更加环保的动力系统，例如混合动力和纯电动系统。此外，一些 SUV 车型也开始采用更加轻量化的材料，以降低燃油消耗和排放量。

总之，国内 SUV 市场呈现出多样化特征和趋势，其中 SUV 市场的发展成了汽车市场的一大亮点。随着消费者对汽车的实用性和适应性的要求不断提高，SUV 车型也将不断发展和创新，以满足消费者更加多元化的需求。同时，环保问题也成了 SUV 车型发展的一个重要因素，SUV 车型将不断优化和改进，以减少对环境的影响。

（4）影响宁波乘用车产业发展的因素。当前影响汽车产业发展的主要因素可以归纳为以下六个方面：

1）企业之间的合作深度尚待提高。目前，整车企业与本地零部件企业、本地系统集成商与零部件供应商之间尚未建立起稳定、持续的供应关系。这导致自主品牌对本地汽车零部件企业的带动作用不够强，无法充分发挥其对产业链的推动作用。

2）龙头企业的引领作用不够明显。一些长期面向国际市场的零部件企业更倾向于为高端车型和产品提供服务，而主攻国内市场的一些零部件企业由于各种原因，难以满足自主品牌"高质量、低成本"的配套条件。

3）高端汽车人才集聚度不足，汽车制造业的高层次技术人才、高技能人才仍需加快引育。宁波虽然吸引了相关高校和科研机构落户，但在学科设置、人才培养上还没有形成有效的支撑力量。

4）汽车产业开放融合程度不高，国际化发展道路任重道远。企业国际化途径比较单一，自身国际化视野狭窄、能力薄弱，国际合作以基础的商品合作为主，缺乏挖掘高价值市场的机会和能力。

5）企业生产技术水平参差不齐，产品高端化发展后劲不足。乘用车和商用车品种单一，新能源汽车零部件发展缓慢，智能网联汽车产业链中的感知、控制、执行以及场景应用、社会环境等技术储备不足，新型燃料电池汽车推进缓慢，创新能力薄弱。

6）现行政策对集群发展的支持力度不足，现代化治理能力有待提升。现行政策都是部门性、功能性政策，存在一定的"政策孤岛"现象，缺少面向集群发展的针对性、专业性政策，各种园区、开发区之间缺少协同合作、信息互通、资源共用，一定程度上限制了集群进一步发展的空间。

3. 典型企业

（1）浙江吉利汽车有限公司。自 1999 年在宁波成立以来，该公司在宁波市北仑、慈溪、杭州湾、余姚建立了六个整车制造基地，形成了一个集吉利汽车集团总部、乘用车、动力总成和关键零部件生产制造、研发设计、采购销售、人才培养及赛车文化于一体的综合性汽车产业发展基地。2020 年是吉利迈向"品牌和技术领先"的关键一年，也是"科技吉利 4.0 时代"的全面开局之年。该公司从"3.0 精品车时代"跃升至"科技吉利 4.0 时代"，以 BMA、CMA 超级母体、SPA、SEA 浩瀚架构为核心，步入"全面模块化架构造车时代"。2022 年 1 月，吉利进军换电产业，其在国内拥有 1000 多个销售网点及 400 多个海外销售和服务站点，产品销售及服务网络遍布世界各地。总之，吉利汽车凭借全面的汽车产业发展基地、领先的技术和遍布全球的产品销售及服务网络，不断巩固在国内和国际市场的地位，为消费者提供优质的产品和服务。

（2）上汽大众汽车有限公司宁波分公司。这家成立于 2012 年的公司，是德国大众汽车集团在我国浙江省的重要生产基地。厂区占地 262 万平方米，具备冲压、车身、油漆、总装等四大车间，以及技术中心、培训中心、能源中心、展示中心等相关配套设施。公司主产大众品牌的凌度、途昂、威然，以及斯柯达品牌的明锐、柯珞克等，年产能大约为 30 万辆。值得骄傲的是，该公司连续七年获得杭州湾新区政府颁发的"突出贡献奖"和"纳税二十强"奖，这充分展示了它在当地经济中的重要地位。同时，该公司也为当地创造了超过一万个就业岗位，为社会做出了积极贡献。

（二）宁波专用车市场情况分析

1. 基本情况

2020 年以来宁波市专用车主要有救护车、低温槽车、房车、环卫车等，主要车企有凯福莱、明欣化工器械、耐克萨斯、鑫百勤等（不含已停产车企及年产量 10 辆以下车企）。其中宁波凯福莱特种汽车有限公司生产医用专用车、冷链物流专用车和福祉产品专用车。2020 年凯福莱专用车产量 879 辆，是宁波市特种车的龙头企业，工业产值增长近 20%。鑫百勤由于整体市场不大，主要供给宁波本地使用。

2. 国内专用车市场特征及发展趋势

（1）国内专用车市场特征。

1）国内专用车市场表现两极分化。在 2022 年里，传统的商用车市场呈现了

"跌跌不休"的颓势；而新能源专用车市场却是"逆势大涨""一枝独秀"。2022全年新能源专用车累计实销 29.2 万辆,同比(2021 年累计实销 16 万辆)增长 82%,创近年新高。其主要原因包括"双碳"目标推动、各地优惠政策、蓝牌轻卡新规落地、购置补贴政策、高油价等。国内专用车企业凭借技术优势和价格优势逐渐占据国内市场,开始向国际市场拓展。专用车市场需求局限,竞争激烈,技术含量高,使用寿命长,未来趋势是新能源市场增长、智能化趋势加强、企业加强技术研发和创新能力、国际化进程加快。

2)行业标准环境持续向好,多项国家及行业标准进行制定、修订和优化整合。现行标准存在的交叉、重复、技术内容不健全等主要问题正在逐步解决。强制性标准 GB 21668—2008《危险货物运输车辆结构要求》和 GB 20300—2018《道路运输爆炸品和剧毒化学品车辆安全技术条件》进行整合,GB/T 17350—2009《专用汽车和专用挂车术语、代号和编制方法》修订工作有序开展。专用车标准体系的进一步完善将更加明晰行业标准范围,优化行业标准供给结构,为市场自主制定标准留出发展空间。

3)产业链上下游联系日趋紧密。随着专用汽车行业的发展壮大,上下游企业之间的黏性增大,促进整个行业技术逐步向专业化发展,建立双向互赢体系,完善行业服务机制,提升产品技术水平。上游供应商开始重视对专用车进行定向服务,下游经销售后体系也将持续完善。

（2）专用车市场的发展趋势。它主要表现在以下几个方面。首先,新能源市场需求将会继续保持增长趋势,主要是由于国家经济的快速发展、城市化进程和新能源政策引导。其次,专用车的智能化趋势将会加强,这是新能源汽车市场发展的必然趋势。再次,专用车制造企业将会加强自身的技术研发和创新能力,提升产品的技术含量和品质。此外,企业的国际化进程也将会加快,一些企业将会向国际市场拓展,提升企业的竞争力。

总之,随着国家经济的不断发展和城市化进程的加快,新能源专用车市场将会继续保持良好的发展态势。国内专用车企业在市场竞争中应该加强自身的技术研发和创新能力,提升产品的技术含量和品质,为市场的健康发展做出贡献。未来随着经济增长和市场需求提升,行业标准将持续向好,产业链上下游联系日益紧密,高附加值产品前景广阔,智能化和网联化趋势愈发明显。

（三）宁波商用车市场分析

1. 宁波客车市场情况

宁波市客车生产企业共有 2 家,即浙江中车电车有限公司和宁波比亚迪汽车有限公司。由于市场、补贴等多方面原因,2020 年产量较 2019 年相比持续下滑,全年实际生产客车 478 辆，均为浙江中车电车有限公司生产。由于地方政策原因，宁波比亚迪汽车有限公司转为生产零部件，总装在外地完成。本地市场对于客车生产企业发挥了非常大的促进作用，截至 2020 年年底，全市累计推广纯电动客车 4815 辆、插电式混合动力客车 782 辆。

2. 国内客车市场特征及发展趋势

（1）国内客车市场销售情况。在 2022 年经济下行、需求减少（受高铁、飞机、私家车、城市轨道交通等交通工具的挤压）、补贴退坡等诸多不利因素的综合作用下，大中型客车市场遭遇"滑铁卢"，车企经营压力较大。2022 年大中型客车累计销售 9.2256 万辆，同比下降 5.15%，销量创近年新低，成为近 5 年来第一个年销量低于 10 万辆的年份。国内客车市场销售情况呈现出多元化的态势。在市场细分方面，公交车、旅游客车、校车等领域的销售将继续保持稳定增长，而城际客车、商务客车等领域的销售也将逐渐增长。此外，随着公共交通的普及和环保理念的深入人心，新能源客车市场将会得到更多的关注和支持。

（2）国内客车企业情况。在国内客车企业方面，目前市场竞争较为激烈，大型客车制造企业占据了市场份额的大部分。其中，一汽、中通、金龙等企业在公交车、旅游客车领域具有较大的市场份额，而北汽、福田等企业在商务客车、城际客车领域表现较为突出。此外，随着新能源汽车政策的不断出台，新能源客车市场竞争也日益激烈，比亚迪、宇通等企业在这一领域表现突出。

（3）客车市场的特征分析。其主要体现在以下几个方面。

1）客车市场需求呈现多元化趋势，不同领域的客车需求各异，市场分化程度高。

2）客车市场竞争格局激烈，企业不断加强产品研发和市场营销，以谋求更大的市场份额。

3）环保、安全、智能化成为客车市场发展的重要趋势，新能源客车、自动驾驶客车等新技术的应用逐渐普及。

4）客车市场的价格竞争较为激烈，企业需要不断降低成本、提高效率，以保持市场竞争力。

（4）客车市场的发展趋势。客车市场的发展趋势主要体现在以下几个方面。首先，随着国家新能源汽车政策的不断出台，新能源客车市场将会得到更多的支持和关注。其次，智能化客车、自动驾驶客车等新技术的应用将逐渐普及，成为市场的新热点。再次，客车市场将更加注重环保、安全、舒适等方面的需求，产品质量和品牌形象将成为企业竞争的重要因素。最后，客车市场的市场化程度将逐渐提高，企业需要不断完善服务体系、加强品牌建设，以满足消费者的多元化需求。

（5）客车产品的应用场景趋势。主要表现为如下四种场景：一是城郊化公交重新焕发生机。随着国内城镇化和城乡一体化的快步推进，以座位数为主要需求特征的城郊车型产品重新焕发生机。其中，宇通率先推出面向城乡客运的 8.2 米纯电系列产品，金龙客车推出 11 米纯电城郊系列产品，中通推出 8 米纯电城郊系列产品。二是社区微循环纯电动公交蓬勃发展。面向地铁站点接驳、站点到社区之间的末端出行需求的社区微循环公交蓬勃发展。国内外主要客车品牌相继推出此类细分出厂的产品方案。2020 年金龙客车推出 5.9 米逍遥系列纯电动公交，苏州金龙推出 5.9 米和 6.5 米清源系列纯电动公交，中通推出 5.9 米睿通 V60 系列纯电动公交。三是弹性公交成为公共交通新的发展方向。金龙客车在现有产品体系基础上依托金龙运控平台开发出可实现网络预约的智慧巴士，推出智慧交通整体解决方案。四是智能驾驶场景逐渐推广。L4 级自动驾驶客车产品加速量产化与商业化落地，各主流厂家纷纷看好无人驾驶赛道，中国极有可能成为世界上最大的无人驾驶市场。无人驾驶巴士不仅是一种新颖的公共出行方式，还可以让乘客体验到更智慧的生活和娱乐，引入零售、AI 智能交流、办公等场景。同时，无人驾驶也在无人配送、无人驾驶出租车、无人驾驶货运车等商业场景得到运用，未来或将实现更多的商业价值落地。

综上所述，国内客车市场的多元化需求将导致市场分化程度越高；环保、安全、智能化会成为市场发展的重要趋势，未来新能源、智能化客车和自动驾驶客车将逐渐普及；激烈的竞争格局将促使企业加强产品研发和市场营销，并保持降本增效；同时企业还需要注重产品质量和品牌形象的提升，才能不断满足消费者需求，以实现可持续发展。

3. 典型企业介绍

这里主要介绍两家客车企业，它们都是到宁波落户的国内知名企业。

（1）浙江中车电车有限公司。该公司是中国中车的子公司，成立于 1984 年 12 月 8 日，注册地位于浙江省宁波市鄞州区。该公司拥有中国先进新能源商用车研发中心、院士工作站和约 35000 平方米的生产厂房等设施。公司凭借中国中车的四大核心技术和超级电容储能技术，已研发出 6～18 米燃料电池、纯电动、超级电容及混合动力车型等。公司的 18 米电－电混合储能、快充、纯电动城市客车采用高铁级别的制造标准，选用高品质材料，车身结构轻量化，耐腐蚀，并且通过了 EMC 电磁兼容认证。车身外观及内饰造型得到德国顶级设计公司的合作开发。车辆内部装饰可进行定制化设计，以适应城市风格和公共交通服务理念。2019 年年初，浙江中车电车有限公司为马来西亚量身定制的首台 10.6 米纯电动巴士正式上线运营。

（2）宁波弗迪电池有限公司。前身为成立于 2016 年 6 月 27 日的宁波比亚迪汽车有限公司，专注于电池零配件生产与销售、电子专用材料研发与制造、新型膜材料制造与销售，以及光伏设备及元器件制造与销售等业务。2018 年年底，公司成功发布具有里程碑意义的 IGBT4.0 技术，使比亚迪成为唯一拥 IGBT 完整产业链的车企。这一技术在车级领域具有标杆性意义，进一步巩固了比亚迪在电动车领域的领先地位。值得一提的是，比亚迪在早期便预见到第三代半导体材料 SiC 的巨大潜力，并投入巨资进行布局。通过持续创新与前瞻性布局，比亚迪正引领着电动车行业的发展趋势。

二、宁波汽车零部件业的现状分析

宁波汽车产业链有一个很清晰的特点，那就是整个行业完全是由整车带动的。宁波最开始之所以能形成零部件产业的高度集聚，一个重要原因是靠近整车厂集中的上海，车企为了保障供应链安全，一般对供应的地理半径有要求，而宁波不仅有区位和港口优势，还是"模具之都"，本身就拥有良好的制造业基础，也因此有了快速集聚的动力。

（一）宁波市汽车零部件产业发展情况

1. 基本情况

宁波市是全国规模最大、种类最齐全的汽车零部件制造产业集群。汽车产业是宁波第一大产业。2022 年宁波地区已拥有汽车零部件企业 4000 多家，规上企业 600 家左右，产业集群优势显著。宁波汽车及零部件产业不仅占据了浙江省的半壁江山，而且根据相关研究数据，宁波汽车零部件上市企业数量仅次于上海，超过深圳、北京，共 24 家。上市企业的总营业收入、净利润排在全国第三。

2. 市场表现

截至 2022 年年底，宁波市汽车产业关联企业超过 5000 家，其中规上企业突破 1210 家，产值亿元以上企业逾 300 家；拥有国家级单项冠军企业 28 家、专精特新"小巨人"企业 60 家、上市企业 36 家。均胜安全、敏实、拓普、均胜普瑞 4 家企业跻身全球汽车零部件供应商百强榜（全国仅 10 家）。151 家年产值亿元以上的企业为奔驰、宝马、通用、丰田、大众、特斯拉等国际主流整车厂一级配套，产品涵盖汽车各零部件。

3. 发展特征

宁波市的汽车零部件制造业在整车行业发展的基础上，独立发展出涵盖全部四大类十三项范围的产品线，尤其是机械加工件、橡塑件和冲压件等领域的技术实力和市场占有率都相当突出。这一领域中，有一批技术实力强大、市场占有率高的"单项冠军"企业，如均胜电子、帅特龙、华翔、圣龙、博格华纳、旭升、天龙、舜宇等，它们在全国同行业的各类产品排名中均位居前十。其中，发动机零部件、内外饰、底盘件、橡胶件、金属件这五类零部件的产值最高，尤其是凸轮轴、进排气管、发动机油泵、减震器和塑料件等产品的国内市场占有率位居第一。宁波市有大量的汽车零部件企业直接为主要的整车企业提供配套服务，其中一级配套企业占10%～15%，二级配套约占40%，三级配套约占50%，而主导产品在国内市场占有率超过20%的企业有110余家，这充分展示了宁波市汽车零部件制造业的竞争力和影响力。

在新能源汽车零部件领域，国内领先的产品包括动力电池、驱动电机和汽车电子等。宁波威睿汽车、宁波力神和浙江佳贝思等企业是动力电池的主要生产商。驱动电机和控制系统的主要制造商包括宁波菲仕、宁波海天和普瑞均胜等。核心原材料的主要生产商包括宁波容百科技、艾能科技、宁波杉杉、宏远碳素和力邦新能源等企业。

（二）我国汽车零部件产业发展趋势

1. 汽车零部件行业发展情况

随着我国汽车工业的不断发展壮大，汽车零部件产业也得到了长足的发展，我国汽车零部件行业将迎来一个新的高峰。首先，我国汽车零部件产业会更加专业化，企业会更加注重技术创新和品质提升。其次，我国汽车零部件行业会更加国际化，企业会更加注重国际市场的开拓和合作。此外，我国汽车零部件行业还会更加智能化，企业会更加注重智能制造和数字化转型。未来我国汽车零部件行业会更加成熟和稳定，具有更强的市场竞争力。

2. 国内汽车零部件企业情况

我国汽车零部件企业数量众多，其中大部分为中小企业。这些企业多数集中在长三角、珠三角和中部地区。在这些企业中，有一些企业已经成为国内外知名的汽车零部件供应商，如华域汽车、华为科技、比亚迪等。这些企业在技术创新、品质管理和市场营销方面表现突出，已经成为行业的佼佼者。此外，我国汽车零部件行业还存在一些问题，如技术创新不足、市场竞争激烈等。总体而言，我国汽车零部件企业具有很大的发展潜力和市场前景。

3. 汽车零部件的特征分析

汽车零部件是汽车制造中不可或缺的重要部分，具有以下几个特征。

（1）汽车零部件具有高度的专业性和技术含量，需要企业具备强大的技术研发和创新能力。

（2）新能源汽车市场的崛起将带动相关零部件的需求。随着环保意识的增强和新能源汽车政策的推动，新能源汽车市场迎来快速增长。电池、电机、充电桩和电池管理系统等零部件的需求大幅增加。

（3）智能化技术成为零部件发展的新方向。智能化技术的应用为汽车零部件行业带来新的机遇。智能驾驶辅助系统、车联网和人机交互系统等零部件成为未来发展的重点。

（4）汽车零部件市场竞争激烈，需要企业具备强大的市场营销和品牌建设能力。

（5）汽车零部件需要具备智能化和数字化的特点，以适应未来汽车制造的发展趋势。

4. 我国汽车零部件产业的发展趋势

（1）汽车零部件行业未来的发展前景十分广阔。通过研究分析我国汽车零部件产业的升级优化措施，产业结构调整规律，以及汽车行业的发展空间，发现我国汽车零部件产业依旧存在很大的发展空间。

（2）国家将长期大力扶持汽车零部件行业。汽车行业的进一步发展离不开技术水平更高的汽车零部件，所以国家应对汽车零部件行业给予高度重视，通过出台相关政策，鼓励该行业创新改革，实现产品技术升级。

（3）产业布局集群化、产品生产集成化的趋势更为明显。生产汽车上任何配件的企业都建立在同一区域或地理位置十分接近，呈现出较强的集群化特点。在这个因素的影响下，汽车零部件产业形成了以产业链为中心、周围配套产业辅助的发展模式，这增强了企业的竞争力，有利于增强规模经济效益。

（4）产业整合重组进程加快。在汽车零部件企业未来的发展过程中，通过内外部资源相结合，在提高整体规模的同时实现控制或减少生产成本的目标。产业整合重组也是为了增强汽车零部件企业的核心竞争力。

（5）模块化与轻量化推动产业变革。随着时代的发展，模块技术在汽车制造中得到越来越多的关注，多数汽车制造商变"单品采购"为"模块采购"的采购模式，使汽车零部件的采购越来越少。新能源汽车的主要发展趋势是车身轻量化，在未来新能源汽车的快速发展下，除车身外的其他部件会使用重量较轻、质量较高的材料，以实现减轻汽车重量的目的。

（6）产业发展的趋势是多元化、国际化和智能化。多元化是汽车零部件的重要发展趋势，在产业链不断完善的过程中，汽车零部件的个性化和差异化将会是企业的重点关注。企业在汽车零部件的发展上会转向国际市场，通过与国际市场的合作，汽车零部件将更加国际化，有利于提升产品的国际竞争力。随着数字化和智能化的发展，企业也会将汽车零部件的重点放在数字化转型和智能制造上，汽车零部件也会更智能化，对产品的智能化水平有一定的提升。总而言之，在汽车零部件产业不断快速发展的背景下，在国内外市场范围内，我国的汽车零部件将会成为其主要供应商之一。

（三）宁波汽车零部件的竞争力分析

1. 传统汽车零部件具有国内领先优势，重点零部件企业发展各有起伏

2022 年宁波市的汽车发动机零部件、车身附件、底盘件等塑胶和金属类零部件产值居前；凸轮轴、进排气管、发动机油泵、撑杆和减震器产品的国内市场占有率居第一；轻量化汽车部件（包括金属和非金属类）、方向盘控制器、门把手、管路接头、开关、饰条等产品国内市场份额处于领先地位。宁波重点汽车零部件企业产值见表 3-1。

表 3-1　宁波重点汽车零部件企业及产品

序号	企业名称	重点产品
1	浙江吉润春晓汽车部件有限公司	车身金属件
2	宁波远景汽车零部件有限公司	车身金属件
3	宁波吉利罗佑发动机零部件有限公司	发动机
4	宁波拓普集团股份有限公司	动力总成悬置
5	宁波上中下自动变速器有限公司	变速器
6	博格华纳汽车零部件（宁波）有限公司	涡轮增压器
7	宁波杭州湾汇众汽车底盘系统有限公司	转向系统、传动轴、悬架（悬挂）系统
8	宁波华翔电子股份有限公司	车身、内外饰
9	爱柯迪股份有限公司	汽车管件、压铸件
10	宁波普瑞均胜汽车电子有限公司	电子、电控
11	宁波继峰汽车零部件股份有限公司	座舱系统、头枕、支杆、座椅扶手、其他
12	宁波福尔达智能科技有限公司	关键功能件、智能电子系统产品
13	宁波高发汽车控制系统股份有限公司	变速箱
14	宁波旭升汽车技术股份有限公司	模具及配件
15	宁波帅特龙集团有限公司	内外饰
16	宁波敏实汽车零部件技术研发有限公司	大型汽车结构件
17	宁波圣龙汽车动力系统股份有限公司	发动机油泵、变速箱油泵、变速器零件、真空泵、其他
18	宁波思明汽车科技股份有限公司	EGR、管件、排气尾管、支撑件、装饰尾管
19	宁波四维尔汽车零部件有限公司	汽车外饰件
20	宁波精成车业有限公司	汽车微型电机、后视镜折叠器、后视镜驱动器

续表

序号	企业名称	重点产品
21	宁波双林汽车部件股份有限公司	动力总成、变速箱、轮毂内外饰等
22	宁波宏协股份有限公司	离合器从动盘、离合器压盘
23	宁波韵升汽车电机系统有限公司	发电机、起动机
24	建新赵氏集团有限公司	减震件、密封件、底盘件

（数据来源：宁波市统计局数据，部分企业数据未公开）

　　宁波市汽车零部件产业已经从偏向传统先进制造业的"单一化发展"，转变为注重先进制造业与现代生产服务业的"融合化发展"。宁波市坚持零部件与整车技术创新并重，推动电动化、智能化的并行发展，并积极突破新能源汽车关键零部件技术，以动力电池与管理系统、驱动电机与电力电子、网联化与智能化技术为突破口，推动集群企业向专、精、特、新转型升级。截至2022年年底，宁波汽车产业拥有39家国家级"单项冠军"企业，详见表3-2。其中，像海天塑机和宁波柯力等已经全球排名第一。

表3-2　宁波市汽车产业集群国家级制造业单项冠军企业/产品

序号	企业名称	产品名称	企业/产品	所属区县
1	海天塑机集团有限公司	塑料注射成型机	国家级示范企业（第1批）	北仑
2	宁波激智科技股份有限公司	液晶显示模组	国家级示范企业（第2批）	鄞州
3	东睦新材料集团股份有限公司	粉末冶金零件	国家级示范企业（第2批）	鄞州
4	宁波舜宇车载光学技术有限公司	车载镜头	国家级示范企业（第3批）	余姚
5	宁波合力模具科技股份有限公司	压铸模具	国家级示范企业（第3批）	象山
6	万华化学（宁波）容威聚氨酯有限公司	隔热保温用组合聚酯多元醇	国家级示范企业（第3批）	北仑
7	宁波江丰电子材料股份有限公司	半导体制造用超高纯金属溅射靶材	国家级示范企业（第4批）	余姚
8	宁波旭升汽车技术股份有限公司	新能源汽车铝合金减速器箱体	国家级示范企业（第4批）	北仑
9	宁波帅特龙集团有限公司	机动车门手柄总成	国家级示范企业（第4批）	海曙

续表

序号	企业名称	产品名称	企业/产品	所属区县
10	宁波杉杉新材料科技有限公司	动力锂离子电池石墨负极材料	国家级示范企业（第4批）	海曙
11	宁波永新光学股份有限公司	光学显微镜	国家级示范企业（第5批）	鄞州
12	宁波市鄞州亚大汽车管件有限公司	汽车制动软管接头系列	国家级示范企业（第5批）	鄞州
13	宁波柯力传感科技股份有限公司	应变式传感器	国家级示范企业（第5批）	江北
14	宁波培源股份有限公司	减震器活塞杆	国家级示范企业（第6批）	海曙
15	雪龙集团股份有限公司	商用车发动机冷却风扇总成	国家级示范企业（第6批）	北仑
16	宁波信泰机械有限公司	汽车车身外饰条	国家级示范企业（第6批）	北仑
17	宁波达尔机械科技有限公司	高精密微型深沟球轴承	国家级示范企业（第6批）	镇海
18	宁波长振铜业有限公司	高精密铜合金端面型材	国家级示范企业（第6批）	余姚
19	宁波艾克姆新材料股份有限公司	预分散橡胶助剂	国家级示范企业（第7批）	江北
20	浙江夏厦精密制造股份有限公司	小模数精密圆柱齿轮	国家级示范企业（第7批）	镇海
21	宁波容百新能源科技股份有限公司	锂镍钴锰氧化物（三元正极材料)	国家级示范企业（第7批）	余姚
22	宁波招宝磁业有限公司	烧结钕铁硼曳引电机磁钢	国家级示范企业（第7批）	镇海
23	宁波长阳科技股份有限公司	光学反射膜	国家级单项冠军产品（第3批）	江北
24	音王电声股份有限公司	数字调音台	国家级单项冠军产品（第3批）	鄞州
25	宁波继峰汽车零部件股份有限公司	乘用车座椅头枕	国家级单项冠军产品（第4批）	北仑
26	宁波方正汽车模具股份有限公司	汽车燃油系统多层吹塑模具	国家级单项冠军产品（第5批）	宁海

序号	企业名称	产品名称	企业/产品	所属区县
27	宁波韵升股份有限公司	硬盘音圈电机磁体	国家级单项冠军产品（第5批）	鄞州
28	宁波金田铜业（集团）股份有限公司	高性能铜合金棒材	国家级单项冠军产品（第5批）	江北
29	宁波科诺精工科技有限公司	汽车天窗导轨用铝合金精密型材	国家级单项冠军产品（第5批）	江北
30	恒河材料科技股份有限公司	石油树脂	国家级单项冠军产品（第5批）	镇海
31	宁波弘讯科技股份有限公司	塑机控制系统	国家级单项冠军产品（第6批）	北仑
32	浙江华朔科技股份有限公司	新能源汽车驱动系统压铸总成	国家级单项冠军产品（第6批）	北仑
33	宁波震裕科技股份有限公司	电机铁芯高速级进冲压模具	国家级单项冠军产品（第7批）	宁海
34	浙江丰茂科技股份有限公司	乘用汽车多楔带	国家级单项冠军产品（第7批）	余姚
35	浙江捷能汽车零部件有限公司	商用车专用防松紧固件	国家级单项冠军产品（第7批）	余姚
36	宁波均胜群英汽车系统股份有限公司	汽车空气管理系统	国家级单项冠军产品（第7批）	鄞州
37	宁波圣龙汽车动力系统股份有限公司	乘用车发动机可变排量机油泵	国家级单项冠军产品（第7批）	鄞州
38	宁波高发汽车控制系统股份有限公司	汽车电子换挡系统	国家级单项冠军产品（第7批）	鄞州
39	宁波兴业盛泰集团有限公司	电子元器件 CuNi 系合金带箔材	国家级单项冠军产品（第7批）	慈溪

数据来源：工业和信息化部公布的第一至七批制造业单项冠军企业/产品、宁波市经济和信息化局、宁波汽车工业发展年度报告等，部分企业数据未公开

2. 汽车零部件"双百强"榜中宁波"F4"（汽车零部件四大头部企业）

汽车零部件"双百强"是全球汽车零部件企业百强与中国汽车零部件企业百强的合称，自2014年创立以来，已成为汽车零部件行业中最具影响力的排行榜之一。该榜单全面揭示了国内外汽车零部件产业的竞争格局、品牌影响力、技术先进性和综合盈利能力，为行业提供了一个独特的视角来了解产业的发展趋势。"双

百强"榜的一个重要意义在于，它引领着中国汽车零部件企业与国际先进企业进行对标，寻找技术差距，分析国际竞争格局。这不仅有助于提升中国汽车零部件企业的竞争力，也为国际汽车行业提供了一个深入了解中国零部件产业、寻找领先的中国合作伙伴的宝贵机会。因此，"双百强"榜在汽车零部件行业中具有极高的参考价值，成为了行业发展的风向标。

2022 年中国汽车零部件百强榜和全球汽车零部件百强榜，分别如表 3-3 和表 3-4 所示。从表 3-3 和表 3-4 可以看出，在 2022 年中国汽车零部件企业百强榜中，宁波共有 7 家企业上榜，其中均胜电子排名第 5 位，爱柯迪排名第 100 位。均胜还入选了 2022 全球企业零部件企业百强榜，排名第 40 位。下面分别简单介绍几个宁波百强企业的基本情况。

（1）均胜集团成立于 2001 年，是一家全球化的汽车零部件供应商巨头，以智能驾驶系统、汽车安全系统、新能源动力管理系统、工业自动化及机器人、高端功能件总成等的研发与制造为核心业务。公司与宝马、奔驰、奥迪、大众、保时捷、特斯拉等知名汽车品牌建立了长期稳定的合作关系。自 2011 年起，均胜集团开始积极进行海外产业布局，通过一系列的国际并购，成功收购了德国的汽车电子公司 PREH、机器人公司 IMA 和 QUIN，以及美国的汽车安全系统全球供应商 KSS 和德国的智能车联网领域公司 TS。这些举措不仅丰富了公司的产品线，提升了公司的技术实力，也帮助公司实现了全球化的发展战略和转型升级。均胜集团的成功，既得益于它对创新产品的持续研发，也离不开它对国际并购的精准把握。这种全球化的视野和前瞻性的战略布局，使得均胜集团在汽车零部件行业中独树一帜，成为了行业的佼佼者。在宁波企业中，均胜集团的排名最高，2021 年营收近 450 亿元，是宁波唯一一逼近 500 亿元大关的汽车零部件企业，已连续多年进入全球汽车零部件百强企业。这一系列的成绩，充分展示了均胜集团在汽车零部件行业的领先地位和强大实力。

（2）敏实集团是一家由台商秦荣华于 1992 年在小港工业开发区创立的企业，历经 30 多年的稳健发展，已经在全球零部件领域崭露头角，成为行业的佼佼者。近年来，随着新能源汽车市场的迅猛发展，敏实集团积极拓展业务领域，大举进军新能源汽车行业。在 2023 年 6 月 20 日，敏实集团与法国知名汽车制造商雷诺集团共同宣布签署一份谅解备忘录。根据这份备忘录，双方将在法国境内成立一家专注于生产电池盒的合资公司，并向雷诺旗下各个工厂提供产品。此举旨在结合双方在技术、市场和管理等方面的优势，共同研发和生产具有竞争力的电池盒产品，以满足新能源汽车市场的日益增长的需求。

（3）宁波华翔集团从 1988 年成立以来便秉持踏实经营、创新技术理念的国内民营零部件企业，以稳健的发展策略，逐步在客户资源、品牌、成本、技术开发、生产基地布局等方面积累了一定优势，并在行业中树立了优势地位。公司始终坚守高端化的发展路线，致力于为世界主流品牌的中高端车系提供优质的配套服务，包括宝马、奔驰、福特、通用、沃尔沃、捷豹路虎等。与此同时，宁波华翔也顺应新能源汽车市场的发展趋势，成为特斯拉、RIVIAN、比亚迪、蔚来、小鹏和理想等新能源车企的供应商。

（4）拓普集团成立于 1983 年，公司一直致力于汽车行业的发展，主要业务聚焦在汽车六大产品板块：底盘系统、车身轻量化、智能底盘电子、座舱舒适系统、热管理系统和内外饰系统。这些产品板块均针对汽车轻量化、电动化和智能化的最新趋势，充分展示了拓普对未来汽车行业的精准洞察和积极布局。作为有近 40 年汽车行业经验的企业，拓普 2021 年营收达到了 110 亿元，在 2022 中国汽车零部件百强榜单中排名第 35 位，较 2021 年上升了 12 位，成为 2022 年榜单中前进位次最多的甬企。目前拓普已经拥有全球乘用车轻量化电子底盘核心零部件系统大规模量产经验，这使得公司在这一领域占据了明显的竞争优势。在排放标准日趋严格和新能源渗透率持续提高的大背景下，汽车轻量化、新能源、智能化升级、软件定义汽车及系统化解决方案业务等正逐渐兴起，为零部件企业带来了更广阔的增长和盈利空间。拓普紧跟时代步伐，积极布局新业务领域，力求在未来的汽车行业中继续保持领先地位。

表 3-3　2022 年中国汽车零部件企业百强榜

排名	同比	企业名称	零部件收入/亿元	地区
1	0	潍柴控股集团有限公司	2610.36	山东
2	0	华域汽车系统股份有限公司	1399.00	上海
3	2	宁德时代新能源科技股份有限公司	914.90	福建
4	-1	北京海纳川汽车部件股份有限公司	649.97	北京
5	-1	宁波均胜电子股份有限公司	449.80	浙江
6	0	广西玉柴机器集团有限公司	382.85	广西
7	0	广汽零部件有限公司	365.89	广东
8	3	中信戴卡股份有限公司	319.95	河北
9	-1	中国航空汽车系统控股有限公司	315.80	北京
10	-1	中策橡胶集团股份有限公司	302.85	浙江
11	-1	陕西法士特汽车传动集团有限责任公司	297.00	陕西
12	0	东风汽车零部件（集团）有限公司	232.42	湖北
13	3	福耀玻璃工业集团股份有限公司	213.80	福建

排名	同比	企业名称	零部件收入/亿元	地区
14	5	万丰奥特控股集团有限公司	197.91	浙江
15	-2	长春一汽富维汽车零部件股份有限公司	196.00	吉林
16	-2	山东玲珑轮胎股份有限公司	185.79	山东
17	3	北方凌云工业集团有限公司	185.60	河北
18	8	精诚工科汽车系统有限公司	176.00	河北
19	-2	宁波华翔电子股份有限公司	175.90	浙江
20	3	赛轮集团股份有限公司	171.60	山东
21	-6	一汽解放发动机事业部	170.00	江苏
22	-1	宁波继峰汽车零部件股份有限公司	168.32	浙江
23	-5	德昌电机控股有限公司	168.05	香港
24	-2	郑州煤矿机械集团股份有限公司	160.60	河南
25	0	广西汽车集团有限公司	158.73	广西
26	-2	诺博汽车系统有限公司	152.52	河北
27	1	敏实集团有限公司	139.19	浙江
28	12	万向钱潮股份公司	134.30	浙江
29	3	上海汽车变速器有限公司	132.77	上海
30	-1	无锡威学高科技集团股份有限公司	131.80	江苏
31	0	富奥汽车零部件股份有限公司	128.30	吉林
32	-2	安徽中鼎密封件股份有限公司	125.77	安徽
33	-6	陕西汉德车桥有限公司	114.00	陕西
34	-1	安徽环新集团股份有限公司	113.50	安徽
35	12	宁波拓普集团股份有限公司	110.20	浙江
36	2	瑞立集团有限公司	102.27	浙江
37	12	国轩高科股份有限公司	97.65	安徽
38	7	惠州市德赛西威汽车电子股份有限公司	95.69	广东
39	-2	三角轮胎股份有限公司	89.54	山东
40	-5	三环集团有限公司	86.00	湖北
41	2	山东浩信机械有限公司	80.60	山东
42	12	曼德电子电器有限公司	79.70	河北
43	-7	亚普汽车部件股份有限公司	77.53	江苏

续表

排名	同比	企业名称	零部件收入/亿元	地区
44	-10	昆明云内动力股份有限公司	77.17	云南
45	3	浦林成山（山东）轮胎公司	75.37	山东
46	6	浙江银轮机械股份有限公司	72.74	浙江
47	-1	贵州轮胎股份有限公司	72.31	贵州
48	-9	东北工业集团有限公司	71.35	吉林
49	-7	常州星宇车灯股份有限公司	70.89	江苏
50	3	江南模塑科技股份有限公司	69.58	江苏
51	29	哈尔滨东安汽车动力股份有限公司	65.86	黑龙江
52	-2	上海新动力汽车科技股份有限公司	63.19	上海
53	-12	青特集团有限公司	62.88	山东
54	12	重庆青山工业有限责任公司	59.55	重庆
55	1	广东鸿图科技股份有限公司	58.31	广东
56	11	北京京西重工有限公司	57.00	北京
57	-2	风神轮胎股份有限公司	55.58	河南
58	-7	浙江万里扬股份有限公司	54.75	浙江
59	2	安徽全柴动力股份有限公司	53.12	安徽
60	N/A	立中四通轻合金集团股份有限公司	51.47	河北
61	-3	金杯汽车股份有限公司	48.08	辽宁
62	0	天润工业技术股份有限公司	47.21	山东
63	2	华达汽车科技股份有限公司	47.17	江苏
64	12	海联金汇科技股份有限公司	47.04	山东
65	7	奥特佳新能源科技股份有限公司	46.94	江苏
66	19	浙江双环传动机械股份有限公司	46.00	浙江
67	-10	长春英利汽车工业股份有限公司	45.90	吉林
68	5	深圳市航盛电子股份有限公司	45.31	广东
69	5	深圳市得润电子股份有限公司	44.83	广东
70	7	江苏通用科技股份有限公司	42.56	江苏
71	16	惠州市华阳集团股份有限公司	42.27	广东
72	-3	上海新朋实业股份有限公司	40.98	上海
73	-5	上海岱美汽车内饰件股份有限公司	40.83	上海

续表

排名	同比	企业名称	零部件收入/亿元	地区
74	N/A	江苏龙蟠科技股份有限公司	40.54	江苏
74	20	湖北恒隆汽车系统集团有限公司	40.54	湖北
76	7	江苏新泉汽车饰件股份有限公司	40.49	江苏
77	N/A	成都航天模塑股份有限公司	40.40	四川
78	-15	许昌远东传动轴股份有限公司	39.80	河南
79	19	广东文灿压铸股份有限公司	39.76	广东
80	N/A	航天科技控股集团股份有限公司	38.91	黑龙江
81	N/A	广东香山衡器集团有限公司	38.78	广东
82	7	中山大洋电机股份有限公司	38.57	广东
83	-1	上海保隆汽车科技股份有限公司	37.85	上海
84	-24	诸城市义和车桥有限公司	37.70	山东
85	-21	青岛双星股份有限公司	37.47	山东
86	-11	宁波双林汽车部件股份有限公司	36.82	浙江
87	-43	广东富华重工制造有限公司	36.71	广东
88	-9	上海加冷松芝汽车空调股份有限公司	36.68	上海
89	-11	早新德尔汽车部件股份有限公司	36.64	辽宁
90	4	浙江亚太机电股份有限公司	36.31	浙江
91	-20	北京威卡威汽车零部件股份有限公司	35.09	北京
92	-4	芜湖伯特利汽车安全系统股份有限公司	34.17	安徽
93	N/A	东软集团股份有限公司	34.08	辽宁
94	-10	广州中新汽车零部件有限公司	33.20	广东
95	N/A	北京经纬恒润科技股份有限公司	32.62	北京
96	N/A	正海集团有限公司	31.55	山东
97	N/A	金马工业集团股份有限公司	31.26	山东
98	-2	飞龙汽车部件股份有限公司	30.96	河南
99	N/A	北京四维图新科技股份有限公司	30.60	北京
100	-1	爱柯迪股份有限公司	29.34	浙江

数据来源：企业自主申报和公开年报资料。

表 3-4　2022 年全球汽车零部件企业百强榜

排名	同比	企业名称	零部件收入/亿元	国家
1	0	博世（Bosch）	3277.74	德国
2	0	电装（Denso）	3013.01	日本
3	0	大陆（Continental）	2757.77	德国
4	0	潍柴集团（Weichai Group）	2610.36	中国
5	0	采埃孚（ZF）	2517.14	德国
6	0	麦格纳（Magna）	2310.74	加拿大
7	1	摩比斯（Hyundai Mobis）	2235.23	韩国
8	-1	爱信精机（Aisin）	2155.47	日本
9	0	米其林（Michelin）	1717.93	法国
10	0	普利司通（Bridgestone）	1475.02	日本
11	0	华域汽车（Hasco）	1399.00	中国
12	3	康明斯（Cummins）	1256.37	美国
13	-1	法雷奥（Valeo）	1246.26	法国
14	-1	李尔（Lear）	1228.15	美国
15	1	天纳克（Tenneco）	1149.86	美国
16	-2	佛吉亚（Faurecia）	1127.56	法国
17	6	固特异（Goodyear）	1114.34	美国
18	1	安波福（Aptiv）	995.76	英国
19	-2	住友电工（Sumitomo Electric）	961.91	日本
20	0	博格华纳（BorgWarner）	946.03	美国
21	27	宁德时代（CATL）	914.90	中国
22	-1	安道拓（Adient）	848.73	爱尔兰
23	4	日立（Hitachi）	792.02	日本
24	2	马勒（Mahle）	789.76	德国
25	-7	矢崎（Yazaki）	767.83	日本
26	-1	丰田纺织（Toyota Boshoku）	766.63	日本
27	-3	马瑞利（Marelli）	765.29	意大利
28	0	舍弗勒（Schaeffler）	742.47	德国
29	-7	松下（Panasonic）	742.23	日本
30	-1	海纳川（BHAP）	649.97	中国

排名	同比	企业名称	零部件收入/亿元	国家
31	11	萨玛（Motherson Group）	632.20	印度
32	-2	海斯坦普（Gestamp）	584.28	西班牙
33	2	德纳（Dana）	570.31	美国
34	0	泰科电子（TE Connectivity）	567.95	瑞士
35	-3	彼欧（Plastic Omnium）	558.23	法国
36	0	弗恩基（Flex-N-Gate）	548.31	美国
37	-6	捷太格特（JTEKT）	537.86	日本
38	-5	奥托立夫（Autoliv）	524.72	瑞典
39	6	康奈可（Clarios）	502.72	美国
40	-3	均胜电子（Joyson）	449.80	中国
41	-1	本特勒（Benteler）	449.73	奥地利
42	-1	住友橡胶（Sumitomo Rubber Industries）	440.55	日本
43	-5	丰田合成（Toyoda Gosei）	434.44	日本
44	-1	海拉（Hella）	426.25	德国
45	-6	小系制作（Koito Manufacturing）	420.74	日本
46	3	埃贝赫（Eberspacher）	397.73	德国
47	0	汉农系统（Hanon Systems）	394.01	韩国
48	13	LG 电子（LG Electronics）	385.59	韩国
49	8	倍耐力（Pirelli）	384.88	意大利
50	0	韩泰轮胎（Hankook Tires）	382.88	韩国
51	1	玉柴集团（Yuchai Group）	382.85	中国
52	-6	博泽（Brose）	382.64	德国
53	12	英飞凌（Infineon）	366.83	德国
54	2	广汽部件（GAC Component）	365.89	中国
55	0	现代威亚（Hyundai WIA）	363.19	韩国
56	-3	哈曼（Hannan）	361.53	美国
57	15	恩智浦（NXP）	350.22	荷兰
58	0	德斯科米尔（Draxlmaier）	332.11	德国
59	0	万都（Mando Corp）	329.50	韩国
60	-6	三菱电机（Mitsubishi Electric）	329.21	日本

续表

排名	同比	企业名称	零部件收入/亿元	国家
61	-1	美国车桥（American Axle）	328.73	美国
62	-18	吉凯恩（GKN）	322.31	英国
63	27	中信戴卡（CITIC Dicastal）	319.95	中国
64	-13	蒂森克虏伯（ThyssenKrupp Automotive）	318.61	德国
65	-1	中航汽车（AVIC Auto）	315.80	中国
66	9	莱尼（Leoni）	309.29	德国
67	0	中策橡胶（ZC Rubber）	302.85	中国
68	2	法士特（Fast Gear）	297.00	中国
69	-6	安通林（Grupo Antolin）	292.76	西班牙
70	-1	恩福（Freudenberg）	282.65	德国
71	-5	恩梯恩（NTN）	282.03	日本
72	-1	福塔巴工业（Futaba Industrial）	277.72	日本
73	0	曼胡默尔（Mann Hummel）	275.86	德国
74	-6	东海理化（Tokai Rika）	268.93	日本
75	-13	日本精工（NSK Group）	268.24	日本
76	-2	伟巴斯特（Webasto）	267.63	德国
77	15	森萨塔科技（Sensata）	267.47	美国
78	-2	横滨橡胶（Yokohama Rubber）	260.56	日本
79	9	瑞萨电子（Renesas）	256.19	日本
80	19	美驰（Meritor）	250.44	美国
81	-3	利纳马（Linamar）	246.84	加拿大
82	N/A	德州仪器（Texas Instruments）	245.61	美国
83	2	克诺尔（Knorr-Bremse）	244.76	德国
84	5	尼玛克（Nemak）	242.15	墨西哥
85	-2	Piston Group（Piston Group）	240.32	美国
86	-4	西艾意汽车（CIE-Automotive）	236.01	西班牙
87	-10	IAC 集团（IAC）	235.84	卢森堡
88	12	东风零部件集团（DFPC）	232.42	中国
89	6	盖瑞特（Garrett Motion lnc.）	231.63	美国
90	-3	艾文德（Aunde）	223.81	德国

排名	同比	企业名称	零部件收入/亿元	国家
91	3	圣戈班（Saint-Gobain）	223.18	法国
92	-8	东洋橡胶（Toyo Tire Corporation）	218.14	日本
93	-14	日本发条（NHK Spring）	214.92	日本
94	N/A	福耀集团（Fuyao Group）	213.80	中国
95	-9	邦迪汽车系统（TI Automotive）	213.41	英国
96	-16	特殊陶业（NGK Spark Plug）	209.57	日本
97	-4	住友 RIKO（Sumitomo Riko）	208.53	日本
98	-2	旭硝子（Asahi Glass）	202.21	日本
99	N/A	布雷博（Brembo）	200.49	意大利
100	N/A	万丰奥特（Wanfeng Auto）	197.91	中国

数据支持：Berylls Strategy Advisors（汇率换算依据 2021 年 12 月 31 日中国银行折算价）

（四）宁波零部件产业现存问题分析

1. 产业链仍存在薄弱环节，部分领域关键技术缺乏

宁波市汽车产业链仍存在薄弱环节，部分领域关键技术缺乏，核心竞争力不强，行业抗风险能力不足，特别是在出口方面，不少龙头零部件企业面临产值严重下降的形势，如汇众汽车、华翔、高发、敏实、思明等产值近几年下降均超过15%。同时，近两年我国汽车产业芯片短缺，高端芯片、核心元器件等仍由欧美日韩企业主导。未来，随着汽车产业电动化、网联化、智能化发展，汽车芯片需求将进一步加大，宁波汽车企业需要加强芯片供应的稳定性保障。

2. 原始创新和协同创新不强，汽车零部件企业竞争激烈

现有的技术创新主要是企业的单一创新，除龙头企业的创新能力较强之外，中小微汽车零部件企业生产条件差、管理水平低、技术创新能力弱，企业间的联合研发与攻关合作度、大中小企业融通不够。自主品牌企业多集中在非核心零部件领域，掌握关键和核心技术的企业拥有外资背景的占整个行业的四分之三以上，多数先进设计和高端制造技术依靠合资合作的输入，技术创新还以跟随式、模仿式创新为主。虽然已经建成并聚集了一批重量级科研机构和高端研发检验检测平台，但需要有力的政策引导、持续的资金投入和正向的激励机制才能充分发挥各类创新载体的作用，真正突破行业关键共性技术并加速成果的产业化。宁波市汽车零部件产业面临着一定的挑战。该市汽车零部件产品同质化现象严重，主要集中在发动机附件、内外饰、橡胶件及低端电子电气类产品，

承担汽车零部件"总成"和"系统"的企业相对较少。这导致了产品技术含量和附加值偏低，使得行业平均产值利润率保持在6%~10%的较低水平。此外，自主品牌整车企业对本地零部件产业的带动作用尚不明显，本地整车与零部件、系统集成商与次级供应商之间的合作及协同创新能力有待提高。更为重要的是，零部件产品在高端市场的发展后劲不足，特别是在新能源汽车和智能网联汽车产业链上的技术储备亟待加强。

3. 高端人才集聚度不足，专业人才结构性短板凸显

宁波汽车零部件行业共有15万名产业员工，但专业技术人才和高技能人才依旧处于紧缺状态。高校缺乏相应的学科设置，大专院校、科研机构对汽车产业支撑度还不够。极度紧缺的人才主要包括高层次技术研发人才、高技能人才等研发创新的骨干。根据问卷调查显示，中高层次专业人才需求占比均超过40%，由于本地对此类人才的供给能力不足，外地人才引进数量较少，缺口随着企业发展壮大持续扩大。其次是销售人才以及项目管理人才，此类人才大多集中在上海等大城市，培养周期长，甄别难度大，对于一般企业而言引进存在一定困难。

4. 产业开放融合程度不高，国际化发展道路任重道远

在与国际知名汽车产业集群交流上，还处于单一企业走出去进行合作交流的阶段，企业国际化途径比较单一，国际合作以基础的商品合作为主，缺乏挖掘高价值市场的机会和能力。此外，缺乏国际化发展的战略设计也使宁波汽车企业的海外合作处于"碰运气"的水平上，缺乏深入合作和主动寻求国际化发展的规划。海外竞争对手利用本土优势对宁波企业开拓国际市场设置了种种障碍，甚至以恶性竞争手段不正当打压，让不熟悉当地法律法规的宁波零部件企业出海困难。

（五）典型企业：建新赵氏和宁波圣龙

1. 建新赵氏集团有限公司

建新赵氏集团有限公司，自1984年成立以来，始终致力于汽车零部件的研发、生产和销售，并已发展成一家国家级高新技术企业。公司实力雄厚，拥有十余家子公司，注册资本达8180万元，总部占地300亩（1亩≈667平方米），员工总数超过4600人。公司的主营业务为研发和生产各类汽车零部件，包括底盘件、门窗密封条和橡胶减震器。在国内汽车零部件行业中，建新赵氏集团有限公司的市场占有率位居首位。为了确保产品的品质和性能，公司投入大量资金，引进了先进的生产设备和研发中心。同时，公司还注重管理体系的建设，已通过多项体系认证。公司的愿景为成为世界级科研领先的汽车零部件提供商。公司产品配套于一汽大众、上海大众、上海通用、神龙富康等厂家及蔚来汽车、理想、广汽、北汽、重庆金康、电咖、爱驰、华人运通、赛麟等新能源汽车厂

家，并出口美国通用、克莱斯勒和德国大众、奥迪等，在中高档汽车密封条领域中市场占有率为国内第一。

2. 宁波圣龙（集团）有限公司

宁波圣龙集团，自1996年创立以来，逐步发展成拥有2800名员工的大型企业，业务领域涵盖汽车零部件、地水源热空调、化工和金融投资等多个板块。集团具备博士后科研工作站，以及4家高新技术企业子公司，实力雄厚。在汽车零部件领域，圣龙股份作为集团的核心子公司，于2017年3月在上海证券交易所成功上市。这家公司不仅是国家火炬计划重点高新技术企业，还是资信AAA级企业，拥有国家级企业技术中心。圣龙股份的主营业务为研发和生产汽车发动机油泵、自动变速器油泵、分动器油泵、真空泵、凸轮轴以及离合器总成、行星齿轮架等自动变速器核心零部件。为了进一步拓展业务，公司正在积极通过并购等方式，建立欧洲（德国）生产和研发基地。目前，圣龙股份已经成为全球知名汽车厂商如福特、通用、雪铁龙、捷豹路虎、宝马、保时捷等的一级战略供应商。在科技创新方面，圣龙公司成绩斐然，累计完成各类科技成果56项，赢得了多项荣誉称号。

综上，宁波作为我国汽车零部件产业的重要基地之一，其发展情况备受关注。国内汽车零部件产业已经初步形成以一汽、上汽、东风等大型汽车企业为龙头，以及众多中小企业为骨干的产业链。未来，汽车零部件产业将更加注重科技创新和品质提升。宁波市汽车零部件产业也呈现出快速发展的趋势，其中以建新赵氏和宁波圣龙集团等企业为代表。这些企业已经形成自己的技术优势和市场优势，具备较强的竞争力。然而，宁波汽车零部件产业也存在一些问题，如生产水平不高、品牌知名度不足等。未来，宁波汽车零部件产业需要加强创新能力和品牌建设，提升行业整体竞争力，实现可持续发展。

三、宁波汽车销售及后市场服务业的现状分析

（一）宁波汽车销售业的现状分析

1. 汽车销售企业的业绩领先

根据宁波市近五年的统计年鉴得知，宁波市零售20强企业中，每年都有汽车销售企业上榜，一般至少3家，多则5家。浙江吉利的领克公司每年都上榜，其他如利星行集团（奔驰）的宁波之星、宁波利星、宁波慈吉之星、宁波宝恒汽车（宝马）和中基汽车销售集团（大众、丰田等）都是榜上常见企业。与前几年汽车贸易量持续增加的情景不同，2020年宁波市汽车商品出口总体下滑，全年汽

出口交货值为 168.5 亿元，同比下降 3.7%，对汽车企业产业链供应链影响较大。

2. 典型企业介绍——利星行（宁波）汽车销售服务有限公司

利星行（宁波）汽车销售服务有限公司（简称"宁波利星行"），于 2020 年 12 月 9 日成立，作为利星行集团的成员，秉持着为客户提供优质服务的精神。公司位于宁波市鄞州区横溪镇人民北路 669 号，有占地 1200 多平方米的新车展示厅和 2000 多平方米的维修车间，为客户提供了全方位的购车体验。在展厅内，车辆信息通过数字化设备呈现，客户可以通过展厅内的互动信息屏、互动价格牌等设备了解到最新的销售政策、优惠信息与在线互动服务，为客户带来高效便捷、美好愉悦的购车体验。展厅内还设置了来宾休息区、新车交付区、餐厅、儿童区、吧台等，为客户提供舒适的购车环境，如图 3-1 所示。宁波利星行的工作人员都经过梅赛德斯-奔驰的专业培训，他们以最热情的态度为每位到店客户提供无微不至的关怀，为每位购车客户推荐最适合的车型，并为每台进店的奔驰车辆提供来自全球统一的优质体验式服务，让客户感受到奔驰品牌的魅力，彰显梅赛德斯-奔驰"致我所向"的售后服务品牌承诺。

图 3-1 宁波利星行的公司布局

目前宁波利星行在售产品系列有奔驰、梅赛德斯-迈巴赫、smart 和奔驰 AMG，另兼营腾势汽车，如图 3-2 所示。其中，奔驰车型包括北京奔驰和进口奔驰两类，北京奔驰包括 A、C、E、GLA 和 GLC 级车型。进口奔驰包括 A、B、CLA、CLS、C 级 Coupe 和旅行车，E 级进口、敞篷和双门车型，GLC 轿跑 SUV、GLE、GLE 轿跑 SUV、GLS、G 级、R 级、SL、SLC、S 级、S 级混动和 S 级双门车型；梅赛德斯-迈巴赫的迈巴赫 S 级车型；smart 有 smart for four 和 smart for two。

3. 汽车营销的变化趋势及挑战

（1）汽车产品的发展方向。在当今时代，汽车行业正面临着一场"再定位"的挑战。随着"新四化"的推进，汽车的功能和应用场景正在向多样化和创新化的方向发展。新一代消费者对汽车的认识不再仅仅局限于出行工具，而是期望汽车成为能满足他们情感需求的伙伴。为了满

图 3-2　宁波利星行的主营汽车品牌

足消费者日益多元化和个性化的需求，汽车企业需要摒弃传统观念，从汽车的新属性出发，打造出与之匹配的产品。这样，汽车才能真正成为消费者心中的理想之选，进而创造出引领市场潮流的爆款单品。汽车不仅仅是出行的工具，它也可以是私人空间的延伸、时尚配件或潮玩单品。在汽车产业不断变革的今天，企业只有紧跟时代步伐，抓住消费者的心理，才能在激烈的市场竞争中立于不败之地。

汽车产品正朝着更加智能、环保、多样化的方向发展。首先，随着科技的不断发展，汽车产品的智能化程度越来越高，从基础的辅助驾驶系统到自动驾驶，再到智能交通系统，汽车的安全性、便捷性和舒适性都得到了极大的提升。其次，环保意识的提高也促使汽车产品向着更加环保、节能的方向发展，涌现出了更多的新能源汽车和混合动力汽车。此外，随着人们对于个性化需求的不断增加，汽车产品的多样性也越来越明显，包括颜色、外观、配置等方面都在不断创新和变化。因此，汽车产品的变化趋势是多方面的。

（2）消费者的购车行为与习惯变化。随着经济的发展和人们生活水平的提高，消费者的购车行为和习惯也在不断变化。现代消费者更加注重汽车的舒适性、安全性、环保性和科技含量，而不再只是关注汽车的品牌和价格。

这主要体现如下几个方面。

1）消费者对汽车的舒适性要求越来越高。他们希望车内空间宽敞、座椅舒适，同时希望车内噪声小、空调效果好等。这也促使汽车厂商不断改进和升级车型，以满足消费者的需求。

2）安全性也成为消费者选购汽车的重要考虑因素。消费者对汽车的安全性要求越来越高，包括车身强度、安全气囊、ABS 系统（防抱死制动系统）等。这也使汽车厂商在设计和生产车型时，必须注重车辆的安全性能。

3）环保成为现代消费者购车的重要考虑因素。消费者在选购汽车时，会优先考虑排放标准、燃油经济性等环保因素，以减少汽车对环境的污染。这也促使汽车厂商不断推出更加环保的车型，以迎合消费者的需求。最后，科技含量也成为消费者购车的重要考虑因素。消费者希望汽车具有智能化、互联网化的特点，例

如自动驾驶、智能导航、车联网等。这也使汽车厂商必须不断升级和改进车型的科技含量，以满足消费者的需求。

此外，早已习惯在线购物的消费者，也对从关注、兴趣、购买到忠诚度的消费全链路产生新的要求——个性化的产品、不受地理/时间限制及快速整合迭代的极致体验，如图 3-3 所示。品牌需确保相关的需求能够被高效满足，才能持续保持高度的用户黏性，并形成口碑裂变的营销闭环。对车企而言，应摆脱过去分散的营销资源投放、碎片化的渠道运营及非定量的绩效衡量标准，打造以消费者为核心的数字化营销链路作为增长驱动，实现对消费者购买行为全链路的精准覆盖，如图 3-4 所示。

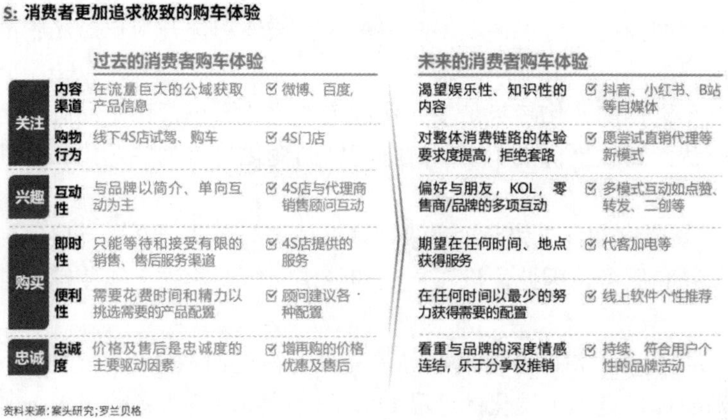

图 3-3   消费者更加追求极致的购车体验

图 3-4   消费者购买链路的精准覆盖是制胜关键

（3）汽车营销的变化趋势。在时代不断变化的过程中，汽车营销的四大维度随着时代变化也在发生变化，其关键性变化趋势主要有以下几个方面。第一，在内容方面，随着国风、新中式等特色元素的出现，汽车品牌价值和这些特色内容相融合，让汽车品牌在进行内容营销和传达汽车品牌概念的过程中有一个新的方式方法。第二，在渠道方面，经销商改变单一的销售模式以及将公共领域和私人领域相结合的渠道进行整合，已经形成了明显的发展趋势，它不仅覆盖了整个通信渠道，而且在用户对汽车品牌的偏好和认知方面不断产生影响。第三，在受众方面，更加精确和细化的运营模式在汽车营销的受众选择上得到了充分的体现，采用场景框定等方式对用户认同进行持续的建立，从而达到销售转化和口碑扩散的目的。第四，在形式方面，利用多形式和多维度的方式对消费者不断更新的价值观点进行精准捕捉，对于调动用户参与的积极性和提升用户对品牌的接受程度有重要作用。

中国汽车营销的变化趋势是多元化和个性化。汽车营销是品牌与消费者相互沟通并建立认同的重要桥梁，中国汽车营销的变化趋势是多元化和个性化。这主要体现在如下几点。

1）随着互联网和社交媒体的普及，越来越多的消费者通过互联网和社交媒体了解汽车产品和服务，因此，汽车厂商和经销商需要加强在线营销和社交媒体营销。

2）随着消费者对汽车品牌和产品的需求变得更加多样化和个性化，汽车厂商和经销商需要提供更加个性化的产品和服务，以满足消费者的需求。

3）随着消费者对环保和节能的关注度不断提高，汽车厂商和经销商也需要更加注重环保和节能方面的营销和宣传。

（4）当前汽车营销正面临的挑战。当前汽车营销面临六大挑战。

1）消费者善变：消费者越来越理性，更注重消费价值（包括体验和服务），而物欲也更加分散。但最终购买决策仍将回归"最适合自己的"。因此，挖掘、创造和满足消费者的真正需求至关重要。

2）短周期爆款：爆款的形成需要时间，而维持爆款更是难上加难。因此，建立消费者关联，满足根本诉求，提升产品和营销传播能力是成功的关键。

3）交织的触点：随着线上线下触点的增多，消费链路、触达方式和投入策略的设计将成为一大难题。因此，车企需要更加重视以消费者为中心的营销规划和复盘。

4）见顶的流量：品牌应逐步从"流量为王"转向"产品和体验品质的提升"，并重视客户留存和终身价值。此外，定期复盘并迭代品牌价值也是必要的。

5）混战的线下：线上线下渠道融合是必然趋势，而线下体验的价值也越来越重要。因此，提升线下资产价值和效率是决胜关键。

6）错综的生态：随着汽车营销的精细化运营，营销生态圈伙伴的建立迫在眉睫。品牌应该成为自身战略的"驱动者"，理解和灵活运用生态和第三方资源，重视生态搭建和伙伴协同，并基于公司整体战略部署更长期的品牌数字化营销方案。

总之，随着汽车产品和消费者行为的不断变化，车企必须紧抓趋势风口，不断改进和升级车型，形成独特的竞争优势。汽车营销需紧抓趋势，不断改进车型以形成竞争优势。经销商需迎合消费者习惯，加强品牌与用户的情感链接，以提升销量和品牌价值。营销已不再是单向价值传递，而是品牌与用户深入了解彼此的过程，应通过传递情感价值与理念，建立长期稳固的链接，实现品牌价值提升和销量增长。

（二）汽车后市场服务业的现状分析

1. 宁波汽车后市场概况

汽车后市场，即汽车销售之后的各项服务，涵盖了消费者在购车后所需的各种服务。这个市场可以大致划分为几个领域，包括汽车金融、汽车租赁、汽车用品、二手车、汽车养护与维修以及报废汽车回收拆解等。随着新能源汽车的普及，新能源汽车充电基础设施也被纳入汽车后市场行业之中。汽车后市场的服务范围极为广泛，不仅可以满足消费者在购车后的各种需求，还能推动汽车产业的持续发展。新能源汽车充电基础设施的加入，更是为汽车后市场带来了新的机遇与挑战。在新能源汽车逐渐成为主流的趋势下，汽车后市场将如何适应这一变革，值得专家学者深入探讨。

到 2022 年年底，我国汽车拥有量已达到 3.19 亿辆，其中新能源汽车的保有量达到了 1310 万辆。在全国范围内，有 84 个城市拥有超过一百万辆的汽车，39 个城市拥有超过 200 万辆的汽车，21 个城市更是拥有超过 300 万辆的汽车。尤其是深圳、杭州、宁波等 13 个城市，它们的汽车保有量已经超过 300 万辆。值得一提的是，宁波的汽车保有量已经达到了一线城市的水平，这使得宁波的汽车后市场规模庞大，充满了无限商机。宁波的二手车销售量在全国独占鳌头，机动车维修企业有上千家，但知名品牌店、大型连锁店较少，单体规模普遍小。很多后市场企业服务不规范、产品难溯源，严重影响行业形象。

2. 宁波汽配市场现状分析

目前宁波在工商局注册的机动车维修企业有 6208 家，实际在宁波市公路与运输管理中心备案的企业总共 4680 家，其中一类 195 家，二类 648 家，三类 3837 家。据统计，宁波后市场规模目前每年保费约 121 亿元，理赔约 70 亿元，事故件约 40 亿元，易损件约 6 亿元，机油约 4 亿元，轮胎约 15 亿元。宁波的二手车销售在全国也独占鳌头。2022 年年底宁波的二手车销售 79 余万辆，全国的车商车主都会到宁波选购二手车并且做完保养后开回自己的家乡。除了宁波自有车主以外，二手车也拉动了宁波的汽车后市场的配件和维修。由此看来，宁波的汽车后市场发展仍有巨大潜力。

宁波汽车零部件种类繁多，汽配城主要销售易损件、底盘件和事故件，并共享供应链信息服务终端汽车维修企业。有些经销商销售量大但种类单一，不会选择汽配城，而是在城郊结合处自建仓库和物流配送体系。随着大平台的发展，这些经销商也成为本地仓储物流服务商。同时，连锁门店也在扩张。例如途虎、车享家采用前店后仓模式。

3. 宁波汽配市场现存的四个问题

（1）小企业抗风险能力弱。汽配商的单体规模通过完全充分的市场竞争后，库存体量越来越小，因为小企业的资本力量有限，无法抵抗大风险。

（2）售后问题。汽配行业以小微企业居多，对维修人员的素质和专业要求不高，容易导致售后矛盾突出。

（3）销售体量和税收问题。经销商与门店之间虽然是 B2B（Business-to-Business，指企业对企业）模式，但更多的交易还是通过个人转账完成的，受监管性不强，规范性差。

（4）溯源平台建立困难。单纯的价格竞争，让市场上高仿件和不合格品越来越多，配件溯源体系难以建立。以目前宁波本地经销商的规模来看，根本无法和大型的生产企业进行库存共享，因此市场依然需要强大的资本平台持续投入建设。尽管宁波已拥有超过 300 万辆私家车，也根本无法通过本地的配件集采完成溯源平台的建设需求。

4. 汽车后市场的发展趋势与机遇

在互联网+时代，汽车消费的线上化趋势愈发明显，各种汽车后市场互联网+平台如雨后春笋般涌现。这得益于电商平台所具备的方便快捷、获客渠道较多等优势，吸引了大量资本对该行业的关注和投资。然而，汽车后市场包含了众多的线下实体服务，因此对数字化能力的要求更为多元。企业不仅需要具备传统的线上数字化能力，还要将线下软硬件及物联网数字化能力相结合。这对于传统行业的从业者来说无疑是一次巨大的挑战。在行业基于数字化的变革中，如何迅速建立并提升自身的数字化能力，成为所有行业参与者，尤其是传统从业者必须面对和解决的问题。这不仅关乎企业自身的未来发展，更关系到整个行业能否顺利转型升级。

如今汽车后市场处于激烈竞争时期，同时也带来了生态优化的机遇。传统汽车维修企业对配件经销商忠诚度不高，为新型 F2C（Factory-to-Customer，指从厂商到消费者）模式汽配城发展提供了机会。该模式与汽车零部件生产型企业共同建设，引入配件溯源体系。这类汽配城往往不限于本地化扩张。政府扶持 F2B 汽配城发展的同时，可以建立健全国内配件流通标准，加强监管，增加本地汽配生产企业的税收，推动内循环的品牌建设。吸引更多的资本和人才进入，同时推动仓储物流服务体系发展和供应链金融服务体系的创新。

5. 汽车后市场现存的三个问题

（1）行业无序，企业监管需加强。宁波汽车后市场存在企业超范围经营、无备案经营等问题，产品参差不齐，不合格品被经销商改包装流入市场，行业缺乏良性竞争。需要各主管部门及行业协会共同建立黑白名单，并公开政府数据，做好企业监管，促进市场健康发展。

（2）专业维修人才缺乏。宁波的汽车后市场技师水平目前良莠不齐，很多正规技工院校的学生离开学校后，因为维修工作非常辛苦，学徒工的工资待遇也不高，并没有选择维修汽车，而是选择了汽车销售、保险金融和配件销售等工作。因为招收不到专业的学生做学徒，很多老技师选择了没有专业基础的学生作为学徒，因为缺乏专业理论和学习能力，整个宁波市场的技术维修水平整体不高，于是客户被忽悠的事件屡屡发生。从宁波汽车后市场的技术人才来看，如果按照注册企业平均每家 8 人，维修行业的从业人数预计 7 万人，从业人员的准入和管理都没有标准和监管。行业急需要建立技工黑白名单，维修企业间共享信息。

（3）配件市场混乱，消费者权益无法保障。国外的配件流通协会对企业都有很强的影响力，源于企业间会通过协会共同发起配件流通标准，并且有权威的检测机构认证才可以贴标流通。一旦市场上发现假冒伪劣产品，经销商和生产商都会面临巨额处罚。目前宁波汽车后市场配件市场混乱，消费者权益无法获得有效保障，需要建立配件的溯源和鉴定保障平台，推动行业共同发起配件流通标准，并建立权威的检测机构认证贴标流通。同时，加强配件经销商的实力和配件来源的保障。

四、宁波汽车产业集群主体企业的特征分析

（一）市场主体蓬勃发展，综合实力实现跨越式突破

宁波汽车产业崛起于 20 世纪 60 年代，当时仅有几家乡镇企业开始萌芽。经过几十年的快速发展，到了 1985 年，宁波的汽车产业已经拥有 325 家企业，主要以修造和配件为主，其中汽车制造企业有 2 家，产值达到 1.35 亿元，占规上工业总产值的 2.3%。进入 21 世纪，宁波的汽车制造业（包括整车与汽车零部件）企

业达到了 112 家，产值更是翻了 24 倍，达到 31.95 亿元，占规上工业总产值的 2.2%。而在 2010 年之后，宁波市规模以上整车及零部件企业数量更是达到了 671 家，产值更是大幅增长至 489.6 亿元，占宁波市规上工业总产值的 4.5%。2022 年，全市的汽车相关企业已经超过 5000 家，其中规上企业 1164 家，包括 25 家国家级单项冠军、60 家专精特新"小巨人"和 36 家上市公司。近年来，宁波的汽车工业总产值已经占到全省同类总产值的一半以上。面对未来，宁波立志要全力打造"新能源汽车之城"，计划建设万亿元级的汽车产业集群。这不仅展现了宁波汽车产业的雄心壮志，也预示着宁波汽车产业的美好未来。

（二）重点企业迸发活力，初具"整零协同"产业格局

在 20 世纪 60 年代，汽车配件和修理是宁波汽车产业的主要发展方向，20 世纪 90 年代末期产生完善的汽车产业链系统。在汽车零部件产业链逐步完善的背景下，对汽车零部件的覆盖范围广，培养出一批全球汽车零部件百强企业，对高端汽配生产基地起到稳固地位的作用。宁波市汽车产业在全球汽车产业上有"后来居上"的趋势，在宁波可以看到由汽车企业的世界十强吉利汽车等公司建立的总部，在新能源汽车和智能网联汽车两个主要领域上，展开积极的规划和布局。

（三）块状经济持续升级，打造国家先进制造产业集群

块状经济的不断升级和发展是宁波汽车产业快速发展的基础。余姚汽车配件产值在 1985 年就已经达到全市占比的 56%。目前，块状格局是宁波汽车和零部件产业主要布局，如在北仑和宁海地区以橡胶材质的汽车零部件企业为主，余姚地区以电器类汽车零部件企业为主。汽车产业高端零部件的生产地主要集中在象山和鄞州等地区，而重要的整车生产基地在宁波杭州湾和北仑地区。

（四）科研平台积极构建，走上自主创新引领发展道路

宁波汽车产业从生产制造汽配产品开始，逐步转向为国内汽车厂商的 OEM 配套制造。进入新世纪后，产业发展由制造企业"扎堆"向注重创新要素"扎根"转型。宁波引进了一批重量级科研院所和创新研究机构，进一步加速了汽车零部件产业科技成果的转化效率。

宁波汽车产业集群是宁波市第一大产业，产值占浙江省汽车产业近半壁江山，是全国重要的汽车及零部件行业生产、研发及出口基地。集群结构包括核心层、辅助层和外环层，如图 3-5 所示。其中，核心层以宁波汽车产业链为主展开，该层由汽车产业上游的相关产业、汽车零部件制造企业、汽车整车制造企业、汽车经销企业和汽车后市场相关企业组成。它们是市场主体，包括需求企业和与汽车

行业相关的不同类型的竞争、互补企业。辅助层由政府、金融机构、中介机构、院校及科研机构等支撑机构组成，是非市场主体。外环层包括宁波的地理区位、国内外汽车产业相关政策、汽车产业技术及市场环境等因素，是形成宁波汽车产业集群的先决条件，也是实现稳定、可持续发展必不可少的要素。本书将重点研究宁波汽车产业链的核心层，同时也会兼顾辅助层和外环层的研究。

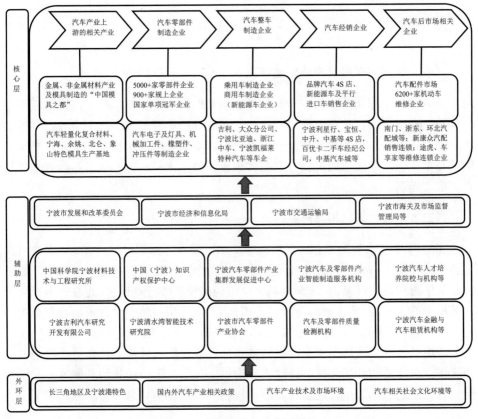

图 3-5　宁波汽车产业集群结构

本章小结

本章以宁波汽车产业集群为具体研究对象，探究其发展现状。在本章节的分析中，分别从汽车产业整体情况、零部件制造业发展、售后市场服务业发展以及产业集群配套产业结构及其特征展开分析，为后续研究工作的开展奠定基础。

第四章　宁波汽车产业集群配套产业及机构的分析

一、宁波模具产业

（一）宁波汽车模具产业发展状况

随着经济全球化的加快，产业结构调整和转移速度也在加快。国内区域间生产要素流动速度快，长三角成为产业和资源转移的重要基地。这为宁波市汽车制造业提供了机遇，也为建设高起点、多功能、集约化的汽车模具产业集聚基地提供了必要条件。宁波市的模具行业总体规模、技术水平、生产装备和经营管理都有了很大提高。

（二）宁波各地区模具产业特色

2005 年宁波市被国家有关部门授予"中国模具之都"称号。90%以上的模具企业为民营中小型企业，分布在不同地区。每个地区都有自己的产业特色，如宁海是"中国模具生产基地"，余姚是"中国轻工模具生产基地"，北仑称为"中国压铸模生产之乡"，象山被称为"铸造模之乡"，鄞州被称为"粉末冶金模具生产基地"。宁波的模具产业处于领先地位，其中塑料模具生产总量在全国名列前茅。大多数模具企业制造汽车模具，以塑料和冲压成型的车体覆盖件模具，发动机、变速箱、车体结构件等压铸、铸造模具为主。其中，压铸模具的产值占全国压铸模具总产值的 50%以上，铸造模具的产值占全国压铸模具总产值的 60%以上。

（三）单项冠军和专精特新"小巨人"的带动作用

宁波市的国家级制造业单项冠军企业中，"中国模具之都"独占六席，分别是东睦（粉末冶金零件）、博德高科（单向走丝电火花加工用切割丝）、合力模具（压铸模具）、旭升（新能源汽车铝合金减速器箱体）、帅特龙（机动车门手柄总成）和家联（生物基金降解日用塑料制品），这些企业占全市总数的 10.26%。此外，9家企业成功入选宁波市专精特新"小巨人"培育企业计划，分别是东海（智能水表及智能水资源网实时计量监控管理系统）、华缘（玻璃纤维复合材料及其制品）、臻至（精密汽车压铸模）、澳玛特（高精密冲压机床）、继峰（头枕支杆）、君灵（大型精密压铸精密模具制造）、埃利特（压铸模具）、现代（落水槽）和一注（微孔发泡注塑模具）。

优秀模具企业对宁波汽车产业发展具有带动作用。在上海 2020DMC 模具展（2020 第十九届中国国际模具技术和设备展览会）上，由中国工程院李德群院士挂帅的"精模奖"专家组，共评选出 92 副"精模奖"获奖模具，宁波获得 24 副，其中包括 5 副一等奖、9 副二等奖和 10 副三等奖。这些企业注入了技术含量，稳定了行业发展。宁波模具也在不断发展，天正模具与上海交通大学、东风汽车共同研发制造的镁合金副车架荣获金奖铸件及金奖模具，成为全球第一款镁合金副车架。神通模塑研发的油气分离器成功打破国外垄断，在油气分离器单个零部件上帮助吉利汽车大幅节省了成本。高新区的均胜电子已成为汽车安全领域全球顶级供应商，向宝马、大众、福特、特斯拉等客户提供整套自动驾驶解决方案。

二、宁波稀土磁性材料产业集群

（一）宁波稀土磁性材料产业集群发展状况

磁性材料作为一种关键的功能性新材料，在国防建设、智能制造、汽车电子信息等领域具有不可替代的战略价值。目前，宁波市在磁性材料领域的产量已经占据全国总产量的 40% 以上，这充分展示了宁波市在磁性材料产业的强大实力。据统计，截至 2020 年，宁波市共有 86 家规模以上稀土磁性材料企业，完成工业产值 183.4 亿元，同比增长 26.4%；实现利润 11.7 亿元，同比增长 34.9%。值得一提的是，宁波市磁性材料产业集群在 2020 年实现了工业总产值 262.5 亿元，同比增长 20.1%。与此同时，宁波市磁性材料龙头企业韵升股份的磁性元器件荣获国家级"单项冠军"产品称号，科田磁业的钕铁硼永磁材料成功入选工信部第五批绿色产品，宁港永磁、松科磁材、菲仕电机等企业成为国家专精特新"小巨人"企业。宁波市还拥有全国最早的烧结钕铁硼磁材生产企业科宁达，最大的钐钴磁体生产企业宁港永磁，以及最大的铈磁体生产企业复能新材料。这些数据和事实充分表明，宁波市的磁性材料产业已经成为全国范围内的重要产业集群，对宁波汽车产业集群的发展产生了重要的推动作用。

（二）入选 2021 年国家级先进制造业集群

2021 年初，工信部公布了代表国内最高水准的 25 个先进制造业集群榜单，宁波磁性材料产业集群成功上榜，这充分彰显宁波磁性材料的实力。宁波稀土磁性材料集群能从全国 179 个先进制造业集群中脱颖而出，也间接印证了宁波磁性材料产业集群雄厚的基础。

（三）制造业产业集群联合的全球价值链升级

当今制造业的竞争，已由企业间、行业间、产业链间的竞争，逐渐转变为产业集群、产业生态系统之间的竞争与合作。宁波磁性材料产业集群将从强链、补链、延链、空间布局等方面发力，巩固优势地位，提升竞争力，促进产业发展。其中，强链方面将重点支持永磁电机应用；补链方面将引进关键装备、突破新型磁性材料产业化制造技术；延链方面将深化本地应用推广，支持企业参与军品应用；空间布局方面将完善产业布局和功能定位，形成各有所长、功能互补、统筹联动的产业集群。这将有力促进宁波"新能源汽车之都"建设，推动宁波磁性材料产业集群和宁波汽车产业集群迈向全球产业链中高端。

三、中国科学院宁波材料技术与工程研究所

（一）基本介绍

中国科学院宁波材料技术与工程研究所（简称宁波材料所）于 2004 年 4 月，作为中国科学院在浙江设立的首个国家级研究机构，填补了浙江省研究机构中的空白，显著提升了宁波和浙江省的自主创新能力。该所一直致力于将科技成果转化为生产力，解决科技与产业之间不匹配的问题。宁波材料所建立了一个以新材料研究为核心的创新链条，向上游延伸至规模产业化零部件技术，向下游拓展至新材料应用技术。此外，还打造了一个有利于科研成果转化的组织模式，将政府、企业和研究机构紧密结合起来，为产业化道路提供便捷通道，从而形成了自己独特的竞争优势。通过这种模式，宁波材料所不仅为宁波和浙江的新材料产业发展提供了强大的创新动力，还为科研成果转化搭建了高效的平台，进一步推动了科技与产业的深度融合。

（二）材料科学推进汽车产业协同创新

1. 宁波汽车产业集群发展的创新链

宁波材料所的创新链条由材料科学、材料制造技术和材料应用技术协同创新的格局组成。宁波材料所在汽车检测、电动化、轻量化等科学研究领域承担重大科技任务，推进科技成果产业化。这些努力赢得了社会的认可，使它成为该领域的重要推动力量。

2. 与车企合作开拓汽车检测市场

2017 年 12 月，宁波材料所与浙江埃科汽车技术服务有限公司（汽车质量服务企业）进行材料理化分析检测合作，在满足车辆及其零部件检测市场化需求的同时，实现了技术研发与市场化效益共赢。

（三）汽车电动化、轻量化等方面的重大科研突破

1. 黑科技：铝空气电池（高温固态燃料电池）有望超越锂电池

在新能源汽车产业的快速发展下，开发一款具有高能量、长寿命等特点的新型化学电池成为新能源汽车市场的急切需求。宁波材料所研究的铝燃料电池，是利用"铝+水+空气"原理进行研究的高温固态燃料电池，实现通过加水或加铝的简单操作便可以发电的目标。

宁波材料所运用"铝+水+空气"技术研发出铝空气电池发电系统，能够达到千瓦级发电。该系统具有高能量、大容量和高输出功率的特点，可以在同一时间给多个电器供电。铝空气电池可以实现电能转化，其本质是燃料电池。铝空气电池系统对于新能源来说，是一项重要的突破，为电源安全和长效应用提供了新的发展方向。其主要技术指标和国际同类产品已经在同一水平线上，也已经通过了市场的测试。它在汽车增程器、移动电源等领域的应用范围较为广泛，有利于降低碳排放和缓解能源危机。

2. 汽车轻量化及汽车正向设计的重大突破

碳纤维复材电动汽车 G10-F 于 2017 年 6 月产生，它是由宁波材料所与吉利集团共同研发制造的。在汽车工业的发展过程中，宁波材料对碳纤维复合材料进行开发和研究，建立碳纤维复合材料完整的技术集成创新链，对新能源汽车在轻量化技术发展中起到引导作用，促进了汽车工业的发展。

碳纤维复材电动汽车 G10-F 是在碳纤维复合材料性质的基础上，对整车进行全新的设计和规划，向整车的设计研发方向发展，而不是局限于零部件中。从车辆的重量上来看，碳纤维复合材料制造的车身要比传统钢材车身轻，所以在续航里程上有一定的提高。这项研发成果，在汽车工业界引起了广泛关注，也得到了业界专家的一致好评，对汽车工业的发展有重要意义。

2023 年 6 月宁波材料所等在海水电解制氢大尺寸、高稳定阴极技术方面取得"绿氢"能源研究的重要进展。总之，宁波材料所在推进材料科学、汽车制造与应用技术协同创新方面起到了重要作用。

四、新形势下宁波汽车产业人才培养现状分析

（一）新形势下宁波汽车产业人才的要求

1. 宁波汽车产业的变革

宁波传统的汽车产业正在重塑，汽车产业发展进入结构调整期。与此同时，自主力量经过长期的发展与积淀，正在凭借产品品质的升级加快品牌突围，努力向汽车产业价值链中高端迈进，高质量地融入全球产业体系和国际汽车市场。产业的变革和转型升级急需大批高素质的专业技术人才、管理人才，这对传统的汽车专业人才培养模式提出了前所未有的挑战。汽车产业电动化、智能化、网联化的技术变革，涉及人工智能、大数据、云计算等相关技术，新能源汽车是国家大力发展的战略性新兴产业之一。

2. 新形势下宁波汽车产业人才的要求内容

随着汽车产业的不断发展，新形态下汽车产业人才的要求也在不断变化。其中，技术能力、创新能力、团队协作能力、专业素养和行业经验成了评判人才的重要标准。下面从汽车产业特性方面加以说明。

（1）技术能力。目前汽车产业正面临深刻的变革，电动化、智能化、网联化、共享化、轻量化成为宁波汽车产业未来的发展方向。产业转型升级急需高素质的汽车专业技术人员和管理人才。随着汽车科技的不断进步，人才需要具备扎实的理论基础和实际操作能力，掌握新技术和新工艺，以满足汽车产业不断变化的需求。技术能力的提高需要不断学习和实践，才能在汽车产业中得到更好的发展。汽车专业人才培养模式改革仍处在探索阶段。

（2）创新能力。创新能力能够为汽车产业发展带来更多的机会和竞争优势。创新能力不仅包括汽车相关技术创新，还包括汽车工艺创新、汽车营销方式、管理创新、商业模式创新等。在新形势下，宁波汽车专业人才需要具备开拓创新的精神和能力，不断推陈出新，为汽车产业的发展注入新动力。

（3）行业经验。行业经验能够为汽车产业带来更多的优势和机会。在新形势下，汽车专业人才需要具备对汽车产业的深刻理解和熟悉度，具备丰富的行业经验和洞察力，能够准确把握市场动态和发展趋势，为企业制定正确的战略和决策提供支持。

（二）院校汽车专业人才培养现状分析

1. 院校汽车专业人才培养现状

目前宁波的汽车专业人才培养相关院校有本科 5 所，高职 4 所，中职 2 所，形成了不同梯度的专业人才体系。

（1）本科院校的人才培养。宁波汽车专业人才培养的本科院校有宁波大学、浙大宁波理工学院、浙江万里学院、宁波财经学院和宁波工程学院。宁波大学设有机械类（含机械设计制造及其自动化、车辆工程专业、工业工程专业）、工业设计专业，新增智能制造工程专业。宁波财经学院设有机械设计制造及其自动化专业、工业设计专业。浙江万里学院设有机械电子工程专业、人工智能专业。浙大宁波理工学院设有机械设计制造及其自动化专业。尽管多数高校尚未设置汽车专业，但是机械类、工业设计类、人工智能类专业均为宁波汽车行业输送了大量的人才。

宁波工程学院是特别具有汽车特色的本科院校。该校的汽车学院和机器人学院都有培养汽车专业人才的特色专业。汽车学院设有汽车服务工程专业、车辆工程专业等。该学院紧紧依托宁波汽车产业集群，培养从事汽车工程领域的汽车技术支持、新能源汽车技术、车联网技术、车辆鉴定与评估的工程师、汽车企业生产管理者、汽车专业的教学和科研人员。2020 届毕业生就业率在 99% 以上，专业考研率达 12%。其中的汽车服务工程专业为浙江省"十三五"特色专业、浙江省一流本科建设专业、宁波市特色专业。车辆工程是宁波市重点学科，旨在满足地方汽车产业发展需求，培养具备自然科学、机械科学和车辆工程基本理论知识和技能的高级汽车技能型人才。其专业人才培养的目标为具备系统性、集成性和优化性的整体思维方式，具备解决汽车及汽车零部件产品从设计到量产过程中各种技术问题的初步应用研究和实践能力，具备车辆工程实践能力和创新能力，以及车辆工程人文情怀、职业素养、创新意识和国际视野的高级技术与管理人才。机器人学院是宁波工程学院新工科教育改革的先行示范区。机器人学院设置电气工程及其自动化、机械设计制造及其自动化、网络工程、工业设计共四个专业。机器人学院通过科学的顶层设计、深度的课程改革和实战化的人才培养环境构建，致力于培养机器人领域高水平的领军型高科技创新、创业人才和高科技企业管理人才。学院立足宁波汽车服务行业，面向国际战略合作与互动，积极构建"政、产、学、研、资、用"的应用型人才培养生态体系，打造跨学科融合、多专业集成的具有国际化视野的复合应用型创新人才培养新模式。

（2）大专院校的人才培养。宁波汽车专业人才培养的专科院校有浙江工商职业技术学院、宁波职业技术学院、宁波城市职业技术学院和宁波技师学院。其中，浙江工商职业技术学院设有工业机器人技术专业、汽车智能技术专业、模具设计与制造专业和工业设计。宁波职业技术学院设有电子信息工程学院和机电工程学院，设有人工智能技术应用专业、机械制造及自动化专业、工业机器人技术专业、模具设计与制造专业和模具设计与制造（中德合作）专业。宁波城市职业技术学院设置汽车检测与维修技术专业和智能控制技术专业。宁波技师学院设立汽车技术系、机械技术系等，现建有实车维修、整车检测、新能源汽车、发动机检修、底盘检修、汽车电气控制、汽车车身修理、汽车涂装、汽车商贸服务等十大模块化实训区（室）；配置德国原装进口四轮定位仪；自动变速器性能检测台；车身大梁校正仪；德系、美系、日系整车；混合动力普锐斯、纯电动特斯拉整车及全套故障诊断仪；博世维修工具等高端汽车实训教学设备（工具）100 余套，总价值超 2000 万元。拥有能同时容纳 600 名学员、使用面积近 7000 平方米的现实、工学一体化教学场所。

（3）中职学校的人才培养。宁波交通高级技工学校的汽车专业涵盖了新能源汽车维修与检测、汽车维修、汽车钣金与涂装、汽车电器维修、汽车技术服务与营销等全方位领域。该专业教研组由 24 名专职教师组成，致力于培养全日制高技能人才和熟练技工。学校开设了汽车维修、交通客服和路桥三大类专业，为交通行业培养具备各类职业资格和技能培训的人才，如汽车修理、客运服务、公路养护等人才。此外，学校内设有宁波市汽车维修国家职业技能鉴定所和宁波市交通行业特有职业（工种）职业技能鉴定站，为学生提供汽车维修各工种和交通行业特有职业（工种）的职业技能鉴定服务。为深化校企合作，学校与宁波市轨道交通集团有限公司运营分公司、宁波利星汽车服务有限公司和宁波市宝昌汽车销售有限公司等企业合作开设订单班和"奔驰""宝马"冠名班，实施现代学徒制校企合作模式。同时，学校与 80 多家企业签订校企合作协议，共建校外生产实习基地20 家，形成长期稳定且具有实质性的合作关系。

2. 院校汽车人才培养的问题分析

（1）汽车人才培养速度严重滞后于市场需求。在新能源汽车快速发展的背景下，多数职业院校针对新能源汽车设立的专业较少，即使开设新能源汽车相关专业，其招收的学生数量也较少，学习智能网联汽修专业的学生更是少之又少。该问题的根本原因是职业院校对新能源在定位、课程体系等方面有所欠缺，使新能源汽车人才的培养跟不上市场发展的步伐。

（2）课程设置不合理。部分开设新能源汽车检修专业的职业院校，在新能源汽车专业课方面的体系并不完善，很多是删除部分汽车电子技术课程，将删除的部分替换成新能源汽车专业相关课程，这就形成了职业院校的新能源汽车专业课程体系。但是这个课程体系中的新能源汽车专业课程数量不多，在培养学生专业知识、职业能力等方面和企业岗位的相关要求有较大差异。关于智能网联汽车专业，少数职业院校设置了该专业，大部分职业院校还处于探索阶段，对于相关的课程体系也没有评价。

（3）配套师资力量匮乏。汽车行业新能源化和智能网联化发展迅速，导致整个行业缺乏相关技术人才，普通高校和职业院校都存在专业师资匮乏的情况。多数院校采用让传统汽车专业教师参加新能源汽车技术培训的方法，以此解决师资不足的问题。但是这些教师缺乏新能源汽车维修工作的实践经验，难以培养出符合行业所需的人才。

（4）实训基地建设滞后。实训基地是教师开展实训教学培养学生实践操作能力的重要场所。但是，传统汽车实训基地无法直接套用于新能源汽车和智能网联汽车的实训教学。部分已开设新能源汽车维修专业的院校，使用的新能源汽车实训基地绝大部分是在传统汽车实训基地的基础上进行简易改造和设备添置，整体建设水平薄弱。

（5）学生就业不确定性高。目前宁波汽车产值已有三千多亿元，拥有规上企业近一千家，企业对高级人才或基础人才的需求都在不断增加。新兴汽车产业对高技能人才需求大，但薪资吸引力不足，导致跳槽频繁。订单班的大部分学生选择其他企业，影响校企合作培养效果。汽车行业企业需求不断增加，特别是汽车模具制造、数控加工类、电工电气及电子、编程等方面的高级人才。各级院校应适应企业自动化程度高、人才需求和规格的变化。

（三）宁波汽车产业人才的社会培训分析

1. 汽车产业的社会培训现状

宁波交通高级技工学校等院校积极组织汽车行业相关的培训，助力宁波汽车产业发展。例如，汽车驾驶专业（牵引车驾驶与管理方向）是宁波交通高级技工学校于 2020 年被认定为浙江省首家具备牵引驾驶人员职业教育资质的技工院校后开设的社会紧缺专业，主要培养从事大型货车运输的牵引车驾驶、修理维护、运输调度、安全管理等工作的高级技能人才（高级工）。该专业实行全日制委托订单培养，与宁波金洋化工、天晴公司、卓远启瑞、恒胜澜海、车辆急救中心等危险品运输、集装箱运输的大型货运企业联合招生培养，学生可与定向企业签订定向培养协议，企业承担第三年跟岗实习培养职责，学生实习就业进入定向企业。

汽车运用与维修、智能新能源汽车职业技能等级证书是"1+X"证书之一，其中新能源汽车职业技能等级标准涉及 13 个职业技能模块 69 个工作任务，包括新能源汽车动力驱动电机电池、悬架转向制动安全、电子电气空调、网关控制技术以及多种能源高新系统技术。每个岗位所需的知识、技能、素养可体现在一个或多个职业技能等级证书上。2020—2021 年，在宁波市汽车零部件产业协会的组织和推动下，多次重大会议在宁波成功召开，探索新能源汽车、智能制造等领域的发展路径。

2. 宁波汽车产业培训的问题分析

汽车职业培训的主要生源是职业学校毕业的学生，这些学生高考录取分数较低，在校期间也没有接受过高强度的学习，因此可能存在学习能力不强的情况。随着汽车职业培训学校的生源质量逐渐下降，汽车职业培训的难度也逐渐加大。目前，社会对技术型人才的需求不断增加，许多汽车职业培训学校应运而生。然而，由于各种培训学校的培训能力参差不齐，整个汽车维修培训行业的培训质量下降，不利于学员职业发展。尤其是在新能源与智能网联汽车技术迅速发展的今天，汽修职业教育及培训仍处于初级阶段。总的来说，汽车专业人才培养模式改革仍需探索。

五、宁波汽车质量检测机构分析

（一）我国的汽车质量检测现状

1. 汽车质量检测市场介绍

汽车质量检测是保证汽车质量的重要环节，它可以有效地发现汽车存在的问题，提高汽车的安全性和可靠性。汽车质量检测是伴随着我国汽车产业的发展而成长起来的。近年来，得益于经济快速发展、居民可支配收入提升、国家政策推动等因素，汽车保有量逐年增加，汽车检测需求不断增加。

对于我国汽车检测市场规模的测算主要由以下三个方面构成：第一，强制性车检市场规模。在该市场规模进行车辆测算时，需严格根据国家相关规定，对不同车型的车辆进行测算，主要包括对车辆保有量和检测均价的测算。第二，非强制性车检市场规模。在该市场规模中，更多的是对二手车的测算，主要是对其保有量和检测费用的测算。第三，新车检测市场规模。主要是对新车的测算，一般以产量和检测均价为测算依据。完整的汽车检测行业市场规模便是上述三个测算结果的和。在2017—2020 年，汽车检测行业市场规模呈现逐年增长的趋势。在 2020 年年底，对全国检验检测机构进行统计发现，在 4.9 万个检测机构中，汽车检测机构仅有 200家，对整车进行检测机构仅有 50 家，全国范围内检测机构的占比仅有 0.1%。但是在全国检验检测市场的市场份额中，汽车板块市场份额的占比超过了 10%。

2. 我国机动车检测行业的发展现状

在机动车检测行业发展的过程中，中国开始发展技术方面的时间较晚，机动车检测行业发展处于智能化与网络化阶段。在机动车检测技术方面，整体看来，仍处于起步阶段，整体发展水平较低。发达国家虽然也处于智能化与网络化阶段，但是正在向物联网和大数据阶段逐步前进。机动车检测行业技术发展阶段如表 4-1 所示。

表 4-1　机动车检测行业技术发展阶段

阶段	内容
第一阶段：人工阶段	机动车检测系统自动化程度低，数据记录、分析主要依靠人工操作
第二阶段：自动化阶段	工位控制系统的发展使机动车检测实现了检测控制和数据采集自动化
第三阶段：智能化与网络化阶段	控制系统稳定性增强，检测线实现了全自动，检测站和政府监管实现了网络信息化
第四阶段：物联网与大数据阶段	实现对机动车安全性能、尾气排放的实时监控，对检测数据进行高效分析处理

资料来源：前瞻产业研究院整理

目前我国与发达国家的差距主要体现在：检测系统的控制精度、数据采集分析的准确性，管理系统和测量系统的效率，检测过程的自动化与智能化程度，设备的生产工艺水平等方面均有待提升；联网监管系统覆盖面较窄，联网监管与管理模式仅在部分省级行政区及发达城市运行。面对这些差距，我国需要不断发展物联网和大数据技术，将物联网和大数据技术与汽车检测系统有机融合在一起。此外，检测技术水平和检测人员的能力水平有待加强，检测标准和政策还需要进一步优化。

随着汽车产品更替加快，经过不断完善，我国形成了一套完善的能够对汽车产品进行完整测试评价的强制性标准体系，汽车产品须满足我国的强制性标准相关要求才准予生产、销售和上牌使用。根据行业主管部门的不同，可将汽车强制性标准分为公告准入管理、CCC（China Compulsory Certification，中国强制性产品认证制度）准入管理、环保信息公开管理和交通运输部达标管理，详细情况如表 4-2 所示。

表 4-2　汽车强制性标准体系分类

主管部门	准入制度	主要实施机构	主管内容
国家市场监督管理总局	CCC	中国质量认证中心、天津华城认证中心、中汽认证中心、重庆凯瑞认证中心、北京中化联合认证有限公司	对经"中国合格评定国家认可委员会"评定认可的检测机构的检测项目以及业务范围进行授权，同时授权国家级机动车检测机构对机动车强制性项目检测资质

主管部门	准入制度	主要实施机构	主管内容
工信部	公告	工信部装备工业发展中心	主要负责汽车生产企业新车型申请《车辆生产企业及产品公告》时进行强制性检测和定型试验的检测机构和授权
生态环境部	排放	生态环境部机动车排污监控中心	主要负责汽车生产企业新车型申请《车辆产品环保目录》时进行强制性标准"车辆/发动机排放"检测的检测机构的授权
交通运输部	营运车辆安全达标检测	交通运输部公路科学研究院汽车运输研究中心	主要负责按《道路运输车辆燃料消耗量检测和监督管理办法》实施车辆安全达标市场准入制度及检测机构的授权

（二）宁波市汽车工业质量检测发展分析

浙江省是汽车零部件产业的聚集区，宁波市是浙江省汽车制造业的主要支撑。基于庞大的汽车制造业集群优势，宁波市检测服务业也聚集了一大批优秀的机构。截至 2020 年，宁波的汽车及零部件检测机构有 10 余家，检测业总产值近 10 亿元。

1. 宁波汽车工业质量检测概况

（1）宁波汽车工业质量检测市场分布。宁波地区现有的汽车及零部件产品检测市场根据检测产品类别可以分为整车、汽车零部件及相关材料和进口整车，相对应的检测机构分别分布在鄞州区和高新区、杭州湾新区和梅山保税港区四个区域，详细分布如表 4-3 所示。

表 4-3　宁波市汽车工业质量检测市场分布

区域	主要检测产品	检测项目
鄞州区和高新区	零部件产品及相关材料	整车及零部件 VOC（可挥发性有机化合物）、禁限物质 ELV（报废车辆指令）、底盘零部件疲劳耐久、强度刚度试验、汽车座椅研发测试项目、模拟碰撞、四门两盖测试、振动及管路试验、电子电气检测、温湿度老化测试，以及力学性能、材料成分、车内空气质量检测等
杭州湾新区	整车	先进驾驶辅助系统性能测试试验，汽车动力性能试验，汽车经济性能试验，整车 NVH（噪声、振动和舒适性）性能试验，操纵稳定性测试评价，汽车转向性能测试试验，电子稳定性控制系统（ESC）性能试验，汽车制动性能试验，营运货车安全技术条件测试，排放、油耗、能耗、续驶里程等法规测试，与

区域	主要检测产品	检测项目
杭州湾新区	整车	道路模拟相关的整车性能试验（动力性、滑行阻力、机械阻力等），高温高湿标定、空调性能试验，低温冷启动性能测试，实车碰撞测试，模拟碰撞测试，气囊静态展开试验，AVL 全流排放测试系统，发动机性能测试系统，HORIBA 全流排放测试系统，电机电控测试系统
梅山保税港区	进口整车	外观底盘检测、轴（轮）重检测、汽车尾气排放检测、汽车车速表检测、制动性能检测、前照灯检测、喇叭声级检测、转向轮横向侧滑量检测、单车认证的检验项目、主要针对进口改装车（小 CCC）的产品一致性核查（十抽二）

鄞州区和高新区主要提供各类零部件产品及部分相关材料（例如车用金属材料，车用塑料）的检测服务。它们能开展零部件国家公告法规试验、企业委托试验、产品 CCC 认证检测和自愿性认证检测、出口认证检测等。鄞州区检测产品涵盖机械和电子电器产品，而高新区检测项目涵盖汽车零部件及相关材料的环境、性能、可靠性、化学分析、模拟动态等。

杭州湾新区是浙江省第一个汽车产业集聚区，有吉利和上汽大众两大整车企业，致力于高档轿车、SUV、MPV 和混合动力汽车整车制造。杭州湾的检测机构主要提供汽车整车及关键零部件的检测和认证服务，包括法规检测、国家质量监督检验、整车 CCC 认证检测、环保产品认定试验、企业委托的研发验证试验及出口认证检测等，涵盖传统汽车整车、各种新能源汽车和专用汽车以及汽车零部件等。

梅山保税港区是全国第七个、浙江省唯一的汽车整车进口口岸，也是国内首批汽车平行进口试点。2019 年梅山保税港区整车进口破万，汽车进口持续加速。宁波梅山卡达克汽车检测有限公司在梅山保税港区成立，为进口的整车进行机动车安全项目检测、产品一致性核查（十抽二检测）及平行进口检测。2020 年国Ⅵ标准实施导致平行进口车进口锐减，平行进口车检测业务也大幅缩水。

（2）重点的汽车及零部件检测机构。宁波的汽车检测行业发展时间短，企业投入不足，公共汽车技术服务需求大。随着整车研发进步，零部件供应增加，新技术应用、检测需求增长。宁波汽车检测行业得到政策支持，蓬勃发展。

近二十年来，宁波市涌现了许多具有代表性的国有检测机构和其他检测机构，如表 4-4 所示。专业的汽车及零部件检测服务机构为数不多，具有代表性的如中汽研汽车零部件检验中心（宁波）有限公司、中汽研汽车检验中心（宁波）有限公司、宁波梅山卡达克汽车检测有限公司。

表 4-4　重点检测机构名录

检测机构名称	机构性质
中汽研汽车零部件检验中心（宁波）有限公司	国有机构
中汽研汽车检验中心（宁波）有限公司	国有机构
宁波梅山卡达克汽车检测有限公司	国有机构
宁波海关技术中心	事业单位
CQC 宁波（慈溪）检测中心	事业单位
浙江埃科汽车技术服务有限公司	民营企业
宁波中盛产品服务有限公司	国有机构
格恩计量检测（浙江）有限公司	民营企业
宁波中物检测技术有限公司	民营企业
宁波华翔汽车技术有限公司	民营企业
宁波高新区多美产品检测服务公司	民营企业

中汽研汽车零部件检验中心（宁波）有限公司是中国汽车技术研究中心检测认证事业部下属公司，提供汽车、摩托车产品、机电设备和电子产品的各类技术服务，拥有 400 余台/套检测仪器设备和 11000 平方米试验区域，设有气候环境与腐蚀老化测试、车用非金属材料测试、车用金属材料测试、车辆健康测试（气味、VOC 等领域）、部件可靠性能力测试、智能电子电器测试、汽车被动安全测试 7 个测试试验室，2020 年投入 1337 万元购入 55 台/套设备，投入 199.23 万元完成 8 个基建项目，发表 20 篇论文，授权 8 项专利，并作为主起草单位参与制定 1 项团体标准《乘用车内饰零部件及材料气味评价方法——稀释法》。同时，与上汽大众、一汽大众、吉利、沃尔沃等 28 家整车企业和 6000 余家汽车零部件企业建立业务往来，并与诸多国际一流的高端客户建立起合作关系，在长三角地区形成了稳定的客户群体。

中汽研汽车检验中心（宁波）有限公司成立于 2012 年，注册资金 2 亿元，占地面积 60 亩，拥有 900 台/套的检测、科研仪器设备。2020 年，公司主持或参加制定国际、国家和行业标准 1 项，新增专利申请 60 项，新增授权专利 35 项，软件著作权 3 项，发表论文 20 篇。新立项公司科研项目 14 项，涉及“中国体征空调假人开发及人体热舒适性模型算法研究”“智能网联汽车仿真测试平台构建与模拟测试技术研究”“面向弱势道路使用者的 ADAS 测试装置关键技术研究”等关键前沿课题的研发。公司积极与高校进行产学研合作，联合申报了宁波市科技创新 2025 重大专项“新能源汽车车路协同自动驾驶关键技术开发及示范应用”。

宁波梅山卡达克汽车检测有限公司是专业承担进口整车安全项目检测、产品一致性核查（十抽二）（非量产核查）、单车认证的第三方技术服务机构，旨在配合宁波梅山保税港区打造区域优势产业，把好进出口质量关。该公司在短短四年内，就拿到了 CNAS、CMA、CCC 强制性产品认证（汽车单车认证）、CQC 及 CCAP 等一系列实验室资质，建设了机动车安全项目检测实验室及单车认证检测实验室，可完成进口整车安全项目过线检测、I 型试验、汽车前方视野、燃油消耗量、汽车侧倾稳定角、制动性能、加速噪声、前照灯、外廓尺寸等检测。此外，公司还可承担产品一致性核查（十抽二）（非量产核查）、守诺核查等检测项目。

2. 宁波质量检测行业的主要特点

政策驱动效应较强。质量检测行业作为汽车产业的支撑服务行业，受汽车相关政策变化的影响大，包括产业发展规划、技术发展要求、准入管理制度等。政府调整力量在我国检测认证市场发挥了重要作用。

汽车产品检测认证市场竞争复杂。宁波地区汽车产品检测认证市场从业机构包括事业单位、第三方国有机构、车企附属机构、民营机构、外资机构等。强制性检测项目竞争稳定，由国家授权机构占主要市场份额。非强制性检测及零部件级汽车产品检测项目领域各类机构数量繁多，行业集中度低，如华测、SGS、广电等龙头企业在汽车检测市场上也难以达到垄断地位，其他问题包括检测市场机构规模小、检测能力不齐全、主机厂认可不足等。

3. 汽车质量检测产业发展的五个趋势

（1）传统强制性检测项目业务规模将逐渐萎缩。近几年来传统车企业绩继续下滑，新商业模式萌生，促使企业升级重组，研发类业务市场竞争加剧。随着检测认证机构资质放开，SGS、TÜV、BV 等国外检测认证机构和民营检测机构不断涌入检测认证市场，利用灵活的定价机制、超常规的检验流程、统一的市场营销和先进的管理模式争夺市场份额，业内竞争快速加剧，给研发类检测业务带来极大挑战。同时，国内竞争对手加快新兴领域的布局，推进商业化应用进程。

（2）"新四化"技术变革，新能源汽车发展带来检测业务增量。"新四化"趋势带来了汽车产业的重大变化，科技和产业革命带动了汽车全产业链的融合发展，孕育出汽车产品检测认证市场。随着人工智能和自动驾驶技术的发展，新型汽车零部件及智能化系统的检测需求量将增加。未来，新能源汽车的发展前景巨大，对于新能源汽车与汽车电子零部件的检测业务将进一步拓展。

（3）市场化进程加快，推动行业集约化发展。随着"放管服"改革的深入，检测资质逐渐放开，社会资本进入市场，检测行业市场化进程加快。未来市场竞争将由政府控制向客户和市场导向转变，检测认证机构改革整合，培育民族品牌。国有资本市场中已有机构重组，如中国汽研、襄阳达安汽车检测中心、上海机动车检测认证技术研究中心。它们通过合作或独立投资，在多个地方建设实验室，拓展业务。如天津中心在武汉、广州、昆明等十几个地方布点，大多独立投资；上海中心通过资本合作，在湖南株洲建新能源汽车实验室，在江苏如皋、河南郑州等地输出管理。

（4）检测认证国际化。汽车产业在不同区域的需求不同，对检测认证需求也不同。发达国家的汽车检测认证体系成熟，而发展中国家的相关体系在逐步完善。对于非洲和亚洲的部分国家，检验检测认证体系是仿效其他国家的相关要求建立的。这对于检验检测认证机构推广 CCC 认可标识和在第三世界建立知名度和认可度是一个机会。

（5）检测技术能力提升、服务质量提升。随着人们对环保和安全的重视，汽车检验检测认证服务将受到更多关注，要求更高的检测精度、效率和数据准确度，促进行业良性发展。技术发展推动检测仪器智能化、绿色化、微型化和在线化，加强相关设备和技术研发，发展新检测模式，提高检测技术能力。同时，加强市场监管，打击虚假检验数据和违法行为，加大对检验检测机构的监督力度。

六、宁波汽车零部件行业协会及集群促进会

（一）基本介绍

宁波汽车零部件行业协会及集群促进会（简称宁波汽零协会）成立于 2001 年，是宁波市汽车整车、零部件和相关产业企业依法自愿组建的非营利性独立法人和行业自律的社团组织。它是政企之间、企业之间的桥梁和纽带，为会员提供信息、宣传、市场、组织协调、国际经贸合作等服务。现有 200 多家会员单位，设有行业专家委员会，现有 50 多名行业专家，并设有企业家俱乐部、人力资源平台、融资平台、质量提升平台、贸易平台、智慧化改造服务平台和汽配直供平台等，不断满足企业需求，做好企业帮手。

（二）促进成立宁波汽车零部件产业知识产权联盟

在宁波汽零协会的大力推动下，宁波市汽车零部件知识产权联盟于 2019 年 12 月 27 日成立。该联盟由 25 家企业、3 所高校和 5 个服务机构组成，旨在加强宁波汽车零部件产业知识产权创造、运用、保护、管理、服务，促进产业转型升级和创新发展。

（三）建设汽车零部件虚拟现实博物馆

汽车零部件虚拟现实博物馆是工信部培育先进制造业产业集群的子项目之一，是汽车零部件产业集群发展促进中心立足企业、服务客户的具体展现。博物馆刚建成，目前是 1.0 版。随着时间推移，馆藏资料将不断增加和更新，有望成为宁波城市的新名片和永不落幕的汽车及零部件展览馆。展厅展品包括汽车内外饰摆件，底盘件和发动电机、电器的总成和汽车零部件，馆内还设有 VR 体验区、自助查询系统、多媒体产业地图等内容。

（四）入围 2020 年国家先进制造业集群

宁波汽车零部件产业协会以贯彻执行方针政策、维护行业利益、打造宁造汽车万亿世界产业集群为己任。近年来，已成为重要力量，得到广泛认可，并入围 2020 年工信部先进制造业集群决赛优胜者。

（五）会长单位：宁波帅特龙集团有限公司

宁波帅特龙集团有限公司是一家国家高新技术企业，成立于 1986 年，专注于汽车内外饰件总成的设计、研发、制造和销售。公司拥有 6 家子公司和 14 个技术质量服务中心，覆盖十大系列产品，拥有模具、注塑、电镀、喷涂、总成装配完整的制造产业链。帅特龙是国内外汽车制造商的核心供应商和战略合作伙伴，已获得 IATF16949、ISO14001、ISO45001 等多体系认证和国家级实验室认可证书。公司依托企业技术中心、博士后科研工作站，开展研发创新，拥有 269 件有效专利和新产品，产值率高达 80%，是汽车内饰件行业的龙头企业，主营产品机动车门手柄总成的市场占有率达到国内第一、全球第二，2019 年被评为国家单项冠军示范企业。帅特龙是宁波汽车零部件产业协会会长单位，连续十二年被政府评为突出贡献企业，荣膺中国驰名商标、国家知识产权优势企业、浙江省名牌产品等荣誉称号。

本章小结

本章着重分析宁波汽车产业集群配套产业及结构情况，以宁波地区的实际情况为切入点，探究以模具产业、磁性材料产业为代表的产业情况，同时着重分析汽车质量检测机构、专业人才培养等情况，进一步掌握宁波汽车产业集群配套产业及结构发展的真实情况。

第五章　新赛道下的宁波汽车产业集群状况分析

一、我国汽车新赛道发展状况

（一）新赛道是"换道超车"的契机

1. 汽车新赛道

汽车新赛道是以新能源汽车为代表的新方向，是为适应自然环境和新技术发展趋势而产生，具有汽车"新四化"、低碳化和轻量化等特点。新能源汽车是新赛道的典型代表，是全球汽车产业未来的希望，也是中国最具竞争力的战略性新兴产业之一。汽车"新四化"包括电动化、网联化、智能化、共享化，其中以电动化为基础，以互联化为纽带实现大数据的收集，逐渐达到智能化出行，或许将成为汽车实现自动驾驶终极目标的可行途径。新赛道是中国汽车业"换道超车"的契机。中国汽车产业正在借助新能源等赛道"换道超车"，大步迈向汽车发展的"黄金时代"。

2. 新能源汽车简介

新能源汽车是指采用非常规燃料或新型车载动力装置，结合先进技术制造的汽车。全球新能源汽车包括纯电动汽车、插电式混合动力汽车、增程式混合动力汽车和燃料电池汽车等。我国规定，新能源车包括纯电动车、插电混合动力车和燃料电池车。表 5-1 展示了新能源汽车分类。纯电动车和燃料电池车是未来主要发展方向。

表 5-1　新能源汽车分类

分类	定义	优势	障碍	代表车型
纯电动汽车（BEV）	完全采用电力驱动的汽车	1. 使用成本低，加速快，节约能源，零排放，有电力供应的地方就能充电 2. 无条件新能源补贴和牌照政策，免购置税、车船税，不受限行影响	蓄电池储能有限，续航里程不高，充电时间较长，基础设施建设有待完善，价格较高	特斯拉，北汽新能源家族、蔚来ES8、小鹏 G3、比亚迪家族 EV序列等

续表

分类	定义	优势	障碍	代表车型
插电混合动力汽车（PHEV）	在一定行驶里程内使用纯电模式驱动，超过这个里程就会启动内燃机，采用混合模式驱动	1. 能耗低，污染少 2. 有条件享受新能源补贴和牌照政策 3. 燃油发动机和电动机共同提供，配备充电接口，电池容量大，无续航焦虑	需要加油，需要充电桩，电池电量耗尽后油耗高，价格比普通燃油车高	丰田普锐斯，比亚迪唐 DM、宋 DM，博瑞 GEPHEV，荣威 eRX5，蒙迪欧插电混动，索纳塔插电混动，宝马 530l 等
燃料电池汽车（FCEV）	利用氢气和空气中的催化剂，在燃料电池中经电化学反应产生电能，并作为主要动力源驱动的汽车	1. 无须加油，无须外接充电 2. 续能便捷，能量转换效能高，提高了发动机燃烧效率，零排放	氢作为燃料产量低，储存难，氢燃料电池成本过高。氢气的提取需要通过电解水或者利用天然气，耗能较高	现代 Nexo 等
增程式电动车（EREV）	电动机驱动行驶，动力电池除了可以外部充电之外，燃油发动机可充当充电宝，发动机只给动力电池充电，自己不直接驱动车轮	续航能力较强	需要加油，提速时动力表现较弱	理想 ONE，宝马 i3 增程版等

纯电动汽车的核心部件是三电系统，即电动机、动力电池和电控系统，其电能来自搭载的大容量动力电池。混合动力汽车具有两套驱动系统且可外接充电，既可纯电驱动，也可燃油驱动。增程式电动车的原理是搭载一块容量较小的电池，用电动机驱动车辆行驶，同时利用传统燃油发动机发电并给电池充电。燃料电池汽车以氢燃料和氧气发生电化学反应并给电池充电，电动机驱动车辆行驶。燃料电池汽车具有能量密度高、无污染、效率高等特点，但存在电池成本过高及基础设施薄弱等问题，正逐渐进入消费者市场领域。该技术未来潜力较大，尤其在商用车领域将得到广泛应用。不同新能源汽车的特点如表 5-2 所示。

在技术难度与实用性方面，目前的量产技术难度是纯电动＜增程式电动＜插电式混动<油电混动<燃料电池电动，实用性是油电混动＞插电式混动＞增程式电动＞纯电动＞燃料电池电动。

表 5-2　各类型新能源汽车特点

类型		是否加油	是否充电	工作原理	优点	缺点	是否可上绿牌
BEV 纯电动		×	√	电机驱动车辆	零油耗、零排放、动力强	加电不方便，适用范围受限	√
混合动力	PHEV 插电式混动	√	√	纯电、纯油、油电混合三种模式可切换	不用担心续航里程	加电不方便，综合能耗高	√
	HEV 油电混动	√	×	纯电、纯油、油电混合三种模式可切换	省油	无政策支持，无补贴	×
	EREV 增程式电动	√	√/×	发动机只负责为电池充电，电机驱动车辆	续航能力强	节能效果有限	√
FCEV 燃料电池电动		×	×	燃料电池为储能电池充电，电机驱动车辆	零排放，无须装载大容量电池	技术不成熟，加氢不方便	√

新能源汽车零部件成本。以目前应用最广的纯电动汽车和传统燃油车对比，其成本结构如图 5-1 所示。

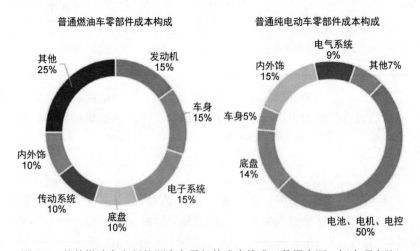

图 5-1　传统燃油车和新能源汽车零部件成本构成（数据来源：恒大研究院）

纯电动车的成本主要体现在核心的三电系统上，其中又以动力电池的成本最高，纯电动车的价格下降主要依赖于电池成本的降低。

（二）我国新能源汽车产业现状分析

1. 市场整体表现

在 2023 年 7 月，中国新能源汽车的生产量达到了 2000 万辆，这一规模使我国在全球市场中占据领先地位。这也标志着我国新能源汽车产业在产业化、市场化的基础上，迈入了规模化、全球化的高质量发展阶段，成为以实体经济为支撑的现代化产业体系的重要组成部分。回顾 2022 年，我国新能源汽车的产销量分别达到了 705.8 万辆和 688.7 万辆，这一成绩使我国连续 8 年位居全球第一。新能源汽车的市场占有率达到了 25.6%，较 2021 年提高了 12.1 个百分点，全球销量占比超过 60%。值得一提的是，自主品牌新能源乘用车在国内市场的销售占比达到了 79.9%，同比提升了 5.4 个百分点。在出口方面，2022 年我国新能源汽车出口量达到了 67.9 万辆，同比增长 1.2 倍。在全球新能源汽车销量排名前十的企业集团中，我国占据了 3 席。在动力电池装机量前十企业中，我国更是占据了 6 席。这些数据充分展示了我国新能源汽车产业的强劲实力和巨大潜力。

2. 相关技术发展

新能源汽车最重要的部分就是技术。中国不仅在动力电池材料和新技术应用上获得了巨大成功，还形成了完善的全球产业链和较大规模的动力电池产业体系。在技术方面，中国新能源在最近几年时间里，在相关领域的各个技术方面都有一定的突破和成就，明显提高了整车智能化的水平。在产品质量和制造工艺方面对新能源汽车的要求比燃油车高，有利于实现中国制造业的转型和升级目标。新能源汽车通过对环境和能源的改善，推动了国内外的经济发展。

3. 自主品牌表现

我国自主品牌在新能源汽车中拥有强势地位，而自主品牌的崛起对应的是产业链的崛起。我国自主品牌企业占据了世界汽车零部件体系新的规模优势和技术优势，将对中国汽车产业链拉动中国制造业转型升级起到重要的拉动作用。2022 年 4 月 3 日，比亚迪汽车正式宣布，根据其战略发展需要，自 2022 年 3 月起停止燃油汽车的整车生产。现在越来越多的车企逐步停产燃油车。

4. 政策大力引导

发展新能源汽车已经上升为我国的国家战略，是实现"碳达峰碳中和"战略目标的内在要求。在供给侧结构性改革、车企双积分、购买补贴、汽车下乡等多重政策引导下，传统车企坚定转型决心，造车新势力不断涌现，并连续 6 年成为全球最大的单一市场。我国各地对于新能源汽车的投资热情不断高涨，已经形成全球最完整、最成熟的新能源汽车产业链。新能源汽车是全球汽车产业转型升级和绿色发展的主要方向，也是我国汽车产业高质量发展的战略选择。我国智能网联汽车在多领域创新发展，产业生态日益丰富。国内市场出现明显分化，纯电动汽车超过插电式混动汽车成为国内市场主流，增程式电动汽车快速发展，燃料电池技术研发与示范应用成为各城市争相储备培育的焦点。未来，国家将推动新能源汽车产业发展向创新驱动的高质量可持续发展转变。

（三）造车新势力的发展情况分析

1. 造车新势力简介

造车新势力实质上是新兴资本进入汽车行业后，在电动化趋势下的新汽车品牌的集中爆发。造车新势力中有如特斯拉之类的技术流，也有 PPT 造车的"融资流"。国内的造车新势力，基本都是从以下几个行业跨界或延伸而来：互联网造车、汽车产业链前后端企业跨界造车、传统企业跨界造车。在众多造车新势力中，部分还处于"PPT 造车阶段"，目前量产车型上市的有蔚来、威马、小鹏、合众、天际、云度和新特等品牌，拜腾和理想汽车紧随其后，其余品牌离量产车上市还有一段距离。

2. 互联网新势力造车三强："蔚小理"

"蔚小理"作为造车新势力典型代表，是蔚来、小鹏、理想的简称。目前，蔚来、小鹏、理想三家公司占据新势力头部阵营。

蔚来汽车成立于 2014 年，创始人李斌曾是易车网创始人。"Blue Sky Coming，蔚来已来"是蔚来对美好未来和晴朗天空的愿景，也是蔚来创立的初心。蔚来致力于通过智能电动汽车，为用户提供高品质服务与创新性的补能方案，打造愉悦的用户社区。蔚来品牌定位高端，通过极致的用户服务体验收获了众多客户与粉丝。

小鹏汽车成立于 2015 年，创始人为何小鹏、夏珩、何涛。何小鹏是 UC 优视联合创始人及前阿里巴巴移动事业群总裁，现担任小鹏汽车董事长、CEO。夏珩、何涛两位小鹏汽车联合创始人，此前在广汽研究院负责新能源汽车和智能汽车控制系统的开发工作。来自互联网、汽车制造的创始团队塑造了小鹏汽车独特的基因，小鹏自成立之初就主打"科技"+"智能"的标签，致力于通过数据驱动智能电动汽车的快速迭代进化。

理想汽车成立于 2015 年，创始人李想先后创办泡泡网、汽车之家，创业经历丰富。理想汽车高度关注用户全生命周期范围内不同用车场景下的痛点，其首个出行创业项目 SEV 项目（低速电动车）致力于满足用户介于两轮电动车和汽车之间的用车需求，后续的理想 ONE 则聚焦于解决纯电动汽车的续驶里程焦虑痛点，满足家庭用户的用车需求。

由上可知，三家造车新势力的创始团队具备强大的用户需求挖掘和产品定义能力，同时借助互联网，通过智能化配置和独特服务体验，快速培育品牌认知度和个性化品牌标签，加快了中国和全球汽车产业的转型速度。蔚来、小鹏、理想的品牌定位均为中高端，各自塑造出鲜明的品牌形象：蔚来注重全场景用户服务，小鹏主打科技和智能，理想解决用户里程焦虑和家庭用车痛点。

3. 其他新势力：华为赋能汽车新赛道

（1）智能驾驶。2021 年，华为与小康股份合作的 AITO 问界 M5 发布。全车采用华为 Inside 电子电气架构、动力总成、智能座舱与智能驾驶解决方案，并在华为手机门店销售。这是华为智能驾驶技术落地的一步。AITO 发布彰显了华为汽车业务的战略雏形。

（2）品牌：华为 Inside 赋能自主品牌，机遇与挑战并存。AITO 是华为赋能传统车企的子品牌。华为与国内自主车企合作，推出新的子品牌，如长安阿维塔、北汽极狐等。此举一方面因为华为面临芯片上的困难，一时无力进入整车市场，需要与拥有造车资质和能力的厂商合作；另一方面，华为通过与不同整车厂合作，积累了汽车项目的开发经验和顶层技术，为未来亲自造车打下坚实基础。但是，这种合作存在一些挑战，因为合作方为国内自主品牌，其品牌力与华为本身存在差距，可能影响部分用户对于相关合作品牌的购买欲望。

（3）渠道：华为手机门店有望成为 Huawei Inside 系列主要销售渠道。华为销售汽车产品将在销量方面产生重大影响，但如何平衡价格策略是一个重要问题。新势力主要采取直销模式，以达到直面用户需求、提升整体服务体验的目的。但是由于各品牌的定价和产品策略不同，如何保持稳定的消费者预期和平衡价格策略，成为销售环节的重要课题。

（4）供应链：华为掌握电动智能车供应链，包括三电系统、车载电脑，传感器和智能座舱等智能驾驶部分，以及底盘、车身、轮胎等传统零部件。华为提供完整解决方案、外购电池。这种模式使华为能够获得智能化带来的附加价值。

（5）生产：华为不直接参与生产，质量由合作方负责。工信部核准整车生产，备案纯电动汽车生产。新品牌一般采取合作代工等形式切入整车生产环节。电动车需要 8000 个以上零部件，远高于手机，品质管理难度大。华为 Inside 产品质量管控依靠合作方，确保系列产品交付品质稳定很重要。

其实从实质上来看，华为已经深度参与产品设计、研发、供应链管理、渠道销售等各个重要环节。

二、宁波新能源汽车发展状况分析

（一）宁波新能源汽车整车情况分析

1. 基本状况

宁波是全国首批新能源汽车推广城市之一，全市拥有新能源汽车整车生产企业 2 家、品牌 4 个，新能源汽车核心领域省级以上创新平台 23 个，依托雄厚的产业基础，形成较为完整的产业链。宁波新能源乘用车企包括宁波吉利、大众、比亚迪、中车，已投产新能源汽车车型具体包括吉利极氪、博瑞 GEPHEV、大众途岳（纯电版）、中车纯电动客车、比亚迪纯电动客车等。宁波市客车生产企业共有 2 家，即浙江中车电车有限公司和宁波比亚迪汽车有限公司。生产车型包括新能源轿车、SUV、客车、微型车和专用车，动力包括纯电动、混合动力。

2. 产销情况

数据显示，2022 年宁波新能源汽车产量达 13.2 万辆，同比增长 408%，占全省的 28.9%，但占全国产量不足 2%。2022 年宁波市新能源汽车累计销量 9.48 万辆，同比增长 112.29%。在整体汽车销量平稳增长的情况下，新能源汽车的销量较 2021 年翻番，可见新能源汽车已成为宁波市汽车消费市场的重要力量。

总之，在新能源汽车浪潮加速席卷全国市场之际，由于吉利、大众等车企转型较慢，对于新能源汽车产业发展已失去先机，加之威马、合众等造车新势力对宁波形成合围之势，政府需加快新能源化战略转型，推动现有燃油汽车产能技改。

（二）宁波新能源汽车核心零部件情况分析

宁波具有汽车零部件企业多、链条长、产品全的优势。近年来，企业进一步聚焦自主研发和产业化投入，加快布局节能与新能源汽车产业链前瞻性领域，在新能源汽车动力电池、驱动电机、电控系统为代表的"三电"系统上已基本建立较为完善的产业链。

1. 动力电池

宁波新能源汽车动力电池产业基础较好，主要企业有容百科技、浙江吉利、杉杉股份。其中，容百科技是国内唯一一家三元正极材料产量超过 2.5 万吨的企业，公司主要生产锂电池正极材料和前驱体，是国内首家实现高镍产品（NCM811）量产的正极材料生产企业，2020 年实现营收 6.63 亿元，市场占比超过 50%。威睿电动汽车技术（宁波）有限公司（隶属于吉利控股集团）新增了年产 50 万台（套）电池系统的生产能力。杉杉股份是全球规模最大的人造石墨负极材料生产企业，2022 年底已投产产能近 20 万吨。

2. 驱动电机

宁波菲仕技术股份有限公司组建浙江省电驱动创新中心，入选 2020 年制造业创新中心名单。该创新中心由骨干企业牵头，研究电机电工材料性能、永磁电机设计及工艺、智能驱动与精密控制、电机测试及标准化四大方向，并开展产业化应用。宁波韵升股份有限公司积极布局新技术研发，竞争全球新能源汽车驱动电机市场。

3. 电控系统

均胜电子作为宁波电控系统领域的佼佼者，其新能源汽车动力管理产品 BMS（电池管理系统）在业内表现出色。其产品凭借高精度参数监测、荷电状态评估和电压均衡等功能，在保障动力电池安全和提高电池寿命等方面占据了行业领先地位，满足了一流整车厂商对高品质的需求。均胜电子不仅是行业最大的独立第三方 BMS 系统供应商，还为保时捷 Taycan 提供了全球首套量产的 800V 车载高压充电和直流到直流转换器。此外，均胜电子还成为大众汽车中国区 MEB 平台车型的 BMS 独家供应商，以及奔驰 MFA2 平台车型的 BMS 供应商。在自主品牌和新势力造车方面，均胜电子也斩获了众多订单。均胜电子在汽车电子领域的卓越表现，彰显了中国企业在新能源汽车领域的创新实力。

总之，宁波是汽车整车及零部件生产基地之一，超过 20% 的零部件企业已进入新能源汽车市场，但大部分零部件企业存在转型不够快、智能网联领域实力偏弱等问题。

（三）宁波新能源汽车产业发展趋势

2023 年 5 月宁波发布了《关于加快打造新能源汽车之城的若干意见》，从项目招引、产业发展标杆培育、技术自主创新、产业链做强补齐、产业转型提升、多元场景推广应用、后市场服务能力提升、产业发展生态构建等八个方面，提出了二十四条具体措施，助力宁波加快打造新能源汽车之城。《宁波市新能源汽车产业发展规划（2023—2030 年）》提出，将以新能源整车、核心零部件、智能网联为重点发展方向，力争到 2025 年，新能源汽车产量提升至 70 万辆以上，占全市汽车产量比重 50% 以上，产业规模达到 2000 亿元以上。

三、宁波的氢燃料电池汽车产业概况

（一）氢燃料电池汽车是国家战略发展方向

1. 氢能是汽车行业发展新焦点

目前有 30 多个国家制定了国家氢战略和预算，在生产和使用方面有 228 个项目正在酝酿之中。全球多个国家推进氢能发展，欧洲领先，亚洲、大洋洲、北美洲紧随其后。日本、俄罗斯、葡萄牙、西班牙等国也制定了国家氢战略。

根据国际能源署预测数据，到 2050 年全球氢燃料电池车保有量将达到 8 亿辆的市场规模，氢燃料电池车将得到广泛发展应用。到 2030 年，美国计划氢燃料电池车达到 530 万辆，加氢站达到 5600 座；德国计划燃料电池车达 60 万辆，加氢站达 600 座；韩国计划氢燃料电池车达 290 万辆，加氢站达 1000 座；日本计划氢燃料电池车达 80 万辆，加氢站达 900 座。

2. 氢燃料电池汽车的发展趋势

我国政府在发展氢燃料电池汽车上给予了大力支持。表 5-3 列示了我国氢燃料电池汽车发展的相关政策。我国承诺 2030 年"碳达峰"和 2060 年"碳中和"，使用可再生能源制氢很重要。2019 年交通行业碳排放约 12 亿吨，氢燃料电池汽车有零排放、效率高、运行平稳、耐低温、续航稳定等优点，可助力实现碳中和目标。

表 5-3　关于氢燃料电池汽车发展的相关政策

时间	政策	主要内容
2001 年	"863 电动汽车重卡科技专项"	三纵三横发展体系，包含燃料电池汽车和燃料电池汽车系统的开发
2014 年	《关于新能源汽车充电设施建设奖励的通知》	符合标准的加氢站奖励 400 万元
2016 年	《"十三五"国家战略性新兴产业发展规划》	到 2020 年实现燃料电池汽车批量生产和规划示范应用
2019 年	《中国氢能源及燃料电池产业白皮书》	2050 年氢能源占比约 10%，氢需求量接近 6000 万吨，加氢站达到 1000 座
2020 年	《关于完善新能源汽车推广应用财政补贴政策的通知》	将购置补贴调整为选择示范城市或区域，重点围绕关键零部件的技术攻关和产业化应用开展示范。示范为期 4 年，采取"以奖代补"方式对示范城市给予奖励

续表

时间	政策	主要内容
2020 年	《节能与新能源汽车技术路线图（2.0 版）》	提出 2030—2035 年实现氢能及燃料电池汽车的大规模应用，燃料电池汽车保有量达 100 万辆左右

在遥远的 2050 年，氢能计划占据全球能源终端需求的 18%，其市场价值飙升至惊人的 2.5 万亿美元。值得关注的是，燃料电池车将占到全球车辆的 20%～25%。据中国氢能联盟预测，到 2050 年，我国氢能占终端能源体系的比例有望达到或超过 10%。在氢能消费领域，交通运输行业将成为重要突破口，预计用氢量将达到 2458 万吨，占该领域用能比例的 19%。与此同时，燃料电池车的年产量将达到惊人的 520 万辆。我国具有丰富的氢气生产能力，每年可生产约 4100 万吨氢气。在未来发展过程中，2030 年可再生能源制氢有望实现平价，这将为氢能大规模推广奠定基础。在实现"碳中和"的目标下，到 2060 年，我国可再生能源制氢规模有望达到 1 亿吨。这一宏伟目标将有力推动氢能产业的发展，为全球绿色低碳转型作出积极贡献。

3. 燃料电池汽车

与传统汽车和纯电动汽车相比，燃料电池汽车有一些独特的优势，如表 5-4 所示。从表 5-4 可以看出，燃料电池汽车在能量效率、低温性能、环境保护、能量加注时间、使用安全性和使用寿命等方面具有独特优势。但由于处在商业化初期，其动力系统成本、加注基础设施和应用领域还有些受限。

表 5-4　燃料电池汽车、传统汽车和纯电动汽车的比较

序号	指标	燃料电池汽车	传统汽车	纯电动汽车
1	动力系统	燃料电池发动机	内燃机	锂电池
2	燃料/热值	氢气，143MJ/kg	汽油，约 44MJ/kg	—
3	反应方式	非燃烧电化学反应（发电装置消耗燃料过程）	燃烧	非燃烧电化学反应（储能装置可逆充放电过程）
4	反应放能	电、热	热（通过燃烧汽油释放高温使气缸内空气剧烈膨胀推动活塞机械做工）	电
5	能量效率	≥50%	30%～40%	40%，静置电能下降

续表

序号	指标	燃料电池汽车	传统汽车	纯电动汽车
6	能量加注时长	15 分钟加注，一次加注续航与储氢能力有关	10 分钟加注，一次加注续航与油箱容量有关	快充 0.5～1 小时，慢充 6～8 小时。使用有效时间（天）与电池的容量有关，存在里程焦虑
7	整车续航里程（商用车）	>500km	500km	≈260km
8	低温性能	−30℃低温自启动，−40℃低温存储	−18℃以下需要配置高性能汽油机润滑油、进气道低温预热装置和高能辅助点火装置并执行相应冷启动作业等	常规锂电池在−20℃以下低温环境无法充电，且里程损失可能达到约 30%
9	使用安全性	主要来自氢燃料的储存，当前国家标准与国标严格要求，安全性远高于传统汽车与大容量纯电动汽车	存在爆燃与爆炸的风险	高能量密度与安全性难以兼容，存在爆燃与爆炸的风险，电解液与本体有剧毒
10	能量获取方式	用电低谷电解氢，存储使用；综合应用风力发电、水力发电能源	60%原油依赖进口，严重影响国家能源安全	依靠电网充电，不可避免地高峰期充电会导致电网负荷加大、能源浪费
11	动力系统成本	氢源富集地区具备较强经济性	受石油价格波动影响	具备较强经济性
12	使用寿命	理论上电解质薄膜无损耗	10 年	电池寿命 3～5 年
13	排放性	电能—氢能—电能合理利用，有效降低排放	国Ⅳ，国Ⅴ排放与石油提炼的排放	电能—化学能—电能，受充电方式与速度制约
14	废旧回收	废旧回收无安全隐患	废旧回收有完善体系	废旧再利用与处理处于探索期
15	资源约束	铂金供应充分、膜电极中铂金用量不断减少	—	电池资源短缺，全球仅少数国家可开发
16	反应残余	电、热、H_2O	热（通过）、CO_2、CO、H_2O、SO_2 等	电

序号	指标	燃料电池汽车	传统汽车	纯电动汽车
17	环境保护	工业副产氢、天然气重整制氢可减少碳排放；可再生能源制氢可实现零排放	排放 CO_2、CO、SO_2 等温室气体及污染物	污染部分转移到上游
18	商业化程度	商业化初期	完全成熟	相对成熟
19	应用领域	中长距离、重载运输	普适	中短距离运输
20	加注基础设施	稀缺	普及	重点城市覆盖

（二）国际氢燃料电池的竞争格局

国际氢燃料电池的竞争格局如表 5-5 所示。巴拉德作为全球氢燃料电池领域的先驱，自 1989 年便开始致力于质子交换膜燃料电池的研究。凭借多年的技术积累，巴拉德已成功销售超过 320MW 的燃料电池产品，在全球市场占比超过 30%。为了进一步推动氢燃料电池产业的发展，自 2013 年起，巴拉德开始逐步授权多家中国公司进行燃料电池技术的转让。这一举措旨在促进我国氢燃料电池技术的进步，加速实现产业化进程。目前，巴拉德已成功授权多家中国公司进行燃料电池技术转让，为我国氢燃料电池产业的发展做出了积极贡献。

表 5-5　国际氢燃料电池的竞争格局

燃料电池系统厂商	供应车厂	核心技术来源
亿华通、上海神力	中植客车、飞驰客车、宇通客车、申龙客车、福田汽车、中通客车、厦门金旅、东风汽车、申沃客车、成都客车、上汽集团	自主研发、清华大学
重塑科技	飞驰客车、东风汽车	巴拉德、同济大学
新源动力	上汽集团、上汽大通、一汽大客、华晨汽车、东风汽车、广汽集团等	大连化学物理研究所
国鸿氢能	飞驰客车、福田汽车、安凯客车、申龙客车、奥新汽车、东风汽车	巴拉德
雄韬股份	南京金龙、中通客车、东风汽车	自主研发、武汉理工大学
潍柴动力	中通客车、亚星客车	巴拉德
大洋电机	东风特汽、中通客车、福田客车、申龙客车、飞驰客车、晓兰客车	巴拉德

燃料电池系统厂商	供应车厂	核心技术来源
美锦能源	飞驰汽车	巴拉德
雪人股份	宇通客车、东风汽车、武汉泰歌、金龙汽车	大连化学物理研究所
全柴动力	（试制阶段）	上海交通大学、南京大学
宗申动力	（试制阶段）	自主研发
江苏清能	中植客车、皋开汽车	自主研发
东方电气	成都客车	自主研发
德威新材	未投产	新源动力
德尔股份	（试制阶段）	英飞腾

（三）宁波氢燃料电池汽车产业概况

宁波这座富氢之城，是全国七大石化基地之一，其石化产业制氢规模庞大，达到 47.63 万吨，可外供副产氢约 7.23 万吨/年。根据《宁波市战略性新兴产业"十四五"规划》，宁波市将重点突破氢能领域，包括制氢、运氢、储氢等生产技术以及氢燃料电池关键材料、电堆制造等应用端技术。

国家电投华东氢能产业基地是宁波市"十四五"生态环保领域的重要工程之一。目前，基地内已建成一座日加氢能力达到 500 千克的加氢站。此外，基地一期燃料电池双极板及电堆组装中试线已经完成并投产，年产能达到 1000 套。值得一提的是，国家重点研发计划项目"氢电耦合直流微网示范工程"已落户慈溪滨海经济开发区氢能产业园。这个项目富含科技元素，有望实现关键设备的国产化，从而减轻对国外技术设备的依赖。这一成果将为我国氢能产业的发展注入强大动力，助力实现产业自主化和技术突破。

2021 年初，宁波推出了首台氢燃料电池客车。车辆采用国家电投集团自主研发的 100kW 燃料电池电堆，加氢时间仅 15 分钟，满载续航里程 600 千米以上，能量转化效率高达 53%～55%，是普通内燃机效率的 3 倍。

甲醇重整制氢燃料电池技术比高压氢燃料电池更符合中国国情，宁波是甲醇重整制氢燃料电池技术领域的领先者，目前，宁波已经形成完整的产业链布局，主要代表公司有浙江博氢新能源有限公司、宁波申江科技股份有限公司、宁波索福人能源技术有限公司。其中，浙江博氢新能源有限公司的基地年产 20 万台（套）甲醇重整制氢燃料电池，包括质子交换膜、催化剂、碳纸、双极板四大核心原材料，以及电堆组装、智能电控、重整反应器等关键模块的研发生产。

吉利控股集团深耕甲醇汽车 18 年，成功突破技术瓶颈，掌握核心技术，开发 20 余款甲醇汽车。总运行里程近 100 亿千米，受到市场认可。吉利甲醇重卡和甲醇轿车在丹麦测试与示范运行，积极推广甲醇燃料和甲醇汽车在欧洲的应用。吉利持续探索，推动区域经济转型和发展，促进传统企业绿色低碳升级。随着全球减排目标的持续推进，绿色甲醇将进一步显现其优势，吉利在甲醇生态中的价值也将进一步彰显。

四、宁波汽车智能化发展状况

（一）制定智能网联汽车终端和零部件信息安全两项行业标准

网络安全已成为车联网产业健康持续发展的前提条件。在此基础上，为车联网行业更规范有序、健康地发展，为保障消费者信息安全、提升消费者终端体验，宁波市汽车零部件产业协会组织评审了两项智能网联汽车终端和零部件信息安全通用标准。这两项标准旨在规范智能网联汽车生产企业及产品准入管理，保障消费者信息安全，为宁波汽车行业的高质量发展贡献力量。

（二）宁海智能汽车小镇

如今智能出行已逐渐进入大众视野。宁波宁东新城核心区内的宁海智能汽车小镇，规划面积 3.47 平方千米，由国际一流的团队规划设计，完美体现生产、生活、生态共融，产业、文化、旅游共生理念。小镇临水见山，自然生态优美，通过各种功能区的打造，处处体现"智能、汽车、小镇"的主题，为旅客创造了舒适、健康的环境。

五、宁波汽车轻量化发展状况

（一）宁波汽车轻量化发展的重要性

《中华人民共和国国民经济和社会发展第十四个五年规划和 2035 年远景目标纲要》提出，制定 2030 年前碳排放达峰行动方案，争取 2060 年前实现碳中和。汽车轻量化是实现汽车领域节能减排的重要途径，也是我国汽车产业可持续发展的必经之路。轻量化可以有效降低油耗以及碳排放，全球汽车厂商都在推进汽车轻量化技术。从材料方面而言，铝合金是一种优良的轻量化材料，将铝合金作为结构材料替换钢铁能够带来显著的减重效果，同时易于回收。

（二）典型企业：爱柯迪股份有限公司

2003 年，爱柯迪公司成立。它是一家在全球范围内提供汽车专用铝合金精密压铸件的企业。它的研发中心和生产基地涉及全球，其公司主要客户是世界著名大型跨国汽车零部件的生产商。新能源、自动驾驶等方面是爱柯迪公司的主要发展方向，并持续扩大市场份额和增加单车价值。爱柯迪公司以科技研究和开发为主要动力，以新产品的研究和开发为发展方向，对工艺水平和制造技术不断提高和创新，始终走在行业的最前端。爱柯迪公司的发展有明确的目标和方向——成为世界领先的汽车零部件供应商。

本章小结

本章以新能源汽车为切入点，探究在新时代背景下宁波汽车产业集群发展的真实状况，并归纳总结得出"智能化、轻量化是其主要发展特征与方向"的结论。

第六章　宁波汽车产业集群的技术创新分析

一、宁波汽车产业集群的科技创新载体

（一）宁波汽车产业集群的创新载体

宁波市近年来持续推进汽车产业集群的创新载体培育，促进产业发展由制造企业"扎堆"向注重创新要素"扎根"转型。宁波市先后引进北航、国科大、浙大等一批重量级科研院所相继落户宁波，设立省内唯一的汽车专业学院——宁波工程学院杭州湾汽车学院，建设圣龙、舜宇、拓普等一批国家级企业技术中心，以及容百新能源、高发等一批省级企业技术中心，培育中国科学院宁波材料所、中国兵器科学研究院宁波分院、宁波市智能制造技术研究院等创新研究机构。宁波市汽车零部件产业集群已经成功实现了从偏向传统先进制造业的"单一化发展"，转变为注重先进制造业与现代生产服务业的"融合化发展"。

宁波市汽车产业集群内已形成产业梯队形状的丰富创新载体，并在业内有一定的影响力。根据宁波市汽车工业发展年度报告得知，宁波市汽车产业集群有国家级企业技术中心 17 家，见表 6-1；国家级创新载体（平台）3 个，见表 6-2；国家地方联合研究中心（工程实验室）4 个，见表 6-3；省级企业研究院 16 个，见表 6-4；省级企业技术中心 34 个，见表 6-5。由此可见，宁波汽车产业集群已具有强大而丰富创新载体。

表 6-1　宁波市汽车产业集群的国家级企业技术中心

序号	企业名称	序号	企业名称
1	宁波海天塑机集团有限公司	10	宁波杉杉新材料科技有限公司
2	博威集团有限公司	11	浙江华朔科技股份有限公司
3	宁波金田铜业（集团）股份有限公司	12	宁波兴业盛泰集团有限公司
4	宁波新海电气股份有限公司	13	慈兴集团有限公司
5	宁波圣龙汽车动力系统股份有限公司	14	宁波激智科技股份有限公司
6	东睦新材料集团股份有限公司	15	建新赵氏集团有限公司
7	宁波音王电声股份有限公司	16	宁波拓普集团股份有限公司
8	宁波韵升股份有限公司	17	锦浪科技股份有限公司
9	舜宇集团有限公司		

数据来源：宁波市汽车工业发展年度报告（2022）

表 6-2 宁波市汽车产业集群的国家级创新载体（平台）

序号	主体名称	平台名称
1	中国科学院宁波材料所	国家新材料测试评价平台
2	北仑智能制造装备技术基础公共平台	国家塑料机械产品质量监督检验中心、国家智能制造装备产品质量监督检验中心
3	宁波吉利汽车研究开发有限公司工业设计中心	国家工业设计中心

数据来源：宁波市汽车工业发展年度报告（2022）

表 6-3 宁波市汽车产业集群的国家地方联合研究中心（工程实验室）

序号	依托单位	实验室名称
1	中国科学院宁波材料技术与工程研究所	稀土永磁材料与应用技术国家地方联合工程实验室（宁波）
2	中国兵器科学研究院宁波分院	汽车轻量化材料国家地方联合工程研究中心（宁波）
3	宁波博威合金材料股份有限公司	新型有色合金材料国家地方联合工程研究中心
4	吉利汽车研究院（宁波）有限公司	新能源汽车智能制造国家地方联合工程研究中心

数据来源：宁波市汽车工业发展年度报告（2022）

表 6-4 宁波市汽车产业集群的省级企业研究院

序号	创新载体名称	序号	创新载体名称
1	浙江省亚德客气动技术研究院	9	浙江建新赵氏汽车零部件研究院
2	浙江省双林汽车座椅系统及汽车电子研究院	10	浙江省宁波高发汽车操控系统研究院
3	浙江省雪龙汽车特种材料和零部件研究院	11	浙江省继峰多功能汽车座椅头枕及扶手轻量化设计研究院
4	浙江省华成青铜阀门研究院	12	浙江省旭升汽车轻量化及新能源汽车零部件研究院
5	浙江省帅特龙轿车功能性内外饰件研究院	13	浙江省信泰汽车零部件工装研究院
6	浙江省圣龙高效能汽车油泵研究院	14	浙江省阳光新型环保汽车内饰材料研究院
7	浙江拓普智能制动及减震系统研究院	15	浙江省方正汽车模具研究院
8	浙江杉杉锂离子电池材料研究院	16	浙江省汽车软轴软管索研究院

数据来源：宁波市汽车工业发展年度报告（2021）

表 6-5   宁波市汽车产业集群的省级企业技术中心

序号	创新载体名称	序号	创新载体名称
1	宁波韵升股份有限公司企业技术中心	18	宁波舜江汽车部件制造有限公司企业技术中心
2	舜宇集团有限公司企业技术中心	19	宁波中车时代传感技术有限公司企业技术中心
3	宁波合力集团股份有限公司企业技术中心	20	浙江吉利罗佑发动机有限公司企业技术中心
4	宁波博威集团有限公司企业技术中心	21	宁波拓普集团股份有限公司企业技术中心
5	宁波汽车软轴软管有限公司企业技术中心	22	宁波永佳汽车零部件有限公司企业技术中心
6	宁波均胜汽车电子股份有限公司企业技术中心	23	宁波继峰汽车零部件股份有限公司企业技术中心
7	宁波合力模具科技股份有限公司企业技术中心	24	宁波长华汽车装饰件有限公司企业技术中心
8	浙江达可尔汽车电子科技有限公司企业技术中心	25	宁波旭升汽车技术股份有限公司企业技术中心
9	建新赵氏集团有限公司企业技术中心	26	博格华纳汽车零部件（宁波）有限公司企业技术中心
10	宁波永信汽车部件制造有限公司企业技术中心	27	宁波中车新能源科技有限公司企业技术中心
11	宁波方正汽车模具有限公司企业技术中心	28	宁波容百新能源科技股份有限公司企业技术中心
12	宁波帅特龙集团有限公司企业技术中心	29	宁波科诺精工科技有限公司企业技术中心
13	宁波四维尔工业股份有限公司企业技术中心	30	浙江华朔科技股份有限公司技术中心企业技术中心
14	宁波亚德客自动化工业有限公司企业技术中心	31	慈兴集团有限公司技术中心企业技术中心
15	浙江捷能汽车零部件有限公司企业技术中心	32	宁波杉杉新材料科技有限公司企业技术中心
16	浙江长华汽车零部件有限公司企业技术中心	33	宁波高发汽车控制系统股份有限公司企业技术中心
17	浙江舜仕汽车技术有限公司企业技术中心	34	宁波爱立德汽车部件有限公司企业技术中心

数据来源：宁波市汽车工业发展年度报告（2021）

宁波汽车产业集群正是在如此坚固的技术后盾支撑下，39 家企业获得我国制造业的国家级"单项冠军"企业（产品），是宁波"冠军之城"（共 83 个）中的产业"单项冠军"之最。其中的宁波均胜汽车电子、宁波爱柯迪和宁波拓普等企业连续在汽车零部件全国百强榜和汽车零部件全球百强的榜上有名。

（二）典型企业：舜宇光学科技（集团）有限公司

舜宇光学科技（集团）有限公司（简称"舜宇光学"）创立于 1984 年，是全球领先的综合光学零件及产品制造商。该公司坚定不移地实施"名配角"战略，始终聚焦于光学产品领域，致力于打造驰誉全球的光电企业。舜宇光学于 2007 年在中国香港成功上市，并连续 9 年登上《财富》中国 500 强榜单。在 2020 年，公司首次跻身中国企业 500 强。三十多年来，公司以每十年 10 倍以上的速度增长，连续 9 年蝉联《财富》中国 500 强榜单，2020 年首次跻身中国企业 500 强。

舜宇光学主要从事设计、研发、生产及销售光学及光学相关产品。公司产品包括光学零件（例如车载镜头、车载激光雷达光学部件、虚拟现实空间定位镜头、手机镜头、数码相机玻璃球面镜片及其他光学零部件）、光电产品（例如车载模块、VR 折叠光路模块、VR 视觉模块等）及光学仪器（例如智能检测设备及显微镜）。目前，公司已经形成了手机行业、汽车行业、显微仪器行业、机器人行业、AR/VR 行业等八大事业板块。

舜宇光学拥有国家级企业技术中心和博士后工作站，是全球领先的将光、机、电、算技术综合应用于产品开发和大规模生产的光学企业，在特种镀膜技术、自由曲面技术、连续光学变焦技术、超精密模具技术、嵌入式软件技术、3D 扫描成像技术、三维超精密振动测量技术、新型封装技术等核心光电技术的研究和应用上处于行业先进水平。

二、宁波汽车产业集群的知识产权状况

（一）总量态势

宁波汽车产业集群的专利总体发展趋势良好。根据近年的宁波汽车工业发展年度报告整理得知，宁波汽车产业集群的专利总量发展趋势如图 6-1 所示。

从图 6-1 可知，2009—2021 年宁波汽车产业集群的专利申请量、授权量、拥有量，从总体发展上呈现为上升态势。专利拥有量在 2009 年仅为 1793 件，但在 2013、2018 和 2021 年分别突破 10000、20000 和 30000 件。专利申请量从 2015 年之后，每年均在 5000 件以上。专利授权量的增长也较为明显。2012 年的专利

授权量比 2011 年增长了 93.5%，从 2015 年之后，宁波汽车产业集群的每年专利授权量均在 4000 件以上，2018 年以后的每年专利授权量都以 5000 件以上的数量增加，其中 2020 和 2021 年分别比上年增加 22.6% 和 15.2%。

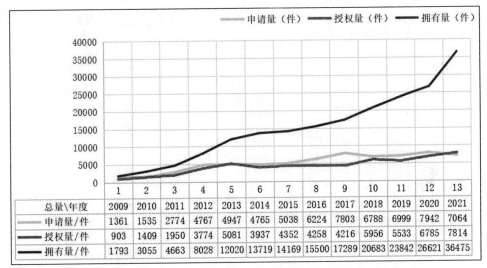

总量\年度	2009	2010	2011	2012	2013	2014	2015	2016	2017	2018	2019	2020	2021
申请量/件	1361	1535	2774	4767	4947	4765	5038	6224	7803	6788	6999	7942	7064
授权量/件	903	1409	1950	3774	5081	3937	4352	4258	4216	5956	5533	6785	7814
拥有量/件	1793	3055	4663	8028	12020	13719	14169	15500	17289	20683	23842	26621	36475

图 6-1　2009—2021 年宁波汽车产业集群的专利总量发展趋势
资料来源：宁波市汽车工业发展年度报告（2018—2022）

宁波市汽车零部件产业的专利主要包括发明、实用新型和外观设计专利。下面分别分析不同专利的发展状况。

（二）发明专利的发展状况

宁波汽车产业集群的发明专利总体发展趋势良好。根据近年的宁波汽车工业发展年度报告整理得知，宁波汽车产业集群的发明专利总量发展趋势如图 6-2 所示。从图可知，2009—2021 年宁波汽车产业集群的发明专利申请量、授权量，从总体发展上呈现为上升态势。发明专利的申请量从 2014 年之后，每年均在 1000件以上，2019 和 2021 受到行业环境影响略有小幅降落。但发明专利的授权量一直呈现出稳定上升态势。同时从图中也可看出，发明专利的申请量和授权量之间的差距明显，在 2016 年之后正在逐渐减小。这些变化与近年来汽车产业新赛道相关技术的蓬勃发展有关，它也有力地促进了宁波汽车产业集群的快速发展。

（三）实用新型专利的发展状况

宁波汽车产业集群的实用新型专利总体发展趋势良好，中间略有曲折。根据近年的宁波汽车工业发展年度报告整理得知，宁波汽车产业集群的实用新型专利总量发展趋势如图 6-3 所示。

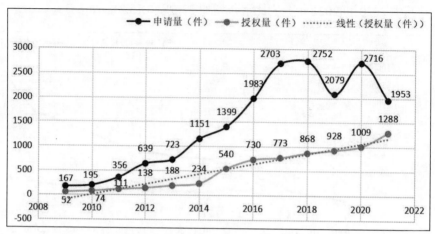

图 6-2　2009—2021 年宁波汽车产业集群的发明专利变化趋势

资料来源：宁波市汽车工业发展年度报告（2018—2022）

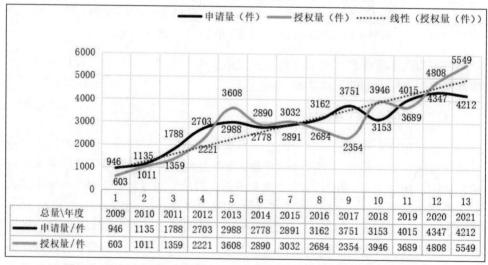

总量\年度	2009	2010	2011	2012	2013	2014	2015	2016	2017	2018	2019	2020	2021
申请量/件	946	1135	1788	2703	2988	2778	2891	3162	3751	3153	4015	4347	4212
授权量/件	603	1011	1359	2221	3608	2890	3032	2684	2354	3946	3689	4808	5549

图 6-3　2009—2021 年宁波汽车产业集群的实用新型专利数量发展趋势

资料来源：宁波市汽车工业发展年度报告（2018—2022）

从图 6-3 可知，2009—2021 年宁波汽车产业集群的实用新型专利申请量、授权量，从总体发展上呈现为上升态势，中间过程存在反复震荡现象。实用新型专利的申请量和授权量分别在 2010、2012、2018 和 2020 年之后以 1000、2000、3000

和4000件的趋势良性发展。其中在2013—2015、2018、2020和2021年的实用新型专利申请量低于授权量，这主要是专利的申请到获批之间有一定的时间周期所致。

（四）外观设计专利的发展状况

宁波汽车产业集群的外观设计专利总体发展趋势良好。根据近年的宁波汽车工业发展年度报告整理得知，宁波汽车产业集群的外观设计专利发明总量发展趋势如图6-4所示。从图可知，2009—2021年宁波汽车产业集群的外观设计专利申请量、授权量，从总体发展上呈现为上升态势，其中在2012—2013年和2017—2018年有明显增长。

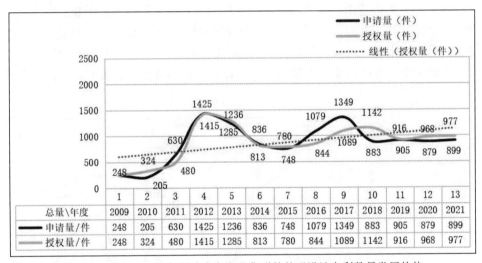

图6-4　2009—2021年宁波汽车产业集群的外观设计专利数量发展趋势

资料来源：宁波市汽车工业产业发展年度报告（2018—2022）

外观设计专利相比较于发明专利、实用新型专利而言，对企业的核心竞争能力增加有限，所以宁波汽车产业集群的创新能力更集中体现在后面二者上，但也可以看出宁波汽车产业集群在外观设计的创新能力是在不断增强的。

（五）专利申请与授权与同期群体比较情况

研究宁波汽车产业集群的技术创新，不只是要考虑集群内专利的纵向发展状况，还需将它们与同时期的类似群体做横向对比，才能对集群的技术创新有更全面的认知。

根据近年的宁波汽车工业发展年度报告整理得知，宁波汽车产业集群的专利申请与授权与同期宁波全市、浙江省汽车行业和全国汽车行业的比较如图 6-5 所示。从图可以看出，宁波汽车产业集群的专利申请与授权占浙江汽车产业的 15%～25%，在浙江省内具有一定的优势。但是宁波汽车产业集群的技术创新贡献程度，与它近三年的汽车产业集群年度产值占到浙江全省汽车产值的 50% 以上，还是有一定的差距。宁波汽车产业集群的专利申请与授权占宁波全市的 5%～20% 徘徊。宁波汽车产业集群作为宁波的"246"优势产业，这样的技术创新程度还是远远不够的。同样宁波汽车产业集群的专利申请与授权占全国汽车产业的约 2%～2.5%，在我国汽车"弯道超车"的大背景下，其技术创新程度是总体优势不足的。同时也可以看到，宁波汽车产业集群的专利申请与授权的占比基本相当，所以专利申请的通过质量还是很有行业竞争优势。

从图 6-5 还可看出，宁波汽车产业集群的专利技术，是以发明和实用新型专利为主。从 2019—2021 年来看，发明和实用新型专利的申请量和授权量占比，都是占到全市的 12%～15%，全国汽车产业的 1.5%～2.5%，全省汽车产业的 20% 左右。因此宁波汽车产业集群的技术创新是让它一直保持相对稳定的核心优势发展的基础。

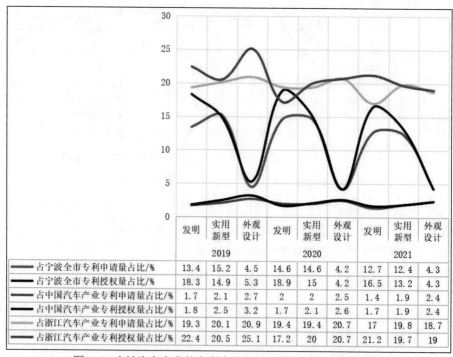

图 6-5　宁波汽车产业的专利申请与授权与同期群体比较情况
资料来源：宁波市汽车产业年度报告（2020—2022）

（六）专利申请人的分布状况

专利申请人一般包括企业、高校、院所、社团和个人。根据近年来的宁波汽车工业发展年度报告整理得知，宁波汽车产业集群的专利申请人的分布如图 6-6 所示。从图可以看出，按申请人各类专利申请量划分，企业、高校和个人均有申请发明、实用新型和外观设计专利，其中企业所占的比重最高。企业年度专利申请量通常占到汽车产业集群总量的 91.2%，最低为 2021 的 87.0%。企业和高校均以发明、实用新型为主，院所的专利虽然比例不高，但它们往往关注的是行业里有重大突破性发展的发明和实用新型专利。社团的专利水平和质量正在不断提升。个人专利在不同类型的占比较为均衡，但整体比例不高。因此宁波汽车产业集群很有必要成立企业、高校、院所等主体的联合技术创新平台。

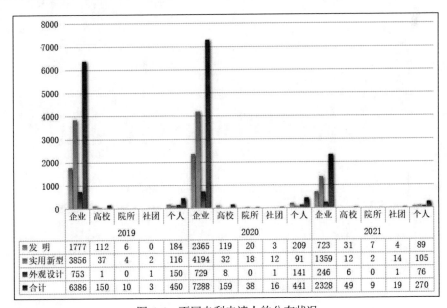

图 6-6　不同专利申请人的分布状况

资料来源：宁波市汽车产业年度报告（2020—2022）

（七）专利分布的技术领域

宁波市的汽车产业集群的专利主要集中在宁波市汽车零部件方面。宁波市汽车零部件可分为五类，第 1 类：动力总成类；第 2 类：底盘类；第 3 类：车身类；第 4 类：附件、电器、仪表类；第 5 类：其他类，其中第 1～4 类为宁波汽车零部件的主要组成部分。

根据近年来的宁波汽车工业发展年度报告整理得知，宁波四大类汽车零部件专利分布的技术领域如图 6-7 所示。从图可以看出，宁波四大类汽车零部件专利的第 1 类，其专利申请总量图形显示很明显，它们在 2019—2021 年分别为当年占比的 33.4%、21.6% 和 30.9%，即宁波在汽车动力总成上具有明显优势；第 2 类的专利申请总量分别为当年占比 19.7%、23.7% 和 20.1%，即底盘类有一定优势；第 3 类的分别为当年占比 15.3%、16.5% 和 15.5%，即车身类并无明显优势；第 4 类的专利申请总量图形显示更为突出，它们分别为当年占比 31.6%、26.6% 和 33.6%，即附件、电器、仪表则优势非常突出。因此在动力总成类和附件、电器、仪表类的专利申请方面，宁波汽车零部件专利具有很高的占比，其竞争优势很明显。

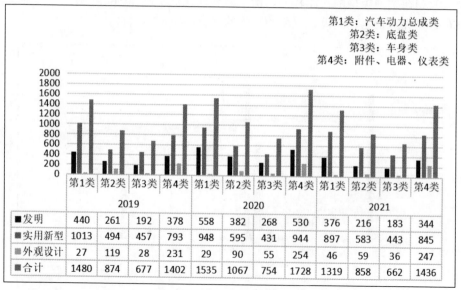

图 6-7　宁波四大类汽车零部件专利申请领域分布

资料来源：宁波市汽车产业年度报告（2020—2022）

（八）专利授权集中度

由于宁波汽车产业集群内部企业众多，有些企业在经营中不断发生合并或更名，所以准确统计其技术创新的数据非常困难。根据宁波市汽车零部件协会的 2009—2021 年度的宁波汽车产业专利授权量 TOP10 资料统计得知，吉利汽车集团的相关企业院所多次在榜上出现，其他企业也是榜上的常客。如浙江吉利控股集团有限公司在 2009—2018 年排名第 1（2312 件）；吉利汽车研究院（宁波）有限公司在 2009—2018 年排名第 4（394 件），2019 年排名第 1（525 件），2020 年排名第 1（341 件），2021 年排名第 2（198 件）；宁波吉利汽车研究开发有限公司在 2009—2018 年排名第 2（1200 件），2019 年排名第 2（106 件），2020 年排名第 2（233 件），2021 年排名第 1（244 件）；浙江吉润汽车有限公司在 2009—2018 年排名第 3（693 件）。宁波远景汽车零部件有限公司在 2009—2018 年排名第 5（364 件），2020 年排名第 8（57 件）。浙江中车电车有限公司在 2019 年排名第 4（51 件），2020 年排名第 10（53 件），2021 年排名第 7（88 件）。宁波敏实汽车零部件技术研发有限公司在 2009—2018 年排名第 8（309 件），2019 年排名第 7（33 件），2020 年排名第 4（80 件），2021 年排名第 6（104 件）。宁波正耀汽车电器有限公司在 2019 年排名第 5（48 件），2020 年排名第 6（60 件），2021 年排名第 10（61 件）。宁波信泰机械有限公司在 2020 年排名第 7（58 件），2021 年排名第 3（137 件）。

宁波汽车产业集群内部有些企业可能在宁波汽车产业专利排行榜出现概率不高，但并不排除它们同样是行业内的佼佼者。如宁波高发汽车控制系统股份有限公司在 2019 年排名第 8（32 件），宁波均胜群英汽车系统股份有限公司在 2021 年排名第 9（63 件），它们都是第 7 批国家级单项冠军产品企业。宁波舜宇车载光学技术有限公司在 2021 年排名第 4（120 件），它是第 3 批国家级单项冠军示范企业。

三、关于汽车知识产权的对策建议

（一）提升知识产权创造水平

制定企业知识产权发展战略，编制重大关键核心技术专项知识产权规划；在技术全生命周期，挖掘和培育高价值专利，建立自主知识产权创造体系，形成具有数量规模、质量优势的知识产权资源储备，促进企业知识产权创造提质增效。

（二）提升知识产权运用水平

制定企业对外知识产权许可、转让程序，建立科技成果转化机制，通过市场化方式，如质押融资、作价入股、证券化和构建专利池等，促进知识产权的实施，提升企业知识产权价值，充分发挥知识产权运营中心的职能作用，为企业知识产权运用提供咨询、评估、经纪、交易、信息等服务。

（三）提升知识产权保护水平

引导企业在科研、新品开发、技术引进、技术合作和技术出口时，应进行专利文献检索，提升专利侵权防控能力；与专利信息服务机构合作，开展专利检索、分析和预警，提高企业专利分析和预警分析能力；有条件的企业应建立专利专题数据库，进行专利分析和预警分析。

（四）提升知识产权管理水平

强化企业知识产权机构、制度、人员、经费"四落实"机制；推动开展知识产权商标认证，加快知识产权能力建设；深入开展企业管理、研发、销售等人员的知识产权培训，开展知识产权文化建设，营造知识产权发展的良好氛围。

（五）提升知识产权服务水平

发挥中汽研（天津）汽车信息咨询有限公司的汽车数字图书馆、汽车专利数据库的资源优势，提供专利信息服务；开展知识产权运营试点，拓宽服务范围，提升服务水平；发挥中国（宁波）知识产权保护中心的职能优势，为企业提供有效的知识产权服务。

本章小结

在前文分析的基础上，探究宁波汽车产业知识产权的真实情况，明确在汽车行业内知识产权的构成与重要性，并就汽车产业知识产权的管理与保护提出切实可行的策略。

第七章 宁波汽车产业集群的智能制造分析

一、宁波智能制造的背景

作为中国智能制造发展规划的一部分，宁波市作为试点示范城市，积极发布了相关行动纲要和实施方案，以智能经济为主攻方向。为了实现这一目标，宁波市致力于构建新型制造体系和人才培养体系，从而推动制造业的转型升级和提质增效。为了进一步推动制造业高质量发展，宁波市政府还发布了《加快推进制造业高质量发展的实施意见》和《制造业企业智能化技术大改造行动计划（2020—2022）》。这两个文件旨在指导和促进宁波市制造业的智能化改造和升级，以适应新的产业发展趋势，提升宁波市制造业的核心竞争力。2022 年，宁波市又印发了《宁波市工业企业技术改造三年行动计划（2022—2024 年）》。通过这些政策和措施的实施，宁波市正努力为中国的智能制造发展规划贡献自己的力量，推动宁波市制造业走向更高质量、更高水平的发展。

宁波的主要发展方向是智能制造，在完成探索新发展路线的艰巨任务的同时，也为宁波构建制造业创新体系、实现从制造大市到制造强市的转变提供技术方面的支撑，还有利于聚集优势资源，从而建立产业创新高地，促进制造业高质量发展。

二、集群智能制造的工作成效

宁波是我国智能制造第一批试点城市之一，许多制造企业响应国家号召，开启了智能制造转型之路。2020 年，全市新增工业机器人 3816 台，实施 1000 万元及以上智能化改造项目 1703 项。宁波智能制造已走在其他行业的前列，汽车及零部件行业更是制造业的支柱产业。2021 年上半年，宁波市数字化改革走在全省前列，5 个行业产业大脑成功列入浙江省第一批"揭榜挂帅"计划，数量全省最多。

（一）数字化车间建设情况

为贯彻落实"中国制造 2025"试点示范城市和工业强市建设要求，宁波市坚持自主创新、优化汽车产业结构、突出企业智能化改造重点、规范企业智能化管理的原则。在各级产业结构调整政策的指导下，大力鼓励企业从供给侧结构性改革入手，通过自主研发，或引进消化、吸收国内外的先进技术和装备，不断提升汽车制造企业的创新能力和数字化生产的基础能力，推动重点企业的重大工业投资项目或重点技术改造项目建设。截至 2020 年，宁波市数字化车间建设已取得显著进展，如表 7-1 所示。

表 7-1　汽车及零部件企业 2018—2020 年市级数字化车间建设情况表

年度	立项总数	汽车及零部件企业立项总数	汽车及零部件企业占比
2018 年	28	15	53.57%
2019 年	42	14	33.33%
2020 年	81	25	30.86%
合 计	151	54	35.76%

（二）"5G＋工业互联网"建设情况

宁波市高度重视工业互联网等新技术、新模式、新业态的创新发展，全市"5G＋工业互联网"试点取得成效，试点项目计划库达到 174 个。工业领域形成了以智能化为中心的新应用、新产品、新模式，实现更高的附加值，扩展更大的成长空间。目前全市共计列入国家各类试点示范项目和优秀案例 24 个，促进了全市工业企业转型发展。

（三）智能制造工作成效

宁波市全面贯彻"制造强国"和"网络强国"战略，实施"制造强市"，坚持将智能制造作为推进汽车制造业高质量发展的主攻方向，通过强化顶层设计、完善服务体系、培育创新新模式、实施试点示范，全市汽车产业的智能制造工作取得了阶段性成效。

1. 企业提质增效成效明显

2018—2022 年，全市共有近 6000 个以自动化、智能化为主要内容的技术改造项目竣工投产，从而提高企业生产效率，降低企业生产成本，缩短生产周期，降低不良品率及能耗。

2. 智能经济创新能力不断提升

2017 年以来，全市共有近千个创新型智能化改造项目竣工投产，企业新产品产值率大幅提高。全市共有 211 家智能制造领域市级企业工程（技术）中心，27 家市级企业研究院，15 家省级企业研究院，5 家省级重点企业研究院和 5 家国家认定企业技术中心。

3. 数字经济实现引领增长

在 2019 年，全市数字经济核心产业制造业的发展势头强劲，增加值同比增长 12.7%，超过规上工业增速 6.3 个百分点。同时，电子信息产业的表现同样亮眼，增加值同比增长 16.7%，高于"246"产业平均增速 8.8 个百分点。值得关注的是，核心产业的发展规模不断壮大，其中电子信息产业的规模首次突破 2000 亿元。这得益于数字化转型升级的加速，全市共实施了 5400 余个自动化智能化改造项目，新增工业机器人 2700 余台，使得上云企业数量突破 7 万家。在这一过程中，新动能的培育也在加快，数字经济逐渐成为引领高质量发展的新动能和主引擎。这不仅为全市经济发展注入了新的活力，也为未来的持续发展奠定了坚实的基础。

4. 工业互联网体系初具规模

工业互联网体系中，supOS——首个具有自主知识产权的工业操作系统，已经初具规模。宁波首个工业互联网标识解析二级节点平台为代表的基础性工业互联网平台取得突破，行业级工业互联网平台初具规模，龙头骨干企业纷纷搭建企业级工业互联网平台，在协同生产服务领域涌现了一批基于"互联网＋"的平台新模式。例如，宁波工业互联网研究院启动建设，旨在推进人工智能和区块链技术。同时"鲲鹏产业生态"已经正式落地，"5G+工业互联网"项目试点启动。数字经济成为引领宁波汽车产业集群高质量发展的新动能和主引擎。

（四）参与集群智能制造的服务机构情况

1. 智能制造工程服务公司

智能制造工程服务公司是专注于为工业企业的生产设施提供智能化改造、数字化车间和智能工厂建设等服务的机构。在我国宁波市，这类公司总数达到了 199 家，分布在宁波市级和区县级。具体来说，宁波市级的智能制造工程服务公司有 66 家，区县级的智能制造工程服务公司也有 133 家，它们主要服务于当地的企业，为这些企业提供了可靠的智能化改造和数字化车间建设服务。

2. 宁波市级智能制造工程服务公司名录

目前已公布的宁波市级智能制造工程服务公司共有 66 家，名录如表 7-2 所示。

表 7-2　宁波智能制造工程服务公司（市级）

序号	企业名称	地区
1	宁波浙大联科科技有限公司	高新区
2	浙江中之杰智能系统有限公司	高新区
3	浙江青牛智能科技有限公司	高新区
4	宁波中科集成设计电路中心有限公司	高新区

续表

序号	企业名称	地区
5	宁波新松机器人科技有限公司	高新区
6	宁波均普智能制造股份有限公司	高新区
7	宁波华自智能科技有限公司	高新区
8	宁波智能制造技术研究院有限公司	海曙区
9	宁波正航智能系统有限公司	海曙区
10	宁波华盛鑫泰机床有限公司	海曙区
11	宁波哈迪斯自动化工业服务有限公司	海曙区
12	宁波佰汇物联技术有限公司	海曙区
13	宁波威讯软件有限公司	江北区
14	宁波摩科机器人科技有限公司	江北区
15	宁波华数机器人有限公司	江北区
16	宁波贝克韦尔智能科技有限公司	江北区
17	宁波弗瑞德企业管理顾问有限公司	江北区
18	西安电子科技大学宁波信息技术研究院	镇海区
19	宁波聚轩信息科技有限公司	镇海区
20	宁波腾智信息技术有限公司	北仑区
21	宁波品悦机械有限公司	北仑区
22	宁波雷奥自动化设备有限公司	北仑区
23	宁波聚华光学科技有限公司	北仑区
24	宁波弘讯科技股份有限公司	北仑区
25	宁波海天智造科技有限公司	北仑区
26	宁波海迈克自动化科技有限公司	北仑区
27	宁波创元信息科技有限公司	北仑区
28	宁波博信机械制造有限公司	北仑区
29	宁波北仑宁润机械有限公司	北仑区
30	宁波澳玛特高精冲压机床股份有限公司	北仑区
31	浙江文谷科技有限公司	鄞州区
32	宁波韵升智能技术有限公司	鄞州区
33	宁波亚大自动化科技有限公司	鄞州区
34	宁波市鄞州德来特技术有限公司	鄞州区

序号	企业名称	地区
35	宁波世纪恒祥自控技术有限公司	鄞州区
36	宁波富乐礼机器人科技有限公司	鄞州区
37	宁波韦尔德斯凯勒智能科技有限公司	奉化区
38	浙江智昌机器人科技有限公司	余姚市
39	余姚泰速自动化科技有限公司	余姚市
40	余姚市耐德自动化科技有限公司	余姚市
41	宁波中亿自动化装备有限公司	余姚市
42	宁波中科莱恩机器人有限公司	余姚市
43	宁波易拓智谱机器人有限公司	余姚市
44	宁波伟立机器人科技股份有限公司	余姚市
45	宁波天瑞精工机械有限公司	余姚市
46	宁波斯曼尔电器有限公司	余姚市
47	宁波舜宇智能科技有限公司	余姚市
48	宁波诺博特机械有限公司	余姚市
49	宁波嘉怡机器人有限公司	余姚市
50	宁波海神机器人科技有限公司	余姚市
51	宁波飞图自动技术有限公司	余姚市
52	宁波丞达精机有限公司	余姚市
53	宁波帕沃尔精密液压机械有限公司	慈溪市
54	宁波麦科斯机器人科技有限公司	慈溪市
55	宁波科伟机器人科技有限公司	慈溪市
56	宁波均创智能科技有限公司	慈溪市
57	宁波江宸智能装备股份有限公司	慈溪市
58	宁波宏志机器人科技有限公司	慈溪市
59	慈溪市中创自动化科技有限公司	慈溪市
60	慈溪市联创软件有限公司	慈溪市
61	慈溪市力创软件科技有限公司	慈溪市
62	慈溪市科菱自动化设备有限公司	慈溪市
63	慈溪市金创软件有限公司	慈溪市
64	慈溪市宏晟机械设备有限公司	慈溪市

续表

序号	企业名称	地区
65	宁波考比锐特汽车科技有限公司	宁海县
66	浙江斐尔德智能设备有限公司	杭州湾新区

3. 宁波市智能制造优秀系统解决方案

为有效落实宁波市关于加快推进制造业高质量发展的（甬政办发〔2020〕72号）、宁波市制造业企业智能化技术大改造行动计划（2020—2022）（甬工强办〔2020〕4号）等文件精神，推进宁波市智能化改造相关项目建设，引导企业利用新一代信息技术深化与制造业的融合创新应用，宁波市经信委组织开展了2021年度宁波市智能制造优秀系统解决方案申报工作。有16家企业的智能制造优秀系统解决方案入选，其中汽车零部件领域的智能制造优秀系统解决方案有3家，具体名单如表7-3所示。

表7-3　2021年度宁波市智能制造优秀系统解决方案（第一批）名单

序号	单位名称	解决方案名称	重点应用行业/领域	属地
1	宁波智讯联科科技有限公司	汽车零部件行业数字化车间/智能工厂系统解决方案	汽车零部件	高新区
2	浙江华工赛百数据系统有限公司	面向汽车零部件行业的智能制造整体解决方案	汽车零部件	江北区
3	浙江文谷科技有限公司	文谷汽车行业数字化工厂解决方案	汽车零部件	鄞州区
4	浙江蓝卓工业互联网信息技术有限公司	基于supOS工业操作系统的石化行业智能制造解决方案	石化	海曙区
5	宁波智能制造技术研究院有限公司	智云端—数据采集与生产管理系统解决方案	工业互联网＋安全生产	海曙区
6	宁波捷创技术股份有限公司	三化融合整体解决方案	磁性材料	江北区
7	浙江第元信息技术有限公司	第元基于5G＋工业互联网的设计制造一体化平台解决方案	电子信息	镇海区
8	宁波创元信息科技有限公司	基于Neural-MOS的模具行业智能制造系统解决方案	模具	北仑区
9	宁波腾智信息技术有限公司	紧固件行业智慧工厂解决方案	紧固件	北仑区
10	舒普智能技术股份有限公司	服装服饰车间集成解决方案	服装服饰	鄞州区

续表

序号	单位名称	解决方案名称	重点应用行业/领域	属地
11	宁波伟立机器人科技股份有限公司	数字化车间集成－机床及机器人解决方案	模具	余姚市
12	宁波舜宇智能科技有限公司	智能数字工厂整体解决方案	电子信息	余姚市
13	宁波慈星股份有限公司	慈星针织品智能柔性定制系统解决方案	服装服饰	慈溪市
14	宁波沙塔信息技术有限公司	面向机加工行业的工业互联网平台解决方案	机械加工	高新区
15	宁波易拓智能科技有限公司	离散型注塑行业智能工厂系统解决方案	文体	高新区
16	宁波极望信息科技有限公司	面向离散制造业的极望Y9-MES整体解决方案	压铸	高新区

三、集群智能制造的未来发展趋势

(一)构建以"产业大脑＋未来工厂"为核心的数字经济系统

宁波构建数字经济系统,实现未来工厂和工业互联网发展,提升核心创新能力和应用场景融合创新。重点建设新智造标准政策体系、技术供给体系和服务支撑体系,提升企业价值和核心竞争力。推动数字赋能、创新驱动和高质量发展,提升工业制造业水平。推广supOS工业操作系统,深化数字经济建设,走在全省前列。

(二)促进新能源汽车产业链的高质量发展

中国正在快速推进碳达峰、碳中和等计划的实施,为汽车行业提供了一个新的发展机会,而宁波新能源汽车产业也进入了潜伏期和转型期,并且转型速度有明显提升,是一个挑战也是一个机会。宁波在制造业方面的基础较为深厚,政府和企业共同努力,将新能源和智能网联汽车产业链的建设做好,通过组织重要项目攻关、推进人才引进和项目对接等多个方面,共同促进全市新能源产业链的快速发展。

随着新能源的快速发展,宁波新能源汽车产业进入转型期,应加快转型速度,抓住这次机会。由政府和企业共同构建的新能源与智能网联汽车产业链，为全市新能源产业链的快速发展提供了重要帮助。要顺应未来技术创新发展的趋势，实现全市节能与新能源汽车产业链高质量发展的目标。

（三）加快推进智能网联汽车生态建设

汽车及零部件行业智能制造发展应充分发挥宁波市汽车产业集群优势和信息化基础优势，加快推进智能网联汽车生态建设，努力把宁波打造成全国智能网联汽车先导区和产业示范区。一是加强顶层设计，进一步完善行动方案，建立工作联席会议制度，组建专家委员会，抓紧研究新基建支持政策，完善从制造到应用示范的具体措施。二是加强创新示范，搭建创新平台，梳理技术创新链、产业链、应用场景清单，建立重点项目库，培育和引进创新人才团队，深入推进城市智慧汽车基础设施建设，有序推进智能汽车、智能出行的应用场景。三是深化研究，加快推进商业模式、资源共享机制、工作协同机制的研究，形成数据互联互通、政企研资合力推进良好环境。四是重推产业发展，以创新引领产业、以应用助推产业，加快推进人工智能、汽车芯片和软件、信息通信、智能应用终端、检验检测、后服务等产业发展壮大。

（四）推动产业链创新链融合，打造智能制造高地

为了推动制造业高质量发展，宁波市启动了"246"万千亿级产业集群建设。在全球经济竞争和地缘政治博弈的背景下，确保产业链供应链的安全和稳定显得尤为重要。为实现这一目标，宁波市将重点关注"246"万千亿级产业集群和新兴产业，致力于打造具有国内领先地位的标志性产业链。为了更好地实现这一战略目标，宁波市针对每条产业链制定了详细的培育实施方案，旨在加强产业链招商、优化资源配置、提升产业竞争力。同时，宁波市还将建立运行风险监测预警体系，对产业链的运行情况进行实时监控，预防和应对潜在的风险，确保产业链的稳定运行。

四、典型案例：核心汽车零部件数字化车间改造

（一）浙江华朔科技股份有限公司

1. 企业介绍

浙江华朔科技股份有限公司成立于 2002 年 12 月，现已成长为专注于铝合金压铸件及高精密模具的研发制造的大中型企业集团。公司拥有奔驰、宝马、福特

等世界 500 强客户群体，获得多项荣誉和认证。公司以"以人为本、科技为先、市场为导、管理为实"为经营宗旨，加强自身流程的再塑造，走科学经营管理之路，注重社会效益，并进一步开拓国际、国内市场。

2. 轻量化涡轮增压器蜗壳系列的项目改造

该项目以产品全生命周期为主线，以 ERP 为核心，整合 MES、PDM、EMan、设计软件及自动化生产线等系统，实现内外互联，建立数字化车间。数字化车间建设主要有以下内容。

（1）研发设计及工艺仿真软件的集成与应用。该公司使用西门子 Teamcenter 作为数字化设计的基础集成环境，建立数字化结构设计、数字化工艺设计与铸造工艺模拟仿真一体化的研发平台。利用 CAD（浩辰）计算机辅助设计实现了产品、工艺数字化设计。同时，利用 MAGMASOFT（迈格码）铸造工艺模拟仿真软件实现了对铸造过程的全面模拟分析。此外，（西门子）软件集 CAD/CAE/CAM 于一体的产品生命周期管理，有助于支持产品开发的整个过程。

（2）产品数据管理系统（PDM）的实施与应用，公司通过 PDM 系统，实现产品数据、过程、资源一体化集成管理，解决了计算机软件不兼容的问题，实现了信息共享与传递，提高了新产品研发速度。

（3）制造执行系统（MES）的实施与应用。公司的 MES 系统由 9 个模块组成，包括设备、排程、派工、监控、质量、工艺档案、条码、追溯和报表。它自动整合 ERP 系统和生产现场，成为生产信息传递的最佳工具。MES 系统以机联网为基础，实现生产计划排程、生产状态监控和预警，管理人员决策科学、高效、准确、及时。

（4）企业资源管理系统（ERP）的改造与升级。公司在原有信息化应用基础上，整合优化生产任务执行流、物流、资金流及设备资源配置，实现生产管理自动化、数据化、规范化，解决多品种小批量快速交货的生产组织问题。

（5）益模制造执行管理系统（EMan）的实施与应用。益模制造执行管理系统的实施是为了保障模具生产管理更上一个台阶，实现模具车间数字化管理。以模具生产过程的管理为核心，结合公司对模具自动化、数据化、规范化管理的需求，实现模具从接单到交货全流程的数字化管理，有效改善模具生产整体流程，从而实现利润最大化。

（6）自动化生产线项目的实施与应用。公司以机联网为基础、MES 为核心，建立满足公司需要的基于 DNC、物联网的数字化车间，利用信息技术对车间、生产线、数控设备进行监控管理，实时管控生产进度、运行效率、产品质量率、设备稼动率，实现全面、有效的生产管理。

（7）智能仓储物流系统（WMS）的实施与应用。该公司通过运用先进的管理系统，实现了对仓库业务物流和成本管理全流程的全面控制与跟踪，进一步优化了企业仓储信息管理。该系统具备强大的功能，既可以独立执行库存操作，也可以与其他系统相互配合，从而为企业提供更加完整、高效的物流管理解决方案。设计软件、PDM 系统、ERP、MES 和自动化生产线共同实现数字生产一体化。

3. 改善成效

（1）经济效益。该项目提高了浙江华朔科技股份有限公司的生产自动化能力和市场把握能力，降低了人力和能源成本，获得了可观的经济效益。通过引进先进的自动化设备和管理系统，公司实现了产品生产一条龙管理，大幅提高了生产效率。对关键加工工艺、上下料节拍提升、加工动作优化等进行深入研究，提高加工效率，节省设备单支加工实际运行时间，车间能耗降低 17.2%。同时，自动化设备和物流线的使用降低了生产对人的依赖性，运营成本降低 58.6%。实现了对生产全过程的跟踪和实时监控，避免了生产现场的问题，促进了 6S 管理。

（2）社会效益。此项目有利于培养轻量化涡轮增压器蜗壳系列核心汽车零部件的数字智能化技术人才，带动相关行业发展，为本地同类型企业提供示范案例。通过数字化车间的建设和应用，公司培养了大量技术工人和专业技术人才，锻炼了技术型人才队伍，提供人才助力。该项目实施需要智能部件和智能工业软件，促进技术创新和进步，带动相关智能设备的快速发展，催生新的产业，可促进宁波市经济发展。实施成功后有利于在汽车零部件或相关行业进行推广，推动整个汽车零部件及相关行业的发展。

（二）宁波三峰机械电子股份有限公司

1. 企业介绍

宁波三峰机械电子股份有限公司成立于 1993 年，占地 36000 平方米，有 2 家合资公司和 2 家独资公司。产品包括汽车零部件、工程机械、高压水泵等。公司获得国家专利 46 项，资信等级为 AAA 级，通过了 TS/IATF16949 质量体系认证和 ISO14001 环境管理体系认证，获得"国家高新技术企业"和"省工程技术中心"称号。

公司已成功开发节气门轴总成系列、汽车发动机可变气门正时器阀总成系列、新型 NBR 材料汽车液位传感器浮子总成系列等产品，并已批量生产。近几年，公司以科学发展观为指导，提高创新创优能力，积极加大新产品的投资力度。公司成立了技术研发中心，于 2012 年荣获了"宁波市企业工程技术中心"称号，2017 年荣获"省工程技术中心"称号，取得相关产品核心技术知识产权。公司与宁波工程学院开展了产学研合作，解决了机械产品加工工艺的瓶颈问题。公司将持续开展与高校以及国外客户的合作，为公司可持续发展提供有力的人才和技术支撑。

2. 智能升级改造：年产40万套变速箱的数字车间

该项目历时24个月，从2018年1月开始至2019年12月底结束。项目主要通过引进智能装备和支撑软件，构建工业云服务平台，并采用新技术建立工业以太网，从而实现数字化生产，搭建起一个集成平台。系统在产品设计、制造过程和管理方面实现了数字化集成，同时将内部产品开发与车间生产制造进行数字化、集成化的改革，并优化产品开发及制造作业的协同性。公司在项目中采用了PLM系统，并建立健全了一系列配套的管理规范、制度和操作控制手册，使产品工艺过程管理更加智能化、网络化和可视化。通过这一系列措施，企业实现了生产过程的数字化、智能化管理，提高了生产效率，降低了成本，为企业的发展提供了强大动力。

3. 智能升级改造的成效

（1）经济效益。该项目提高了宁波三峰机械电子股份有限公司的生产自动化能力，降低了生产成本，获得了可观的经济效益。新增销售收入1200万元，新增利润150万元，新增税金74.6万元。生产效率提高40%，企业运营成本降低12%，产品生命周期缩短18%，产品不良率降低28%，单位产值能耗降低11%。本项目使用自动化设备、物流线和在线测量系统提高生产效率，减少对人的依赖性。

（2）社会效益。宁波三峰机械电子股份有限公司的数字化车间项目解决了工业"四基"问题，打破了国外对产业的垄断，切实解决了载重车、客车及挂车制造领域的材料及制品配套需求。数字化车间建设起到良好的示范作用，为其他企业提供实施经验，加速信息化步伐。

本章小结

智能制造的普遍运用推动了传统制造产业的改革与优化，在智能制造的大浪潮下，宁波汽车制造产业的发展也步入新的阶段。因此，本章结合产业发展背景，以核心汽车零部件数字化车间改造为具体案例，分析智能制造对汽车产业发展的影响。

第八章 宁波汽车产业集群的钻石模型分析

一、构建宁波汽车产业集群的钻石模型

波特的钻石模型包括构成钻石体系的四个因素和两个外部辅助因素。本书认为，宁波市汽车产业集群需要大胆创新，以提高钻石模型内部的四要素的动力。宁波汽车产业集群的钻石模型如图 8-1 所示。下面用钻石模型对宁波汽车产业集群现状做整体分析。

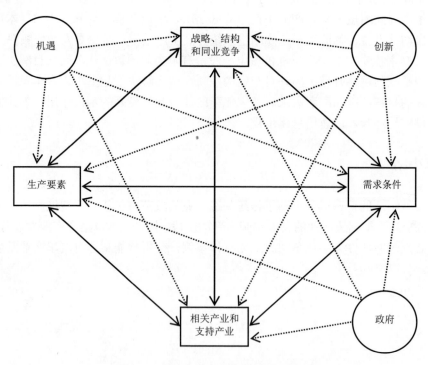

图 8-1 宁波汽车产业集群的钻石模型

二、宁波汽车产业集群的钻石模型分析

（一）生产要素

生产要素是产业集聚发展的基础，包括基础生产要素和高级生产要素。基础生产要素包括人力资源、天然资源、知识资源、资本资源等；高级生产要素则包括科研人才、科研机构、高等院校和基础设施建设。

1. 长三角发展汽车的区域优势

长三角地区作为中国经济最为繁荣和活跃的区域，具备世界汽车制造业转移的优越条件。该地区汇集了上汽集团的上海大众、上海通用等一流汽车制造企业，构成了我国最大的汽车生产基地。这里拥有各式各样的汽车品种，以及众多合资和自主品牌的车企，共同推动着汽车产业的蓬勃发展。民间资本在长三角地区高度活跃，助力了乘用车产销量长期位居全国前列。此外，江浙地区拥有完善的汽车配套体系，众多的汽车零部件生产企业为该地区的汽车产业提供了强大的支持。在这样的环境下，浙江吉利等民营汽车企业应运而生，凭借独特的优势迅速崭露头角。这些企业在江浙地区的汽车产业中发挥着重要作用，为推动我国汽车制造业的不断壮大做出了贡献。

2. 宁波发展汽车产业集群的独特性

宁波作为全国的计划单列市，有政策上的特殊性。而作为拥有全球知名港口的长三角沿海城市，宁波经济发达、交通方便，营商环境好。

宁波作为浙江人均 GDP（国内生产总值）排名第一的城市，港口航运的货物吞吐量，连续 12 年位居全球首位。作为中国院士之乡，中国的宁波籍院士多达百余人。作为全国万亿 GDP 俱乐部的新贵，宁波是名副其实的浙江工业中心。其工业实力可体现在以下方面：宁波的高端装备领域仅次于上海，位居全国第二；在新材料领域，仅次于上海和深圳，位居全国第三，而且在这两大领域中的优秀企业是数不胜数。截至 2022 年底，宁波以 83 家国家级制造业单项冠军的数量，位居全国之首，宁波还布局了新能源和工业互联网的两大万亿级规模的新风口产业。

宁波工业的发展如此优秀，是由诸多因素形成的。宁波是国家计划单列市，享有省级经济管理权，不需要或者少量上缴省财税，拥有更大的自主决策权。在经济总量上，我国其他四个单列市，深圳、大连、青岛和厦门的经济总量都超过了省会城市，唯独宁波的经济在浙江排名不及省会杭州，但 2021 年宁波人均 GDP 为 24021 美元，超过了杭州的 23455 美元，民众富裕程度相当于欧洲葡萄牙水平，比全国的人均 GDP 高 1.25 万美元。宁波人的收入排名更高，人均可支配收入达

到 65436 元，在全国高居第八，仅次于四个一线城市，以及苏州、杭州和南京。根据胡润富豪榜，宁波千万富翁的排名常年稳居全国第六。宁波农村居民可支配收入，2021 年为 42946 元，位居全国所有城市的第二。

3. 宁波独特社会文化

宁波的汽车产业发展离不开其独特的社会文化基础，其中包括甬商精神、企业家精神和吉利的"疯子"精神。甬商精神是宁波人坚韧不拔、勇立潮头的本色，如今更是将自主创新和对外开放视为企业经营的重要标准。企业家精神则包括爱国精神、创新精神、偏执精神和冒险精神四个方面，宁波的民营企业家有对民族和国家的忧患意识和无私奉献精神，对创新更是持续不断地推进。而吉利的"疯子"精神则代表着一种专注。吉利创始人李书福将造老百姓买得起的汽车作为自己的理念，为我国民族汽车工业的发展作出了巨大的贡献。宁波拥有雄厚的工业基础和完整的汽车产业链，这些独特的社会文化基础为宁波的汽车产业发展提供了强大的支撑。

宁波是中国汽车产业的重要生产基地之一，也存在某些不足。宁波新区汽车产业形成了聚整车，各大总成，大量二、三级配套供应商，原材料、装备、产业服务机构，以及大专院校、研究机构组成的完整产业链，适合发展汽车产业集群。作为沿海港口的副省级城市和计划单列市，虽然宁波的经济数据不错，但是宁波依然有较大的发展缺陷。宁波在长三角只能作为副中心，宁波在医疗资源、本科院校、城市建设、机场航线等领域都还相对落后于全国其他计划单列市。

（二）需求条件

根据波特产业集群理论，产业集聚的形成需要庞大的市场需求作为支撑，只有充满潜力的消费市场才能推动产业的积极发展。

以我国汽车产业为例，2022 年的汽车产销量分别达到 2702.1 万辆和 2686.4 万辆，实现了 3.4% 和 2.1% 的同比增长。新能源汽车产销量更是分别达到 705.8 万辆和 688.7 万辆，同比增长 96.9% 和 93.4%，市场占有率达到了 25.6%。纯电动汽车、插电式混合动力汽车和燃料电池汽车产销量均保持高速增长。此外，2022 年我国机动车增加 2129 万辆，保有量达到 4.17 亿辆；驾驶人增加 2064 万人，总量突破 5 亿人。得益于政策的推动，国内乘用车市场实现了较快增长，为全年小幅增长作出了重要贡献。预计在相关政策进一步实施和芯片供应短缺问题缓解的情况下，2023 年汽车市场将继续保持稳中向好的发展态势，增长率约为 3%。然而，在"新四化"趋势及中国经济进入新常态的影响下，中国乘用车市场将步入波动性缓增长的新阶段，汽车消费的存量时代即将到来。在这个背景下，汽车行业将面临激烈的份额挤压，车企需要建立差异化的竞争优势。

与此同时，Z 世代（互联网世代）对汽车的定义及消费行为与传统世代存在差异，这将推动汽车营销、产品配置及经营模式迎来重大变革。多维度、多触点及多类型的消费全链路运营将成为破局关键，助力汽车企业应对市场变革，实现可持续发展。

因此宁波汽车产业需要深耕国内汽车市场，尤其是抓牢汽车"新四化"赛道，聚合消费者的动态发展，做好做活内循环。

（三）相关产业和支持产业

汽车产业链长，从上游的原材料到下游的销售服务，同时还受到大量相关产业和支持性产业的影响。宁波汽车产业集群的相关产业和机构包括具有"中国模具之都"的宁波模具产业、第二批国家级先进制造业集群的稀土磁性材料产业集群、宁波中国科学院材料研究所、全市众多宁波汽车专业人才培养的院校机构和产业学院、汽车及零部件检测年总产值近 10 亿元的 10 余家汽车及零部件检测机构、拥有宁波汽车零部件行业协会及集群促进会等，另外还有两大万亿级规模的新能源和工业互联网的新风口产业做支撑。因此宁波的汽车产业集群在具有得天独厚的相关优势产业及机构的支撑下，成为宁波的"246"的重点产业集群，2020年入围国家先进制造业集群，尤其是汽车零部件产业在全国具有领先地位，但在国际竞争力上还有很大的提升空间。

（四）战略、结构和同业竞争

宁波汽车产业结构多样化，各龙头企业的发展战略各有侧重，不会在同一地区形成不良竞争，产业发展氛围良好。2022 年共有 16 家整车制造企业，包括六家规模较大的企业，产品定位覆盖乘用车、SUV、新能源汽车、新能源汽车大巴、救护车、冷藏车、饲料运输车、禽畜运输车、公路养护车、垃圾车、洒水车、吸粪车等多个领域。各企业已提前布局节能与新能源汽车、智能网联汽车等，其中浙江吉利、上汽大众（宁波）是宁波汽车生产企业的主力军。

宁波汽车产业发展势头强劲，已经形成整车与四大类零部件协同发展的产业格局。零部件产业链不断完善，培养出了均胜、华翔等全球汽车零部件百强企业，进一步推动了宁波市整车产业的崛起。这种"后来居上"的发展态势，使宁波市整车产业在全球汽车市场中占据了重要地位。全球汽车企业前十强的吉利汽车，以及戴姆勒全资子公司 smart，都将总部设在宁波，进一步巩固了宁波市在汽车产业的地位。与此同时，宁波市汽车产业也在积极开拓国际市场，实现产业链的"系统性"和价值链的"世界性"。通过"走出去"战略，宁波市汽车产业在全球范围内整合资源，提升了产业链的竞争力，为全球汽车产业的发展做出了积极贡献。

（五）政府

政府在钻石模型中扮演着重要角色，通过制定政策引导汽车产业发展，吸引资金流入，带动区域经济发展。产业政策是调节资源、实现可持续发展的手段，政府对新产业采取扶持政策，对成熟产业采用竞争和限制政策。全球各国在积极推动传统汽车转型政策，政府也在大力推动汽车"新四化"发展。未来的新能源汽车将逐步取代传统燃油车，与各国政府的政策推动密切相关。

国际汽车产业正在向电动化、智能化、网联化进行新一轮变革。各国主流车企逐渐坚定决心，加快实施电动化战略，并将停售燃油车提上日程，新能源汽车占比不断提高，在欧美等发达国家尤为显著，如表 8-1 所示。

表 8-1　国际主要车企新能源化目标及主要技术路线

车企	战略目标	停售燃油车时间	当前技术路线
比亚迪	到 2025 年实现销量 2500 万辆的目标	2022 年	纯电、插电
大众	到 2025 年，年产 200 万～300 万辆新能源汽车，累计 70 款纯电、30 款插电	2033—2035 年	纯电、插电
宝马	到 2025 年推出 25 款新能源车型（含 12 款纯电），占总销量的 15%～25%	未明确	插电、纯电
奔驰	到 2025 年推出 35 款新能源汽车	2022 年（2018 年提）	插电、纯电、燃料电池
沃尔沃	到 2025 年，纯电车型将占总销量的 50%	2030 年	插电、纯电
FCA	2022 年前实现旗下过半车型电动化	部分子品牌已停售	纯电、插电
PSA	到 2023 年推出 34 款车型，其中新能源车占比达到 80% 左右	部分子品牌已停售	纯电、插电
通用	到 2023 年推出 20 款纯电或燃料电池汽车	2035 年	纯电、增程式、燃料电池
福特	到 2022 年推出 40 款新能源车型，其中 16 款纯电动汽车	2030 年（欧洲）	纯电、插电、燃料电池、固态电池
丰田	到 2030 年，新能源汽车年总销量达到 550 万辆，其中纯电、燃料电池车型合计 100 万辆	未明确	纯电、插电、燃料电池
本田	到 2030 年，15% 为纯电、燃料电池车型，50% 为插电混动	2040 年	纯电、插电、燃料电池

各国政府都将电动汽车列入国家战略，它们都非常注重多部门联合推动，促进产业交叉融合与综合发展，打造新兴战略产业链，但各国战略规划与技术发展路线图不同，如表 8-2 所示。

表 8-2　日美德等国电动汽车战略比较

类别	国别		
	日本	美国	德国
产业发展	企业主导	政府主导	政府主导
普及政策	侧重开发电池，建设充电系统与基础设施，建设示范运营区，以及应对电动汽车相关的气候问题	主要提供汽车厂商低息贷款，大力开展智能电网、开发电池、建设充电基础设施、引导资源回收利用、开展电动汽车的示范运营等，培育新型战略性产业	主要侧重于开发电池、电动汽车的普及政策，完善能源网络管理，推进电动汽车的标准化，促进稀有金属的回收利用，并获取全球市场
价值链	垂直整合	水平分工	水平分工
开发方针	集成化	模块化	集成化
标准化	事实标准	标准化	标准化
发展目标	扩大蓄电池产业	带动就业、创业	带动就业
重点步骤	HEV=EV/PHEV	PHEV/EV	EV/PHEV(HEV)
能源目标	灵活运用夜间低峰电力	推进智能电网与核电的建设	加大可再生能源的推广普及

　　我国各级政府也出台了一系列相关支持政策和促进措施，如通过制定"双积分""双碳"、城市限牌限路等来进行燃油车的限产限销限购制度、发展新能源汽车等政策和措施，见表 8-3 和表 8-4。近年来，宁波市也逐步出台了新能源汽车的鼓励政策文件，新能源汽车补贴与积分政策刺激了新能源汽车市场高速增长。总之，各国和各地的政策虽然侧重点不同，但都是结合自身国情，更好地促进本国和本地汽车产业的发展，以取得国际和国内的相对竞争优势。

表 8-3　中国关于新能源汽车发展的部分相关政策（2001—2023 年）

序号	时间（年）	政策	主要内容
1	2001	《863 计划电动汽车重大专项研究》	三纵三横发展体系，包含燃料电池汽车和燃料电池汽车系统的开发
2	2012	《节能与新能源汽车产业发展规划（2012—2020 年）》	加快培育和发展节能汽车与新能源汽车，坚持纯电驱动战略取向
3	2014	《关于加快新能源汽车推广应用的指导意见》	部署进一步加快新能源汽车推广应用，缓解能源和环境压力，促进汽车产业转型升级
4	2014	《政府机关及公共机构购买新能源汽车实施方案》	推动节能环保产业发展，防治大气污染，做好政府机关及公共机构购买新能源汽车工作

续表

序号	时间（年）	政策	主要内容
5	2014	《关于新能源汽车充电设施建设奖励的通知》	规定符合标准的加氢站可奖励400万元
6	2015	《2016—2020年新能源汽车推广应用财政支持政策》	规定2016年新能源汽车各车型推广应用补助标准，并确定2017年至2020年的补贴退坡幅度为每两年下降20%
7	2015	《住建部关于加强城市电动汽车充电设施规划建设工作的通知》	指出当前我国电动汽车已经进入快速推广应用时期，到2020年，全国电动汽车保有量将超过500万辆，充电设施严重不足与电动汽车快速增长的矛盾将进一步加剧，加快充电设施规划建设已成为十分重要而紧迫的任务
8	2016	《关于"十三五"新能源汽车充电基础设施奖励政策及加强新能源汽车推广应用的通知》	为加快推动新能源汽车充电基础设施建设，培育良好的新能源汽车应用环境，2016—2020年中央财政将继续安排资金对充电基础设施建设、运营给予奖补，并制定了奖励标准
9	2016	《"十三五"国家战略性新兴产业发展规划》	到2020年实现燃料电池汽车批量生产和规划示范应用
10	2017	《乘用车企业平均燃料消耗量与新能源汽车积分并行管理办法》	通过建立积分交易机制，形成促进节能与新能源汽车协调发展的市场化机制
11	2019	《中国氢能源及燃料电池产业白皮书》	2050年氢能源占比约10%，氢能需求量接6000万吨，加氢站达到1000座以上
12	2020	《关于完善新能源汽车推广应用财政补贴政策的通知》	将购置补贴调整为选择示范城市或区域，重点围绕关键零部件的技术攻关和产业化应用开展示范4年，采取"以奖代补"方式对示范城市给予奖励
13	2020	《节能与新能源汽车技术路线图（2.0版）》	提出2030—2035年实现氢能及燃料电池汽车的大规模的应用，燃料电池汽车保有量达100万辆左右
14	2020	《新能源汽车产业发展规划（2021—2035年）》	坚持电动化、网联化、智能化发展方向，以融合创新为重点，突破关键核心技术，优化产业发展环境，推动我国新能源汽车产业高质量可持续发展，加快建设汽车强国
15	2021	《关于加强智能网联汽车生产企业及产品准入管理的意见》	加强汽车网络数据和网络安全管理、规范软件在线升级、加强产品管理和相关保障措施

续表

序号	时间（年）	政策	主要内容
16	2021	《插电式混合动力电动乘用车技术条件》	规定了插电式（含增程式）混合动力电动乘用车的技术要求
17	2021	《关于确定智慧城市基础设施与智能网联汽车协同发展第二批试点城市的通知》	确定重庆、深圳、厦门、南京、济南、成都、合肥、沧州、芜湖、淄博等 10 个城市为智慧城市基础设施与智能网联汽车协同发展第二批试点城市
18	2021	《锂离子电池行业规范条件（2021 年本）》和《锂离子电池行业规范公告管理办法（2021 年本）》的公告	进一步加强锂离子电池行业管理，推动行业转型升级和技术进步
19	2021	《关于修改〈乘用车企业平均燃料消耗量与新能源汽车积分并行管理办法〉的决定》	为鼓励先进节能减排技术应用，助力实现碳达峰、碳中和目标
20	2022	《关于开展 2022 新能源汽车下乡活动的通知》	支持新能源汽车消费，引导农村居民绿色出行，促进乡村全面振兴，助力实现碳达峰碳中和目标
21	2022	《关于召开汽车软件在线升级备案宣贯会的通知》	进一步规范汽车软件在线升级
22	2022	《2022 年汽车标准化工作要点》	加快新能源汽车、智能网联汽车、汽车电子、汽车芯片等新兴领域标准研制，助力产业转型升级；强化绿色技术标准引领，支持"双碳"目标实现；全面深化国际交流合作，提高对外开放水平
23	2022	《关于进一步释放消费潜力促进消费持续恢复的意见》	大力发展绿色消费，倡导绿色出行，支持新能源汽车加快发展；鼓励农村有条件的地区开展新能源汽车下乡，推进充电桩（站）等配套设施建设
24	2022	《科技支撑碳达峰碳中和实施方案》	促进交通领域绿色化、电气化和智能化，力争到 2030 年，动力电池、驱动电机、车用操作系统等关键技术取得重大突破，新能源汽车安全水平全面提升，纯电动乘用车新车平均电耗大幅下降
25	2022	《关于搞活汽车流通扩大汽车消费若干措施的通知》	支持新能源汽车购买使用，支持新能源汽车消费，研究免征新能源汽车车辆购置税政策到期后延期问题，深入开展新能源汽车下乡活动；积极支持充电设施建设

续表

序号	时间（年）	政策	主要内容
26	2022	《关于延续新能源汽车免征车辆购置税政策的公告》	自 2023 年 1 月 1 日至 2023 年 12 月 31 日，对新能源汽车免征车辆购置
27	2023	《关于调整减免车辆购置税新能源汽车产品技术要求的公告》	明确了享受减免车辆购置税新能源汽车产品技术要求
28	2023	《关于修改〈乘用车企业平均燃料消耗量与新能源汽车积分并行管理办法〉的决定》	调整新能源车型积分计算方法，此次修改对积分市场供需、积分价格的调节作用会显著增强，将促进节能与新能源汽车产业高质量发展
29	2023	《关于进一步构建高质量充电基础设施体系的指导意见》	把车网互动以及与之相关的光储充换一体化和配电系统安全监控等作为加强创新引领的聚焦点和推动充电设施智能化升级的战略方向，提出重点推进技术研发、设施建设、示范工程，完善峰谷电价政策和示范项目补贴政策等措施
30	2023	《关于加快推进充电基础设施建设 更好支持新能源汽车下乡和乡村振兴的实施意见》	提出至 2030 年基本建成覆盖广泛、规模适度、结构合理、功能完善的高质量充电基础设施体系。支持农村地区购买使用新能源汽车，强化其服务管理
31	2023	《延续和优化新能源汽车车辆购置税减免政策》	新能源汽车车辆购置税减免到2027年，逐步坡度减退新能源汽车免征车辆购置税
32	2023	《关于印发国家汽车芯片标准体系建设指南的通知》	到 2025 年，制定 30 项以上汽车芯片重点标准，满足汽车芯片产品安全、可靠应用和试点示范的基本需要；到 2030 年，制定 70 项以上汽车芯片相关标准，基本完成对汽车芯片典型应用场景及其试验方法的全覆盖
33	2023	《关于加强新能源汽车与电网融合互动的实施意见》	通过新能源汽车充换电设施与供电网络相连，构建信息流、能量流双向互动体系，有效发挥动力电池的可控负荷或移动储能的调节能力；实现车网互动的智能有序充电、双向充放电等应用场景
34	2023	《自动驾驶汽车运输安全服务指南(试行)》	明确了自动驾驶汽车开展道路运输服务的应用场景，试行自动驾驶汽车运输安全服务指南，明确智能网联车可用于运输经营

资料来源：公开资料整理

　　以上新能源汽车发展相关政策法规积极推动了我国新能源汽车市场的发展。特别是在应对汽车"芯片荒"的"卡脖子"技术封锁后，国家政府积极推出一系列应对措施，来维护我国新能源汽车产业链和供应链的安全，并全力构建新型的现代新能源汽车产业体系。宁波市政府在顺应汽车产业发展潮流，积极响应国家政策，宁波市政府及相关部门也陆续出台相关政策措施，让新能源汽车强国的国策得以落在实处，做到细处。

表 8-4　宁波市新能源汽车政策文件汇总（2014—2023 年）

序号	政策、规划等文件名称
1	《宁波市新能源汽车推广应用实施方案》（甬政办发〔2014〕188 号）
2	《宁波市新能源汽车产业链发展规划（2014—2020 年）》（甬经信机械〔2015〕67 号）
3	《宁波市汽车产业链发展"十三五"规划》
4	《宁波市新能源汽车推广应用暂行办法》（甬发改工业〔2015〕133 号）
5	《宁波市新能源汽车推广应用资金补助管理办法》（甬财政发〔2015〕305 号）
6	《2016—2020 年宁波市新能源汽车推广应用实施方案》（甬政办发〔2016〕158 号）
7	《2016—2017 年宁波市新能源汽车推广应用资金补助管理办法》（甬政办发〔2016〕1036 号）
8	《宁波市新能源汽车生产企业及产品审核备案管理细则》（甬新能源汽车办〔2016〕8 号）
9	《宁波市中心城区电动汽车充电基础设施"十三五"发展专项规划》（甬发改能源〔2017〕42 号）
10	《宁波市电动汽车充电基础设施建设实施方案》（甬政办发〔2017〕82 号）
11	《宁波市推进"中国制造 2025"试点示范城市建设的若干意见》（甬政发〔2017〕12 号）
12	《推进战略性新兴产业倍增发展的实施意见》（甬政办发〔2017〕75 号）
13	《关于宁波市 2018 年新能源汽车推广应用地方财政资金补助政策的通知》（甬经信装备〔2018〕134 号）
14	《关于宁波市 2017 年第一批新能源汽车生产企业及产品备案》（甬新能源汽车办〔2018〕1 号）
15	《关于强化科技创新支撑引领"246"万千亿级产业集群建设发展的实施意见》（甬科党〔2019〕32 号）
16	《宁波市推进制造业高质量发展实施方案（2020—2022 年）》（甬政办发〔2019〕86 号）

续表

序号	政策、规划等文件名称
17	《关于实施"246"万千亿级产业集群培育工程的意见》（甬党发〔2019〕38 号）
18	《宁波市汽车产业集群发展规划（2019—2025 年）》（甬政办发〔2019〕40 号）
19	《宁波节能与新能源汽车产业链实施方案》（征求意见稿）
20	《宁波市新能源汽车动力蓄电池回收利用试点实施方案》（甬经信节能〔2019〕51 号）
21	《宁波市制造业高质量发展"十四五"规划》（甬政办发〔2021〕58 号）
22	《关于做好市区巡游客运出租车行业更新应用新能源汽车工作的通知》（甬交办〔2022〕6 号）
23	《宁波市新能源与节能专项资金管理办法》（甬能源〔2023〕8 号）
24	《关于开展 2023 年度宁波市新能源及智能网联汽车关键零部件强链补链产品认定》（甬经信装备〔2023〕180 号）
25	《宁波市新能源汽车产业发展规划（2023—2030 年）》（甬政办发〔2023〕21 号）
26	《关于加快打造新能源汽车之城的若干意见》（甬政办发〔2023〕27 号）

资料来源：公开资料整理

宁波市政府积极引入百亿级项目助推汽车产业集群高质量发展，同时也非常重视引进高端人才。宁波市在 2020 年紧盯薄弱环节招商，铸造产业链长板，瞄准关键领域和核心技术，以百亿级、十亿级项目为重点，建立重点项目库，开展精准招商，并配套建立定期跟踪、精准服务推动机制。自汽车产业集群实施以来，宁波市成功引进国家电力投资集团清洁能源研发创新和示范应用基地等百亿级项目，落地 smart 全球总部、上海大众二期项目；风速汽车碳纤维应用、菲仕电驱动分中心等一批关键技术相关项目洽谈落地。宁波市对高端人才的高度重视尤为重要。宁波市已经累计引进集聚产业技术研究院 69 家，在人才政策上给予了高端配套，各类高层次人才的安家补助可达 15 万～800 万元，对于全职的创新型顶尖人才，最高可给予一亿元的资助。

（六）机遇

在国民经济的发展过程中，汽车产业是发展的核心产业，对民生国计和各个行业都有重要的影响。从供给方面看，实现制造强国的目标离不开建设汽车强国的重要支撑作用；从需求方面看，扩大汽车消费，对我国的经济发展有促进作用，有利于我国形成新的发展格局。随着居民的经济收入的增加和消费需求的升级，买车是满足家庭出行和旅游需求的重要方式，推进汽车行业的快速发展。所以，汽车消费对经济的发展仍具有促进作用，汽车行业拥有较好的发展前景。随着时代的发展，消费者在汽车的要求和需求方面不断提升，促进了汽车行业的发展速度，拓宽了汽车行业的道路和市场。

新能源汽车"新四化"带来"弯道超车"的发展机遇。伴随新能源汽车的电动化、智能化、轻量化和多元化。电动化是核心优势，能减少污染，提高能源利用效率。智能化能提高驾驶安全性、降低能耗、提高舒适度。轻量化设计能提高续航里程和性能。多元化种类包括纯电动汽车、插电式混合动力汽车、燃料电池汽车等，可以满足不同用户的需求，提高新能源汽车的市场竞争力。宁波市在新能源产业布局上有良好基础。

因此，宁波需要抓住我国建设汽车强国就是实现制造强国，迎来汽车新四化发展的良好契机，满足不同用户的需求，提高宁波汽车产业集群的竞争力。

（七）创新

宁波市汽车产业发展的成长历程具有鲜明的特色——自主创新，这也是在经济落后的情况下发展宁波市汽车产业的唯一选择。宁波市的自主创新是指在与国外企业合资合作中掌握主动权，掌握自主知识产权，坚持走合作化道路。例如，宁波汽车产业 2020 年实施 102 个 10 亿元以上的重点项目，其中吉利重大项目包括杭州湾 PMA 项目、吉利研究院、电池包、爱信自动变速器和梅山工厂一期项目等。

宁波汽车集群企业通过合作、模仿创新吸收国际技术，结合中国环境研发自己的零部件和整车，打造自己的品牌。自主创新是为了掌握核心技术，占领行业主导地位。宁波市要引进人才，购买技术，打造自己的品牌，发展汽车产业。

三、宁波汽车产业集群升级的问题分析

虽然宁波的汽车产业集群已经取得了显著的成效，但是它仍然存在以下不足。

（一）产业迭代能力不强

当前世界汽车产业正从传统车型向"新四化"转型，中国汽车极有可能"弯道超车"。在全国很多城市大力发展新能源化、智能化和网联化汽车时，宁波汽车产业在新能源化上的进度明显滞后，宁波整车企业现状产能以燃油车为主，全市新能源汽车产量占比仅 1/300，大大低于全国平均水平和全省平均水平（分别为 5.42% 和 8.52%），新能源汽车产业链关联企业数量仅千余家，远低于安徽和广州的规模。

（二）技术创新的能力不足、层次不高

宁波汽车产业集群虽然专利申请成果不少，但原始创新和协同创新不强。创新能力存在结构性短板，零部件企业以跟随主机厂的被动创新为主，在智能网联技术方面存在明显短板，宁波市汽车制造业研发投入占比仅 2.43%，明显低于全国汽车零部件百强企业水平（4.10%）；集群内的企业的生产技术水平参差不齐，很多产品高端化发展后劲不足。乘用车和商用车品种较为单一，新能源汽车零部件发展相对缓慢，智能网联汽车产业链中的感知、控制、执行以及场景应用、社会环境等技术储备不足，新型燃料电池汽车推进缓慢，创新能力薄弱。

（三）汽车产业基础数字化偏低

当前部分企业随着人工成本、原料上涨、芯片短缺、供电紧张、排放受限等，不得不转移到安徽和江西。"碳达峰碳中和"目标进一步加速了国内节能与新能源汽车产业发展，并加速向头部车企集中，市场需求变化倒逼汽车产业加快品牌化、高端化转型速度。在技术加速迭代与跨界融合、税收补贴等政策刺激双重因素影响下，汽车产业加速向电动化、智能化、网联化转型，以科技型公司为主的造车新势力获得市场认可。很多企业不得不面临转型的困境。宁波作为"中国制造2025"的智能制造强市，企业数字化生产的技术和专业人才较为丰富，但是在中小企业推进数字化上还有很多政策和资金上的不足。在构建以"产业大脑＋未来工厂"为核心的数字经济系统上面临很多的实际困难，导致汽车产业基础的数字化偏低。

（四）后市场业务不够先进

宁波的汽车后市场体量非常大，宁波的二手车销售在全国独占鳌头，机动车维修企业有几千家。由于数量多，规模差异大，鱼龙混杂严重，很多企业服务不规范，产品难以溯源。在以消费者需求为重的时代，非常缺乏"用户思维"管理模式，相关技术和服务很难赢得消费者满意，严重影响行业形象和集群升级发展。

（五）集群集中度不高，基建配套改革难度大

宁波汽车产业集群虽然规模庞大，整车及零部件产业呈一定的块状分布，但在重点园区未实现集群化，特色化发展不够明显，产业基建的规模效应难以发挥。如智能网联汽车产业链中的感知、控制、执行及场景应用不足，对技术提升不利，影响创新能力。

（六）集群缺乏整体战斗力

汽车产业集群是指在区域内，存在着与之相同的汽车生产产业以及与之相关的聚集性组织，它不仅关联着企业经济发展，同时也汇集了各种服务性机构。简单来说，汽车产业集群就是以汽车产业为核心的企业以及配套服务，包括支撑汽车产业发展的各种技术、研发等机构而形成的一个产业集群体系。当前，宁波汽车产业集群面临着一系列的挑战，这首先表现在内部协调性不高，企业间的合作不够深入等。其次就是整车企业与零部件生产厂家没有形成稳定的产业链关系。此外，在自主品牌的带领下，没有充分让本地汽车零部件企业打响知名度，面向国内市场，难以实现自主品牌的知名度，而主攻国际市场，竞争却非常大。另外，集群的团队梯队还未形成规模。

（七）集群品牌影响力不足

由于宁波企业国际化途径比较单一，自身国际化视野狭窄和能力薄弱，国际合作以基础的商品合作为主，缺乏挖掘高价值市场的机会和能力。未来还需提高开放融合程度，提供更多的高端平台来加强国际合作，提升产业水平和集群知名度。

所以宁波汽车产业集群整体还是处于全球价值链上的低端水平，在汽车产业迭代加速的新常态下，集群亟需转型升级。

本章小结

本章以宁波汽车产业发展为基础，构建钻石模型对宁波汽车产业集群的发展情况进行分析与预测，并将模型分析结果进行汇总，归纳、总结宁波汽车产业集群在产业升级过程中存在的问题。

第九章　宁波汽车产业集群升级的路径分析

一、汽车产业集群升级模型分析

汽车产业集群可以分为核心层、辅助层、外环层三层，但考虑到研究问题的聚焦性，本书的汽车产业集群升级主要关注核心层的升级，同时兼顾辅助层和外环层。因此本章主要讨论汽车产业集群生态系统中的核心层（市场主体）的升级或创新，当然也可应用于辅助层的服务升级和外环层的良性变化。

汽车产业集群的核心层升级是指提高一个国家或地区的汽车产业获利水平，或者具有资本、知识或技能密集的优势，以促进企业升级或创新。辅助层的服务升级是指政府、金融机构、中介机构、大学及科研机构等支撑机构，提供专业化的资金、技术、知识、信息、管理、人力资源、法律等服务和支持的升级或创新。全球价值链上的主导企业可以通过对价值链的治理，帮助地区或国家汽车产业集群实现阶梯式的升级。

（一）传统升级模型分析

产业升级是传统产业在发展过程中常见的现象，它可以通过多种途径和形式实现。Humphrey 和 Schmitz 在全球价值链框架下，将产业升级划分为工艺（流程）升级、产品升级、功能升级和价值链升级四种类型，随后 Gereffi 在此基础上提出了四种传统的产业升级轨迹，即流程升级、产品升级、功能升级和价值链升级，如图 9-1 所示。这些理论为理解和分析产业升级提供了有力的工具。此外，Gereffi 等学者从全球价值链的角度研究产业升级，他们采用了委托组装、委托加工、自主设计制造、全球运筹和自主品牌生产等衡量标准，对东南亚服装产业在价值链上的升级过程进行了深入探讨。这一研究方法为本研究提供了一个新的视角，有助于更好地理解产业升级的复杂性和多元性。

在全球价值链下的产业集群升级变得更复杂。传统产业进入新时期，在全球价值链的视角下，产业集群的升级不仅涉及产业本身的升级问题，还需要考虑整个集群网络中企业之间的相互联系和知识的流动性，以及集群内企业之间的相互影响。在全球价值链下产业集群升级的内容见表 9-1。它是在全球价值链背景下，对产业升级理论进行了扩充，以促进整个集群内企业竞争力的整体提高，刺激区

域经济的发展。所以完成集群的整体升级产业升级方式，就必须考虑产业集群的
配套网络升级。

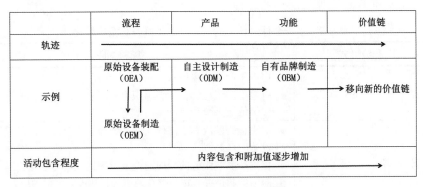

图 9-1　传统的产业升级进程

表 9-1　全球价值链下产业集群升级的内容

升级方式	升级内容	升级结果
过程升级	降低成本、改进传输体系、引进新工艺、生产流程再造	生产流程更加有效率
产品升级	新产品、新品牌、改进产品、市场份额的扩充和增加	新产品研发能力、质量提升
功能升级	引入价值链中附加值更高的业务	获得在价值链中更为全面的能力，竞争力得到根本提升
价值链升级	移向新的、价值链更高的相关产业	重构价值链，取得领导地位
配套网络升级	通过企业原材料与零部件采购来推动当地产业与配套产业发展	推动当地配套产业的发展，延长价值链

在全球价值链下的产业集群升级过程包括过程升级、产品升级和功能升级三
个阶段。企业必须掌握自主知识产权产品的核心竞争能力，才能有效实现产品升
级和功能升级。企业在成功推广自主品牌产品后，可以打破旧的价值链，从而获
得新价值链的领导地位。在价值链的领导企业重构价值链后，配套网络升级也可
以推动当地相关配套产业的发展。由此可见，促进产业集群成功升级最关键的因
素是产品生产的核心技术进步以及自主品牌的推广。

在全球价值链下的汽车产业集群升级形式。此处以汽车产业集群为例，其产
业升级过程通常是从流程升级开始，然后逐步升级到产品升级、功能升级，最终
实现价值链升级。这一过程是持续的、动态的，需要企业不断进行技术创新、管
理创新，以及全球资源整合，才能在全球竞争中保持领先地位，见表9-2。当前，

国内学者对中国汽车产业升级的全球价值链视角的研究不断涌现，其中有学者认为，汽车企业嵌入全球化的产业链，通过获取技术进步和市场联系，逐步提升从低增加值活动向高增加值活动的过程。

表 9-2　基于全球价值链的汽车产业集群升级四种形式

升级形式	描述说明
工艺流程升级（服务优化）	● 增进生产地传输体系 ● 引进生产工艺流程的新组织方式或引入高技术提升汽车产业价值链某个环节的生产效率
产品升级（服务升级）	● 引进、研发汽车零部件新产品或改进现有汽车产品采用更复杂的产品线 ● 提供产品或服务的响应速度或效率比竞争对手更优秀，不断增加新产品、新品牌及其市场份额（如车型升级），增强开拓国际市场的能力
功能升级	● 逐步重新组合价值链的优势环节或战略环节 ● 调整嵌入价值链的位置与组织方式 ● 专注于汽车产业价值链某个或某几个优势环节 ● 放弃或外包原有的低价值环节 ● 弱化或转移非核心业务 ● 拥有该产业价值链的"战略性环节" ● 获得该产业价值链的统治权
价值链升级	● 延伸至价值量更高的汽车相关产业价值链 ● 获得在相关产业领域较高的收益率 ● 移向新的、更有利可图的汽车价值链 ● 使一些企业或产业得到数条全球性价值链

　　全球的汽车市场的价值格局重塑正深刻地影响着汽车产业的升级变化。21世纪后，全球汽车市场萎缩，发展中国家的市场逐渐崛起。汽车生产巨头纷纷进入这些市场，但在前端销售市场逐渐饱和后，汽车后市场就变得愈加重要，产业链的价值正逐渐发生改变，在全球价值链中汽车产业的微笑曲线如图 9-2 所示。由图可见，汽车营销和售后服务已经成为全球价值链中的重要环节。随着汽车"新四化"的到来，汽车产业的不同环节之间联系更加紧密。中国汽车产业通过自主研发、技术创新、市场扩张等实现全球价值链升级。

（二）"二元"驱动升级模型分析

　　Gereffi 认为，如今全球商品链主要由生产商与采购者两部分组成，这两部分同时又是两种不同的驱动力，发挥着不同的价值，使全球价值链分成了两大类，一类是生产商驱动型，另一类则是采购者驱动型。Henderson 在 Gereffi 观点的基础上，对全球价值链的驱动力展开了深入研究，他认为，生产商驱动型价值链与生产商本身有着必然联系，是生产商推动了市场的需求与发展，从而成为全球生产供应链的重要分支。成为生产商驱动型价值链的基本上是一些如同汽车制造、飞机制造等技术型的产业。而采购者驱动型则是由具有广阔的销售渠道、高知名度或影响力的采购者，它们本身可形成强大的市场需求，或能通过品牌的加持，在很大程度上带动市场经济发展，从而促进产业升级。采购者驱动型在劳动密集型的产业中分布很多，如服装、鞋类、农产品等，其中不乏很多知名的企业。

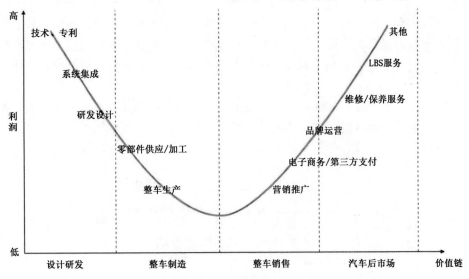

图 9-2　在全球价值链中汽车产业的微笑曲线

本书结合宁波汽车产业集群的特点，基于 Gereffi 的研究框架，从九个方面对生产商和采购者驱动型全球价值链进行了比较研究，包括动力来源、核心能力、进入障碍、产业分类、典型产业分布、企业类型、主要产业关系、主导产业结构和典型案例，如表 9-3 所示。

表 9-3　生产商和采购者驱动型的汽车产业全球价值链比较

项目	生产商驱动型价值链	采购者驱动型价值链
动力来源	资本、技术、知识	商业资本
核心能力	研发、生产能力	设计、市场营销
进入障碍	规模经济	范围经济
产业分类	耐用汽车消费品、高端产品	非耐用或低值的汽车消费品

续表

项目	生产商驱动型价值链	采购者驱动型价值链
典型产业分布	跨国企业，主要在发达国家	地方企业，主要在发展中国家
企业类型	整车制造、零部件制造企业	汽车零配件生产商与消费服务提供商
主要产业关系	垂直一体化	水平一体化
主导产业结构	重硬环境，轻软环境	重软环境，轻硬环境
典型案例	奔驰、宝马等整车制造企业，均胜电子、华德等零部件制造企业	汽车后市场经销商、快捷汽修店等

宁波汽车产业集群中只有部分企业的升级动力来源是商业资本推动，核心能力在设计和市场营销方面；而大部分汽车零部件、零配件企业以低成本生产和汽车后市场服务为主，必须考虑是否符合消费者的喜好，政府应积极鼓励它们转型升级。

贾生华、吴晓冰（2006）基于传统的四种基本升级形式，结合浙江产业集群的产业构成和所融入的全球价值链的类型和程度等特点，创新地提出了"二元"驱动价值链升级模式，如图9-3所示。

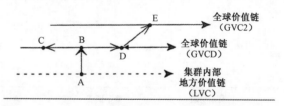

图9-3　地方产业集群在全球价值链中的升级模式

由图 9-3 可见，在采购者驱动型的汽车产业价值链中，企业应利用作为龙头企业或供应商级别的国际采购商在价值链各个环节的整合优势，融入全球价值链以实现从地方价值链到全球价值链的提升，即图 9-3 中 A 到 B 的过程。对于处于全球价值链低端的劣势汽车企业，应在确定制造基地优势后，学习龙头企业或级别更高的供应商，将投资转向研发设计或营销渠道的建立，成为自行设计的开发商或自行销售的销售商，或提升供应级别，实现从工艺流程升级到产品升级、功能升级的目标，即图中沿着全球价值链从 B 到 C 或从 B 到 D 的升级过程。当汽车产业集群的总体技术水平发展到一定程度后，企业或产业链还可以凭借自身力量进入新的领域，实现跨链条的升级方式，即图中从 D 到 E 的过程。汽车企业作为生产驱动型价值链的重要分支，应当着重于发展产品研发与技术，不断创新，在技术上不断突破，研发性能更高的产品，只有产品升级才能够带动整个产业价值链的可持续发展。汽车产业想要力求长远发展，还要着重于从汽车零部件或零配件入手，在发展过程中，将汽车零部件或零配件生产过程中的薄弱环节剥离出去，因为汽车零部件生产薄弱环节，会在一定程度上削弱汽车零部件产业，从而阻碍汽车产业的发展。因此，汽车产业想要保持产业的健康发展，首先应当扩展视野，在全球范围内寻找先进的零部件加工工艺，并对每个部分进行产业价值链的整合，从而有利于促进汽车产业健康稳定发展。

由此得到结论：汽车产业附加值在全球价值链上的分布呈 U 形微笑曲线，产业集群升级旨在追求高附加值和价值导向性一致。产业集群作为网络型组织形式，具有优势，有助于实现转型和升级。升级形式难易程度不同，取决于整体核心竞争能力和战略选择。

（三）要素－能力－价值－功能（FAFV）升级模型分析

余玉龙、王晓萍提出了产业集群升级的"要素（Factor）－能力（Ability）－功能（Function）－价值（Value）"一体化应用模型，即 FAFV 模型，如图 9-4 所示。

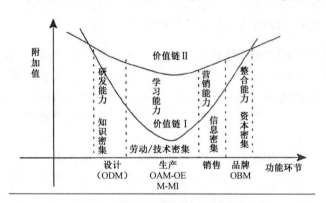

图 9-4　产业集群升级的 FAFV 模型

根据全球价值链理论，不同的产业链和不同环节有不同的附加值。产业集群的总价值取决于所处的产业链，而实际价值则取决于所处的具体价值环节。产业集群的功能由其结构决定，包括要素结构和能力结构。要素结构是基础，能力结构是关键。产业集群的升级需要同时进行要素和能力的升级，才能实现功能升级，提高价值。汽车产业集群升级的核心在于要素和能力两个实践性极强的微观层面。这一过程可以用 FAFV 模型来描述。

FAFV 模型的内涵包括以下几个方面。

1. 处于价值链不同环节的产业或企业升级方向和高度不同

根据全球价值链，产业价值链可分为设计、生产、销售和品牌四个环节。对于生产者驱动型产业价值链，产业附加值从生产环节向设计环节提升；对于消费者驱动型产业价值链，产业附加值从消费环节向品牌环节提升。汽车产业集群升级的总体方向是从生产、销售向设计、品牌两端升级。

2. 不同功能的产业或企业升级所需的核心要素也不同

产业集群的功能升级基础在于要素聚集的升级，即从劳动密集型、技术密集型向信息密集型、知识密集型和资本密集型升级。

3. 持续创新能力对产业集群升级尤为重要

产业集群的升级来源于创新，包括原始创新、集成创新和引进消化吸收再创新。在 FAFV 模型中，持续提高创新能力是汽车产业集群升级的"活源泉"。

鉴于二元驱动模型的实用价值和 FAFV 应用模型的先进理念，因此本书决定采用二者的结合来研究在全球价值链的汽车产业集群升级。

二、汽车产业集群升级的路径分析

（一）生产者驱动的汽车产业集群升级路径

产业集群升级的关键是生产者驱动，其驱动要素是产业资本，核心能力是技术，战略环节是研发与设计，价值增值环节主要分布在生产领域。这种产业集群的类型为资本密集与技术密集型，升级的关键是加大研发投入，提高创新能力，从而获取核心技术以及关键零配件研发能力、设计能力。其升级的中心任务是由从事价值链单一加工活动的汽车企业，转向拥有研发、设计、制造等价值链多个环节的一体化企业，从而实现地方产业集群由低附加值环节走向高附加值环节攀升的目的。具体的升级路径为工艺升级、产品升级、自主研发与自主设计等。

1. 主动嵌入跨国品牌企业的全球价值链分工体系

地方汽车产业集群的企业通过积极参与跨国品牌汽车制造企业的全球价值链分工体系，与之建立了紧密的供应链合作伙伴关系，例如与奔驰、宝马、奥迪、丰田、福特等知名品牌合作。这种合作模式不仅使企业能够充分利用全球价值链中的信息流动、知识溢出和动态学习效应，逐步形成组织快速技术学习和扩张产能的能力，还使企业能够充分运用价值链中的资金、技术与管理等资源，从而提升企业自身的国际竞争力和国际化经营水平。宁波华德汽车零部件有限公司就是一家主动嵌入品牌汽车制造企业全球价值链分工体系的专业汽车零部件研发制造企业。该公司为国家级高新技术企业，具有较强的新技术研究、产品设计开发和制造能力，与海外汽车厂同步研发新产品。此举不仅是地方汽车产业集群企业升级的基础条件，也是提升企业自身实力和国际竞争力的重要途径。该公司的主要客户为德、美、日、韩等品牌在中国的合资汽车厂，国内主流自主品牌、新能源汽车厂及世界 500 强汽车零部件企业。

2. 适时进行工艺升级和产品升级

汽车制造企业应适时进行工艺升级和产品升级，以生产更高水平、更好质量、更强功能的产品，以满足国际市场需求。同时，这也是提高效益和巩固与领先企业合作关系的需要。作为全球领先的汽车铝合金精密压铸件供应商之一，爱柯迪公司专注于通过工艺和产品的升级，以持续提高自身的竞争力和客户资源优势。为了实现这一目标，公司不断进行技术创新和工艺改进，以满足市场需求和客户期望。与此同时，其他企业也应当关注提高员工技能、引进先进设备、优化生产流程、改进生产工艺等方面，从而提升产品质量和技术水平。这些措施将有助于企业在全球竞争激烈的市场环境中取得优势地位，实现可持续发展。

3. 加强研发投入，提高创新能力，不断向价值链核心环节攀升

汽车产业集群的升级过程主要涉及以下三个方面：首先，要重视自主创新，不断提升企业的科技创新能力，以适应不断变化的市场需求和行业发展趋势。其次，采取技术创新共同参与策略，通过集结各企业的技术优势，进行技术交流与互动，以解决在发展过程中遇到的关键技术问题。最后，加强与高等院校、科研机构及政府相关部门的合作，积极参与行业标准的制定，提升企业在行业中的地位和影响力。

（二）采购者驱动的汽车产业集群升级路径

地方汽车产业集群包含一些以消费者需求为导向的产业，例如汽车售后市场的零配件生产和销售。这类产业通常受商业资本驱动，而国际销售渠道和品牌资源丰富的大型买家和品牌运营商扮演着价值链治理者和控制者的角色。市场营销和品牌运营是这类产业的核心能力，而专利、销售渠道和品牌资源等是稀缺的竞争优势。在战略布局上，营销、服务和品牌建设成为关键环节。为了实现汽车产业的升级，地方汽车产业集群需要拓展国际市场渠道并打造自主品牌。具体的升级路径包括：从简单的接单产品组装 OEA 开始，逐步转型为接单加工生产 OEM、设计生产加工 ODM，然后自建销售渠道，最终实现自有品牌生产加工 OBM 的创建。这一升级路径有助于提高汽车产业集群的整体竞争力，推动产业结构的优化和升级。

1. 实施低成本战略，积极嵌入全球价值链分工体系

在经济全球化的大背景下，国际采购商和品牌商具备一流的管理技术和市场经验。对于地方汽车产业集群来说，与国际采购商建立互动关系，可以借鉴和引

入这些先进的技术和经验，以提升自身的竞争力。同时，要想融入全球价值链，降低成本是关键。企业可以通过实施精益生产、敏捷制造等策略，优化生产流程和管理方式，从而有效降低生产成本，为自身赢得竞争优势。这种优势不仅可以帮助企业在地方汽车产业集群中脱颖而出，还有利于推动整个汽车产业的发展和进步。

2. 加强渠道建设，适时向经销商、服务商转换

要摆脱低端锁定的困境，地方汽车产业集群需要大力发展渠道建设和扩展营销网络，掌握销售终端，逐步转型为经销商和服务商。可通过与海外企业形成战略联盟，并购海外现有中间商或贸易商，以及利用海外华商网络资源等策略，快速拓展海外渠道和营销网络，开拓国际市场。

3. 积极打造自主品牌，由制造商向品牌商转换

当地汽车产业集群应加强自主品牌建设，由单一制造商转变为品牌制造商。如宁波继峰汽车零部件股份有限公司，一直致力于产品的创新与研发，旗下主要经营商用车座椅、扶手、乘用车头枕等方面的生产与制造，销往全球各地，已经成为当地汽车零部件行业的龙头企业。

同时，应当创建区域品牌，以区域历史文化为内涵，以品牌共享为合作方式，全面打造区域产业品牌。在这过程中，还应当扶持名牌产品和企业，支持争创国际知名品牌。

（三）全球价值链治理的汽车产业集群升级路径

汽车产业集群的全球价值链治理是指通过价值链来实现汽车产业集群内部企业及产业之间的关系和制度安排，保障价值链内部各种不同经济活动与每个环节部分的协作能力。汽车产业集群内的价值链治理结构决定了产业集群价值链的运行机制。

1. 全球价值链治理模式介绍

全球价值链的治理模式有四种类型：市场型、网络型、准层级型和层级型。它们之间的特点见表9-4。市场型是贸易关系，企业没有隶属或控制关系。市场型治理是最简单的治理模式。网络型则是具有互补能力的企业之间平等合作，共同定义产品。网络型治理的集群内部协作紧密，供应商具有相对话语权。准层级型治理是一家企业对其他企业实施高度控制，规定产品特征和流程，类同占有优势地位知名汽车主机厂对汽车零部件采购的分级管控，此时知名汽车主机厂有相对或绝对话语权。层级型治理则是主导企业对某些环节采取直接股权控制，类似汽车主机厂对汽车零部件企业进行直接控股或参股。

表 9-4　全球价值链治理类型

治理类型	特点
市场型	简单治理模式，价值链环节联系薄弱，无正规信息共享机制，转换成本低，主要依赖价格机制
网络型	主体之间平等合作，供应商与采购商共同定义产品，能力互补，供应商竞争力较强，能有效降低交易风险
准层级型	采购者有较高的控制能力和定义产品权利，如果供应商之间竞争力不同，采购商会有选择地投资某个供应商，使其依附于该供应链
层级型	采购商直接掌控其在发展中国家内的运营活动，自主定义产品并应用专有技术

2. 决定治理模式的因素

全球价值链治理模式由三个关键变量决定：交易复杂度、交易可编码性和供应商能力。

（1）交易复杂度是指交易所需信息和知识本身的复杂度。当价值链生产非标准化产品，或产品具有不可分割的架构，抑或对产出时间的精确性要求高时，交易的复杂性也相应较高。

（2）交易可编码性是指交易所需信息和知识可以被编码，进而被有效率地传递而无需交易方之间进行专用性资产投资的程度。它与技术特性、是否存在行业标准等因素有关。

（3）供应商能力是指供应方满足交易要求的能力。不同治理模式在具体变量下的治理程度参见表 9-5。由此可得出，信息的复杂程度会随着汽车产业集群内的领导厂商寻求从供应商处获得更加复杂的产出和服务而提高；信息的可编码性和技术创新之间可能存在张力，新技术的出现可能会推翻原先的信息编码标准；供应商能力会随着时间而变化，当集群内的供应商在生产中学习时，其能力将提高，而当采购方引入新的供应商、或提高了对生产要求时，供应商的相对能力又将下降。

表 9-5　全球价值链治理决定因素

价值链治理模式	交易复杂度	交易可编码性	供应商能力
市场型	低	高	高
网络型	高	高	高
准层级型	高	低	低
层级型	高	低	低

全球价值链的演化方向并非单向，也没有最佳的全球价值链治理模式。因此，

在分析宁波汽车产业集群升级时，还应考虑集群所面临的交易复杂度、交易可编码性和供应商能力因素。

3. 全球价值链治理下的"二元"驱动升级模式分析

Humphrey 和 Schmitz 提出的四种升级路径缺点是没有考虑产业发展和不同产业的差异。OEM 到 OBM 的单一升级道路具有事后追溯的特征。全球价值链有三种产业升级路径，全球价值链治理理论则提供了另一种思路。

在全球价值链中，汽车产业集群要想取得竞争优势，必须遵循其所在地的市场规则和驱动模式。因此，升级策略应当根据不同的产业链驱动力规则来制定。生产者驱动型分为层级型、准层级型和网络型治理模式，这些模式在不同的产业集群中有各自的特点和应用。而采购者驱动型则主要对应准层级型和层级型治理模式，见表 9-6，这也是影响汽车产业集群发展的重要因素。全球价值链治理产业升级的关键在于，了解和掌握不同产业链的特点和需求，制定出符合实际情况的升级策略。只有这样，汽车产业集群才能在全球价值链中取得更好的发展，为整个汽车产业的发展做出更大的贡献。

表 9-6　不同升级驱动力对应的汽车产业集群全球价值链治理模式

驱动力	类型	举例
生产者驱动型	网络型	汽车开源性设计、全球化采购和生产
	准层级型	整车组装的零部件和后市场的零配件供应
	层级型	汽车跨国公司主导的供应链
采购者驱动型	准层级型	汽车后市场的连锁与加盟服务
	层级型	汽车跨国经销公司的相关服务

由此可知，全球价值链治理中，采购者主导的企业应该遵循如图 9-5 所示的升级路径，宁波是我国许多汽车零配件生产商的集聚地，形成了较多的汽车产业集群。宁波的汽车零部件生产商第一步要做的是完善自我，成为层级型采购者主导的全球价值链的生产商，顺利进入全球价值链（GVC）。第二步要做的是不断升级企业的产品，稳定企业在全球价值链中的地位，比如提高自身产品标准等级、加强产业的多元化生产等，成为准层级型采购者主导的全球价值链中的生产者。第三步要做的是不断升级企业的品牌，塑造良好的企业形象和口碑，逐渐成为该行业的龙头老大。第四步要做的是成为行业供应商的生产商，积极参与行业标准和准则的制定，发挥龙头老大的领航作用，真正成为全球价值链的主导者。

地方汽车产业集群一般有三种升级路径，即产品升级、功能升级及工艺流程升级，但实际上升级没有严格的先后顺序，通常是相互转换进行。每个升级路径的难度不完全一样，难度较高的是产品升级和工艺流程升级，这也是很多地方汽车产业集群在升级之路徘徊不前的原因之一。

图 9-5　采购者驱动 GVC 治理中非主导企业升级路径

在全球价值链治理中，非主导企业如何根据生产者驱动模式进行升级呢？如图 9-6 所示，这个过程可以分为四个步骤。第一步，对于普通汽车供应商来说，它们需要不断提升自身的工艺和管理水平，以满足主导生产商的规则和标准，这样才能在激烈的市场竞争中保持竞争力。第二步，层级型和准层级型的供应商在适应规则变化的同时，更需要加大科研力度，或者进行多元化生产，以满足不同客户的需求，从而转型成为网络型供应商。第三步，网络型供应商应当注重品牌升级，提升品牌知名度和影响力，从而成为行业供应商，进一步拓展市场份额。第四步，成为行业供应商的供应商后，企业应积极参与行业标准的制定，以引领行业发展，同时，也需要根据市场变化，调整自身的经营策略。对于地方汽车产业集群来说，它们的升级轨迹需要根据其所属的驱动模式来确定。虽然这个过程可能会比较复杂，但是，只有明确了发展方向，才能更好地推动产业集群的发展。

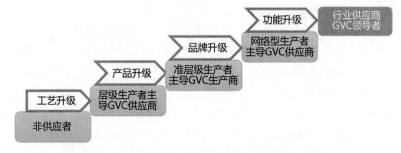

图 9-6　生产者驱动 GVC 治理中非主导企业升级路径

4. 不同治理模式下地方汽车产业集群升级分析

（1）市场型治理。不同企业之间除了竞争关系外，还存在一定的合作，进行产品间的交易。该过程离不开市场，所以市场可以有效解决企业面临的一些困难。国内外学者都无法确定市场型全球价值链会带给发展中国家地方产业集群升级什么样的影响，有的认为既不是积极影响，也不是消极影响，但能促进产品和相关服务的有机结合，为发展中国家的产品提供参加国际商品交易会的机会，有利于企业品牌的塑造，这种效果和功能升级引发的效果非常相似。发展中国家想要通过市场型治理实现地方产业集群升级时，必须把所有对升级有影响的因素考虑在内，从而制定可行性高、科学合理的升级措施。

（2）网络型治理。全球经济化趋势越来越明显，不同国家的企业关系是互为补充且对称的，都处于全球价值链中。产业集群中的企业有着深层的交流合作，彼此之间形成很多条平行供应链，不同供应链上的企业同样存在合作关系，这是建立全球价值链的基础。网络治理虽然有非常多的优点，但它的实施对集群企业和环境提出了更高的要求。发展中国家制造商可通过模块化制造网络与发达国家采购商建立网络关系，营造有利于出现功能升级的环境和氛围。

（3）准层级型治理。个别主导企业虽然在价值链中具有主导作用，还拥有一定的话语权和丰富的产业信息，但它没有任何产权。发达国家的企业能改变产品的生产工艺和特征，这是因为它们具有很多优势，比如销售渠道、需求以及技术等。发展中国家的制造商很少进行产品研发活动，所以非常依赖发达国家的采购商，这是因为发达国家的需求有利于促进发展中国家地方汽车产业集群的升级。通过学习发达国家企业的经营理念、生产管理制度等知识，发展中国家企业可以更好地打造自身品牌，推动产品升级和流程升级，但核心技术的缺失，不利于功能升级的出现和发展。

综上，发展中国家地方汽车产业集群在早期应努力深入准层级型全球价值链，促进自身企业的进一步发展，从而实现产业集群的升级，一般是产品升级和流程升级；但地方汽车产业集群后期的发展会受到限制，很容易成为发达国家的"生产车间"，只有研发出更加先进的生产技术，才能出现功能升级。

（4）层级型治理。产品价值链中，企业不仅在各个生产环节有话语权，还拥有产权，可以在全球价值链中处于主导地位。而价值链中的其他产业则变成主导企业的不同"生产部门"，既没有企业经营权，也没有相关生产的决策权。跨国企业之间的合作过程中，发达国家企业为了获取更高的经济效益，会对生产工艺进行创新改革，促进产业集群的功能升级，但会将核心技术和高利润环节牢牢掌握在手中，只让发展中国家企业进行不涉及重要技术和低利润的生产活动，从而限制发展中地方产业集群的功能升级。

随着经济全球化加速，汽车产业也越来越全球化。汽车生产环节的系统组装商和供应商分离，供应商散布于全球，尤其是二、三级供应商和修理用的零部件供应商。汽车的系统组装商仍然集中在西欧、北美、日本等地区。汽车产业全球价值链的构成和各部分能力要求基本如表 9-7 所示。

表 9-7　汽车产业全球价值链的构成和各部分能力要求

基本构成部分	能力要求
系统组装商	规模很大，生产、制造、融资等方面能力很强，具备一定的设计与创新能力
全球大型供应商	能给组装商提供覆盖全球的网络系统，实时跟踪来自全球不同地区的客户，为客户提供优质的服务与产品，通过自己的技术为组装商设计出符合性能要求与界面要求的方案
一级供应商	给组装商直接提供其要求的零部件，在这过程中，绝大部分逐渐发展为全球大型供应商。相对来说，全球大型供应商的要求，要比覆盖全球的要求高
二级供应商	需按照组装商或者全球大型供应商的设计要求进行生产，质量要达标，但这并不意味着要忽视国际化发展态势，应当逐渐倾向于国际化市场方向
三级供应商	具备一定的产品提供能力与生产加工工艺技能，公司间的竞争基本上取决于价格，要保证价格与质量
修理用零部件供应商	具备工艺加工技能与获取低廉原材料能力，通过设计以及技术手段可以模仿现存的零部件，虽然不需要创新，但是需要具备将模仿现存零部件的工艺流程转化成详细制图的能力
汽车营销与销售商（经销商）	充分了解当前市场的发展态势，在这基础上具备开拓新市场的能力，配合系统组装商与供应商的各项工作，最大限度上满足客户的各种需求，具备服务能力，向客户提供优质的服务
售后服务商	具备服务能力与汽车维修能力，并同时具备信息反馈能力，能够向制造商或者经销商及时反馈信息与建议

因此，汽车产业的全球价值链包括设计开发、生产、营销销售、消费和售后服务等环节。生产制造环节是至关重要且较为复杂的，包括整车组装和零部件生产。全球大型供应商和系统组装商需要覆盖全球，前者重视客户需求，后者注重品牌扩张。组装商需要全球大型供应商和一级供应商提供重要的系统或模块。二级供应商应具备工艺工程技能，产品必须符合质量标准。三级供应商只提供基本产品，技能要求不高，对修理用途零部件供应商的能力要求也较低。汽车设计活动正逐渐从组装商向供应商转移，供应商的作用也日益增强。组装商对供应商的技术、生产和质量等要求也越来越高。

全球价值链中的汽车产业领导企业主要是对接全球大型供应商、一级供应商和系统组装商中，如福特、通用、戴克、丰田、本田和大众等系统组装商以及电装、博世和德尔福等汽车零部件巨头。这些企业在技术和知识方面都非常强，是全球汽车产业价值链的主要连接点。发展中国家的汽车产业想要快速升级，就需要与这些领导企业保持密切联系。

在这种复杂的关系下，地方汽车产业集群需要摆脱技术控制，增强自主研发和创新能力，才能在与跨国公司的合作中获得发展。同时，它们也需要逐步攀升至全球价值链的高端环节，实现从产品和工艺流程升级到功能升级的转换和升级。全球价值链逐渐由生产者驱动转向采购者驱动，因商业资本与产业资本在全球市场的博弈而发生变化，影响价值链治理的逻辑机制与因素正在改变，有望转向水平专业竞争合作。

宁波汽车产业集群在内部复杂性的影响下，其产业链升级表现如下：

（1）集群内的价值链"延链"或"补链"。它可促进产业转移和升级，但同时也要注意平衡由此带来的成本上升。一些汽车零部件企业利用宁波舟山港的优势，在新经济体和更高层次的价值链上进行广泛布局。这种延伸使汽车制造业得到升级，将宁波汽车产业集群发展成为"246"产业的万亿级重要产业，成为汽车产业全球价值链的受益者。然而，如果在汽车产业的"新四化"方面能够取得更多 0 到 1 的跨越式突破，宁波汽车产业集群必将掌握更多的主动权，进一步参与全球汽车产业价值链的重构。

（2）集群间的价值链"跨链"。如果不同集群内的价值链空白得到填补，或者通过产业链的合作创新可实现价值链的跨越发展。宁波汽车产业集群通过政府、产业、学术、研究机构和人才的跨界创新，取得了汽车轻量化等一系列突破性成果。

（3）集群内的价值链"能伸也能屈"（价值链放缓）。在专业化分工难以继续时，集群内的价值链也存在可伸展也可收缩的情况。在全球化推动产业不断分工时，也可能让集群内的产业附加值下降。尤其是外部环境发生剧烈变化导致需求收缩，使得非一体化模式再也无法获利。产品创新可能推动垂直一体化，但也可能抑制全球价值链的延伸。

本章小结

本章首先着重介绍汽车产业集群升级模型，分析传统升级模型、二元驱动升级模型、FAFV 模型升级的特点与优势，并在充分考虑宁波汽车行业发展的前提下，分别从生产者、采购者等多个层面确定升级路径。

第十章 国内外知名汽车产业集群的升级借鉴

一、国外知名汽车产业集群升级借鉴

我国汽车产业正处于快速成长期，因此需要正确引导集群的发展，以提高我国汽车产业的竞争力。因此本书参考国际上汽车产业集群的成功案例，如美国底特律汽车产业集群、日本丰田汽车产业集群、巴黎汽车产业集群和德国斯图加特汽车产业集群。下面将要对这些汽车产业集群进行剖析，找出其成功的核心要素，并加以借鉴，以促进我国汽车产业集群的发展。

（一）国外著名汽车产业集群简介

1. 美国底特律汽车产业集群

底特律汽车产业集群是以福特、通用、克莱斯勒三大整车企业为核心，周围紧密环绕着零部件配套企业而形成的汽车集群。该集群的形成得益于其特殊的地理位置和核心整车企业的长期协同合作。区位优势为其提供了物流条件和原材料条件，核心整车企业的大量生产为企业集聚提供了内在动力，最终形成了集群。集群内部的与汽车制造业相关的钢材、仪表、轮胎、发动机等零部件生产商高度集聚，专业化、集约化程度高，提高了厂商对消费市场的快速反应能力。底特律汽车产业集群化的好处是集群内部活动主体共同依存于三大核心整车企业，各关联企业密切合作，实现本地供应与采购，这不仅可以帮助整车企业实现大批量生产材料的及时供应，还能大大降低其生产成本，使集群的优势得到充分发挥，提高了集群的整体竞争力。集群化所带来的优势使福特、通用、克莱斯勒三大汽车整车巨头的市场竞争力不断加强，成为世界知名的跨国汽车公司。

2. 日本丰田汽车产业集群

丰田汽车产业集群是以丰田汽车公司为核心，周围紧密环绕着零部件企业，形成的具有典型的轮轴式产业发展模式的汽车产业集群。丰田汽车产业集群之所以能成为世界知名的汽车产业集群，原因有三点：首先，丰田汽车公司在集群网络中处于关键位置，起到了核心领导作用，吸引零部件企业向其靠拢，形成了一致且可共享的商业理念，推动了集群的发展；其次，丰田汽车公司在汽车生产过程中采用的精益生产模式具有自动化和准时化的特点，使生产效率大幅提高，成本费用也大幅下降，同时也促成了零部件供应商向其靠拢形成地理上的集聚；再次，丰田汽车产业集群形成的社会根植性对产业集群的发展同样重要，集群内部企业因人缘、血缘和地缘的关系形成了共同遵守的行为准则，加强了相互信任，从而与零部件供应商形成命运共同体。丰田汽车公司在丰田汽车产业集群中的领导作用以及其"精益生产方式"的创新和社会根植性使丰田汽车产业集群取得了巨大发展，成为世界知名汽车产业集群。

3. 德国斯图加特汽车产业集群

德国斯图加特的汽车产业集群内拥有众多整车制造企业，其中包括奔驰、奥迪和保时捷等知名品牌的总部。此外，还有一些重型车、农业用车和客车制造商。然而，奔驰公司是该集群内核心企业。整车生产需求吸引了大批直接供应汽车相关配件的厂商加入，从而形成生产商、供应商、分销商和与汽车产业密切相关的研发机构之间紧密合作的集群组织。这提高了整车企业的生产效率，同时也降低了生产成本，使整车生产商能够更快速地响应市场需求，从而提高了竞争力。该集群内拥有2000家与汽车制造相关的企业，以及一批总部设在斯图加特的知名科技公司，这有力地支持了该地汽车产业的发展，促进了汽车技术向生产力的转化。集群化发展带给奔驰汽车的竞争力提升主要体现为附加值和销量的增加。奔驰汽车在德国国内汽车市场的占有率不断提高，斯图加特的汽车工业也随奔驰汽车一起发展，进一步巩固高端汽车生产的地位。

4. 法国巴黎汽车产业集群

法国最大的汽车集团标致雪铁龙汽车集团位于巴黎汽车产业集群中心，是该集群的"轴"企业。该集群以标致雪铁龙集团为中心，形成了零部件相关配套企业的集聚，从而获得了供给需求本地化、生产成本节约和价格降低等发展优势。巴黎汽车产业集群以核心企业的技术实力和发展战略为基础，带动了整个集群的发展，成为世界知名的汽车集群。类似于丰田汽车公司在丰田汽车产业集群中所起的核心领导作用，标致雪铁龙集团也是由一家跨国整车企业带动集群共同发展，作为集群中的"轴"企业，其战略布局直接影响整个集群的发展。反过来，"轴"企业可以借助集群的优势占领消费市场，从而促进整个汽车产业集群的发展。

5. 韩国首尔汽车产业集群

韩国汽车产业最初的业务是组装进口而来的零部件，起步比中国晚，初期发展也不快。但仅仅过去半个世纪，韩系品牌在国际上就占有重要地位，是大众汽车、丰田汽车等知名汽车品牌的最可怕竞争对手。大众汽车首席执行官文德恩在一次记者会上曾发言，表示称其最为关注的是来自韩国的竞争，可见韩国汽车已经给大众汽车造成了很大的威胁。丰田汽车在国际上也一直享有一定的地位与知名度，有着一定的品牌影响力，而超越丰田是现代起亚汽车一直以来最大的梦想，现如今，现代起亚汽车俨然已经成为世界上最大的汽车制造商之一。

（二）国外著名汽车产业集群形成的三种主要方式

1. 通过关键性企业变革而形成

美国底特律汽车产业集群是通过关键性企业的裂变、衍生和移植形成的。通过关键性企业变革形成汽车产业集群是最主要的方式之一。奥兹汽车公司的不同生产车间独立重建属于裂变过程，克莱斯勒从通用公司离职后设立了克莱斯勒汽车公司属于衍生过程，哈特轴承公司等外地零部件制造商从波士顿搬迁至底特律则是移植过程。通过这些过程，美国底特律成为世界上第一个汽车产业集群，聚集了福特、通用、克莱斯勒等世界三大汽车集团，并保持着强大的竞争优势，一直引领着世界汽车工业不断前进。

2. 大企业通过分级下包而形成

日本丰田汽车产业集群是通过分级下包的方式形成的。大企业集中生产关键的核心产品，而将成熟的小批量零部件等产品逐步外包给相对较小的企业进行生产。这样，多层次供应商共同组成了汽车产业集群。该分级形式类似于金字塔的形状，核心企业位于金字塔的顶部，而一级、二级、三级甚至更低层次的供应商依次位于金字塔的底部。丰田汽车公司是日本丰田市的核心企业，周围聚集了大量不同规模、不同层次的零部件供应商，形成了汽车产业集群。

3. 通过外商投资而形成

相较于发达国家，发展中国家的汽车工业起步较晚，技术相对落后。因此，跨国汽车公司的投资可以实现资本和技术的大量转移，促进本地汽车生产网络的发展，引领汽车工业快速发展。这种方式在发展中国家比较常见。为了吸引外商投资，发展中国家政府会在具有地理区位优势的地区建设开发区，并给予相对优惠的经济政策。外商为了获得成本上的优势，会在这些地区集中，从而形成聚集效应。

（三）全球价值链下国外汽车产业集群升级模式分析

在以上的世界汽车产业集群中，日本和韩国的情况与我国最相似，所以下面将只分析日韩的汽车产业集群升级模式。

1. 日本汽车产业集群升级模式分析

从 20 世纪 30 年代起，日本就开始生产军需货车，第二次世界大战之后转向生产轿车。从 20 世纪 60 年代起，轿车工业快速发展，80 年代时已经成为世界第一。日本坚持振兴民族工业，政府也非常支持自主创新型产业升级。

（1）积极的产业政策。日本政府在本国汽车产业集群发展中扮演了重要角色，日本汽车在每个阶段的重要发展都与政策支持密不可分。1955年，《经济自立五计划》的出台引导了民众纷纷购买价格低廉、经济实用且美观的微型汽车，这一举措促使日本汽车生产规模不断扩大。1960年，日本政府开始实施《国民收入倍增计划》，激励日本车企进行规模生产，并逐渐向规模化发展。为了推动车企走向国际市场并提升汽车产业的发展水平，日本政府相继出台了各种相关政策，以鼓励更多车企实现规模化发展，从而提升它们的国际竞争力。

（2）坚持自主研发。20世纪50年代初，为了防止国际先进汽车企业占领本国轿车市场，日本政府鼓励本国汽车企业引进先进技术，并与国外知名企业合作，采取技术许可和散件供应的方式进行合作。这种合作方式的好处在于不涉及外资，只涉及技术许可和散件供应的许可，有效地保护了日本汽车产业。这种合作方式不仅提高了汽车产业的竞争力，还推动了日本汽车产业集群的升级。此外，日本汽车目前在业内遥遥领先的节能性与环保性方面的技术突破都是基于自主学习的基础上实现的。

（3）重视辅助机构的高效协作。日本汽车产业集群主要集中在工业经济发展比较稳定的地区，这有助于扩大生产规模以及提高生产效率。丰田公司是日本汽车产业的"龙头老大"，它的公司建在哪里，各个大小零部件企业就会尾随去建厂，很多零部件生产企业与丰田的整车制造厂的距离很近，甚至于有的不超过50千米，使整车制造与相关配套企业形成了完整的产业链关系，这有助于促进企业间协同发展，加速技术上的突破与创新，大大降低了研发成本。

（4）加快知识产业集群的发展。日本的产业集群主要以高科技产业为中心，集中体现了科技创新的重要作用。日本的中小企业集群具有一定的市场竞争力，而且还拥有着高技术的加持，这些基础技术与高科技，需要自我努力以及创新研发，以进一步发展。

（5）加强同步建设基础设施与区域软环境。日本政府注重软环境建设，包括产权机制、融资渠道和人才吸引等方面，以降低企业贸易成本、加强企业联系和创新机制。同时，日本产业集群的网络关系以及学习交流和创新环境，也是推动汽车产业集群升级的一个重要因素。

2. 韩国汽车产业集群升级模式分析

（1）坚持质量第一。现代起亚的成功离不开"质量第一"的信条和"10年10万英里"的品质保证承诺。起亚深入研究本地市场消费形态，开发适合当地需求的产品，最终敲开北美汽车市场的大门。

（2）绝不用市场换技术。韩国政府20年前意识到CKD（全散件组装）方式只是基础，通过引进技术并不断创新，最终打入欧美市场。

（3）政策扶持。韩国政府不断出台新政策，支持企业发展，这也是韩国产业集群升级成功的一个重要原因。

（4）知识投入。韩国汽车设计师们在政府的强力推动下大量出国学习工作，使韩国汽车设计迅速国际化。这样的做法能够探索文化特色与汽车设计之间的融合，避免盲目国际化。

（四）国外知名汽车产业集群升级的借鉴

1. 以"整零轮轴式"协同为发展模式

国外知名汽车产业集群的形成和发展与该集群内的主要跨国汽车制造公司密切相关。这些跨国公司在产业集群中扮演核心领导角色，形成以整车制造企业为"轴心"，零部件企业和汽车相关产业的企业为"轮"的"轮轴式"的典型产业发展模式。虽然各国汽车产业集群都属于这种发展模式，但各国在汽车生产过程中所采取的生产模式不同，汽车产业集群发展路径就不同，集群的升级效果也不同。"整零轮轴式"协同发展模式的典型代表主要有以日本丰田汽车产业集群的精益生产模式和以欧美汽车产业集群的大量生产模式。其中，日本丰田汽车产业集群的发展模式，能够有效整合产业集群内部资源，提高汽车产业集群的竞争力。这非常值得宁波汽车产业集群借鉴。

2. 以政策指引为汽车工业的发展方向

日本的国民车计划引领了日本汽车企业朝着节能型汽车的方向发展，塑造了日本汽车的如此成就，推动了日本汽车工业在世界上的崛起。而不同于日本，韩国的国产化计划促进了韩国汽车企业坚持自主创新，培养了汽车企业的自主创新能力。这也值得宁波汽车产业集群借鉴。

3. 以技术学习为主的自主创新道路

技术学习是日本和韩国汽车工业发展的重要因素之一，这些企业在技术学习过程中，一直坚持自主研发汽车产品，虽然自主研发投入高，风险很大，但可以使汽车企业不断提高研发能力，并在发展过程中，不受制于他人。在经济全球化的背景下，企业间的交流与合作，涉及的范围愈来愈广泛，技术溢出现象带来经济的外部效应。对于要实现"弯道超车"的中国汽车产业，汽车相关技术的自主创新尤为重要，宁波汽车产业集群更不能自甘落后。

因此宁波汽车产业集群在依托长三角汽车产业集群优势的背景下，可借鉴国外知名汽车产业集群的"整零轮轴式"协同发展模式，在政府的相关政策支持指引下，走技术自主创新的道路。

二、国内六大汽车产业集群发展借鉴

中国汽车产业已基本形成六大集群区域，分别是：以长春为中心的东北集群区，以北京一天津为中心的京津冀集群区，以上海为中心的长三角集群区，以武汉为中心的中三角集群区，以广州为中心的珠三角集群区，以及以重庆为中心的成渝西部集群区。这些集群区域的特点是由一个或多个核心企业与产业链上其他企业紧密协作，核心企业通常是整车制造企业，也被称为"轴"企业。接下来将分别介绍各集群区域及其"轴"企业。

（一）国内六大汽车产业集群发展概况

1. 东北汽车产业集群

（1）集群发展概况。东北汽车产业集群以长春为核心，涵盖一汽集团、一汽大众、华晨宝马和哈飞集团等知名企业。在过去的五年里，东北地区汽车产量保持稳定，其中吉林省产量占比高达 80%。作为全国汽车的发源地，长春在东北经济区的制造业发展中发挥着重要作用。集群内拥有一批实力强大的企业，如一汽集团、一汽大众、一汽马自达、吉林通用、华晨金杯、华晨宝马和哈飞集团等。得益于一汽集团以及深厚的机械制造基础和完善配套体系，汽车工业得以迅速从长春扩展到整个东北地区。此外，吉林省还有多家汽车零部件配套生产企业，如一汽富奥、一汽东机工、一汽光洋、长春富奥-江森、长春海拉、一汽-凯尔海斯、西门子（长春）、吉林北方捷凯和长春塔奥等。辽宁沈阳拥有华晨汽车公司、华晨宝马汽车公司以及金杯通用汽车公司，而辽宁大连则有奇瑞汽车制造公司。此外，辽宁省还拥有三菱等三大发动机制造企业，以及多家汽车零部件配套生产企业。黑龙江哈尔滨的汽车产业集群包括哈飞汽车集团、哈尔滨轻型车厂（已被一汽集团收购）以及吉林通田汽车有限公司。该产业集群在汽车研究、自主品牌开发及人才储备方面具有显著优势，构建了相对完善的汽车产业集群技术创新网络。以吉林大学汽车工程学院为主体的汽车研发基地，已为我国汽车工业培养了大批从事技术创新的研发人员，进一步助力汽车产业的发展。

东北汽车产业集群在整车制造领域具备全国领先地位。得益于扎实的机械制造基础和健全的配套体系，传统造车工业在长春迅速发展并拓展至整个东北地区。尽管如此，新能源汽车产业的发展相对滞后，涵盖电机、电控、动力电池及原材料、铝合金车身等关键领域。东北集群内包括华晨宝马新能源汽车产业园和一汽普雷特集团等企业，共同推动新能源汽车产业的发展。近年来，随着恒大集团投资的新能源汽车三大基地、宝马全球最大生产基地以及华晨雷诺等合资项目的加速推进，一汽新能源汽车的发展步伐正在加快。展望未来，随着这些项目的落地实施，东北集群的新能源汽车产业有望迎来巨大的发展空间，为整个汽车产业的转型升级提供强大支持。

（2）"轴"企业——一汽集团。一汽集团是我国第一家大型汽车制造厂，集团成立于1953年，如今一汽集团已经发展成中、重、轻、轿、客、微产品系列格局。其中，解放牌卡车在国内卡车市场具有一定的市场份额，轿车除了红旗品牌以外，主要生产中低端轿车。一汽技术中心是一汽集团下属的研究机构，其在产品开发、工艺材料开发等方面发展较好，处于国内汽车行业领先水平，每年都能获得中国汽车工业科技进步奖，总体上创新能力比较强。一汽集团作为集群的"轴"企业，在技术研发与经济产值方面发挥着重要作用。经过多年的发展，一汽集团建立了东北、华北、华东、华南、西南等五大生产基地，并构建了全球化研发布局。一汽集团拥有红旗、解放、奔腾等自主品牌和大众、奥迪、丰田等合资合作品牌，累计产销汽车超过5000万辆，销量规模位列中国汽车行业第一阵营。截至2021年11月，一汽集团员工总数达到12.9万人，资产总额达到5844.8亿元，连续13年在国资委央企经营业绩考核中获得A级，位居《财富》世界500强第66位。

2. 京津冀汽车产业集群

（1）集群发展概况。京津冀汽车产业集群以北京和天津为双核心，有显著的区位优势，发展潜力巨大。在北京，已经形成了包括北京现代、北汽福田、长城汽车、北京奔驰和北京吉普等在内的汽车生产基地；而在天津，天津丰田和天津一汽等大中型车企也蓬勃发展，构建了涵盖轿车、商用车和越野车等整车产品的体系。此外，该产业集群还拥有一批实力强大的汽车零部件配套企业，如天津电装、天津摩托罗拉、天津斯坦雷、天津车桥、天津津丰、北京蒙诺和天津星光等。技术和人才优势是该集群的另一大特点，众多高校和研究机构为汽车产业提供了源源不断的人才与技术支持。自20世纪80年代以来，京津冀汽车产业集群在全国汽车工业中的地位逐年上升，已成为中国汽车产业的重要支柱之一。

北汽新能源是京津冀汽车集群中首个获得纯电动乘用车生产资质的车企。此外，该区域还有蔚来全球软件研发中心、理想研发中心、长城新能源汽车研发中心和北汽新能源蓝谷动力等新能源汽车产业研发中心，涵盖了新能源整车、零部件、三电系统、车联网和智能座舱等方面相关产业。尽管京津冀汽车产业集群的传统汽车产业规模庞大，但整体新能源汽车产业规模不及珠三角和长三角集群。

（2）"轴"企业——北汽集团和天津一汽集团。北京汽车集团有限公司是北汽集团的全称，旗下拥有北京汽车、北京奔驰、北京现代和北京福田等整车制造公司，主要生产中高端乘用车。北汽集团的企业战略明确提出，通过自主技术创新来形成核心技术，强化自主品牌，逐步提升综合实力，成为国内一流、国际有影响的大型汽车公司之一。北汽集团已初步形成以北汽汽车研究总院为核心，通过收购先进汽车技术为辅助的技术研发创新及整合的技术开发体系。由于北汽集团在产量和营业收入保持较高增长率，对技术创新有卓越追求，因此在成长、整车系统开发和关键技术开发方面都取得了不错的成绩。特别是收购萨博整车开发体系后，北汽集团的整体技术研发水平达到了新的高度，也使其在北京汽车产业集群中的带动力不断提升，核心企业地位更加凸显。

天津一汽集团是天津汽车产业集群中的核心企业，其中包括天津一汽夏利和天津一汽丰田。它们是当地汽车产业的重要推动力，协同发展并以此为"轴"。天津一汽集团专门生产经济型轿车，主要集中在 4 万～7 万元价格区间。曾经在国内销量保持了第一的位置，但近年来销量出现下滑趋势。其中，天津一汽夏利是中国第一汽车集团有限公司控股的经济型轿车制造企业，是一家集整车制造、发动机、变速器生产、销售以及科研开发于一体的上市公司。天津一汽夏利于 2020年宣布退出历史舞台，转型为铁路物资供应商，不再从事汽车制造。而后来蓬勃发展的天津一汽丰田成立于 2000 年，主要生产中低端车型，包括"卡罗拉""锐志""皇冠""威驰""花冠"。其汽车产品总产量逐年增加，产能较大能达到年产40 万辆的规模，2016 年产量超过 40 万辆，占天津汽车总产量的 75%。为保持自有汽车品牌技术的创新，于 2008 年成立一汽丰田技术研发中心，对其技术创新及整车研发起到了有力的推动作用。天津汽车产业中的两家核心企业整体的研发水平偏弱，规模也属于中等偏小水平，核心企业抓住机遇不断创新，补齐自身短板，方能提升对集群的带动力，促进集群的优化发展。

3. 长三角汽车产业集群

（1）集群发展概况。长三角作为我国最繁荣的经济区域之一，2020 年长三角四省市中有三个进入了全国 GDP 排名前十，展现了强大的经济实力。长三角集群集聚了上汽集团、上海大众、上海通用等一流汽车企业，打造了全国最大的汽车生产基地。乘用车产销量位居前列，奇瑞、江淮等自主品牌表现出色。此外，江浙地区形成了相对完整的汽车配套体系，众多的汽车零部件生产企业推动了吉利、吉奥等民营汽车企业的崛起。上海华普、上海比亚迪、上海万丰等民营汽车制造公司，以及摩托车、客车等其他中小型汽车生产企业，共同构成了丰富多样的汽车产业格局。长三角汽车产业集群不仅在轿车生产方面具有优势，而且在零部件配套产业上也拥有巨大的发展潜力和坚实的基础。从零部件到整车生产，长三角地区已发展成为我国最大、发展最快的汽车产业集群，为全国汽车产业的发展树立了典范。

长三角汽车产业集群以江苏和上海为核心，新能源汽车产业正在蓬勃发展。该地区吸引了特斯拉、蔚来、理想、威马、吉利、比亚迪等诸多新能源汽车企业的资本和技术投入，目前已有超过 100 个年工业产值超过 100 亿元的产业园区，其中包括上汽集团、吉利集团、众泰集团等数千家大型企业。在长三角集群的 30 个城市中，超过 14 个城市已经拥有或正在规划新能源汽车项目。这些项目涵盖了超过 20 种新能源汽车，累计计划产能超过 300 万辆，累计计划投资超过 1000 亿元。

上海作为最早推动智能网联汽车示范的城市之一，于 2020 年与长三角三省一市共同启动了国家级长三角区域车联网先导区合作共建。这一合作将建立一个标准体系，涵盖统一的智能信号灯、5G 通信基站，开发长三角区域标准统一的智能网联汽车高精度地图，统一车联网通信协议、道路交通管理平台、车路协同网络安全防护等方面。这将为长三角汽车产业集群的进一步发展提供强大支持，助力我国新能源汽车产业迈向新高峰。

（2）"轴"企业——上海汽车集团。上海作为我国轿车生产的重要基地，以上汽集团为核心，旗下拥有上海通用、上海大众和上汽股份公司等知名企业，成为国内最大的汽车上市公司。上汽集团在国内汽车行业中具有领先地位，紧跟产业发展趋势，加速创新转型，从传统制造型企业向提供移动出行服务和产品的综合供应商转变。上汽集团主营业务涵盖整车研发、生产和销售（包括乘用车和商用车），并致力于新能源汽车和互联网汽车的商业化进程，同时积极开展智能驾驶技术的研究和产业化探索。此外，上汽集团还涉足零部件研发、生产和销售（包括动力驱动系统、底盘系统、内外饰系统，以及电池、电驱、电力电子等新能源汽车核心零部件和智能产品系统）。在出行服务领域，上汽集团涉及物流、汽车电商、出行服务、节能和充电服务等业务，并涉足汽车相关金融、保险和投资业务、海外经营和国际商贸业务。为应对未来产业发展趋势，上汽集团还在产业大数据和人工智能领域积极布局，以期在全球汽车产业中占据有利地位。

上汽集团旗下的主要整车企业包括上汽乘用车分公司、上汽大通、智己汽车、飞凡汽车、上汽大众、上汽通用、上汽通用五菱、南京依维柯、上汽红岩和上海申沃。2020 年，上汽集团的整车销售量达到 560 万辆，连续 15 年保持国内第一的地位。其中，上汽自主品牌销售量为 260 万辆，占总销售量的 46.4%，创下新高；新能源汽车销售量为 32 万辆，海外市场销售量为 39 万辆，实现了全面领先。截至 2021 年 8 月，上汽集团合并销售收入达到 1075.552 亿美元，位居《财富》杂志世界 500 强第 60 位，已连续 8 年进入百强名单，在上榜的全球汽车企业中排名第 8。

上海汽车集团是中国四大汽车集团之一，也是上海汽车产业发展的主要力量。其主要业务包括乘用车、商用车和汽车零部件的生产、销售和开发。上汽集团旗下拥有上海大众、上海通用、上汽通用五菱、上海依维柯红岩、上海申沃等整车制造企业。上汽集团的乘用车覆盖低、中、高端市场，受到消费者的高度认可，其中高端品牌在国内处于领先地位。这得益于上汽集团对汽车技术研发创新和消费者需求的高度重视。近年来，上汽集团在汽车传统技术革新、新能源汽车和车联网领域取得了极大的突破和阶段性成果，这与其不断注重研发创新密不可分。上汽集团的研发体系具有两个特点：一是与上海当地高校资源相结合，走产学研道路，这不仅能推动上汽技术进步，还为上汽集团提供了源源不断的汽车专业人才；二是关键技术自主创新，如自主开发的 inkanet 车联网技术，是国内操作最流畅、最简单、效率最高的车载智能系统。同时，上汽集团自主研发了混合动力系统、整车电转向系统、电空调系统和热管理系统等，技术创新能力强，获得高级别技术研发实力和庞大的销量及营业收入，奠定了上汽集团在上海汽车产业集群中的领头作用，对上海汽车产业集群的优化发展起着主要推动作用。

4. 中三角汽车产业集群

（1）集群发展概况。中三角汽车产业集群以武汉市为中心，地理位置得天独厚，市场集散能力强，经济辐射范围广。该集群汇集了东风集团、神龙汽车、东风本田、东风雷诺、东风风神、江铃集团、昌河汽车、广汽三菱、广汽长丰等知名汽车制造商，以及襄阳零部件工厂、荆州恒隆、湖北法雷奥车灯、法雷奥汽车空调等汽车零部件配套生产企业。集群内设有武汉理工大学、湖北汽车工程学院、华中科技大学等高等院校，构建了汽车产业集群技术创新网络。集群依托东风集团的雄厚工业基础和完整的重工业产业链，利用长江黄金水道的优势，助力汽车产业稳步发展。

中三角汽车产业集群具备传统汽车工业基础，尽管规模相较于长三角集群略显不足，但近年来南昌、赣州、上饶等地汽车及零部件企业投资活跃，中三角集群有望在新能源汽车领域实现突破。

（2）"轴"企业——东风汽车集团。东风汽车集团，前身为"第二汽车制造厂"，是一家中央直管的特大型汽车企业，总部位于湖北武汉。公司拥有 16 万多名员工，总资产达 3256 亿元，主要业务涵盖商用车、乘用车、新能源汽车、军车、关键汽车总成和零部件、汽车装备以及汽车相关业务。东风汽车集团在国内 20 多个城市设有分支机构，并在瑞典建立了海外研发基地，在中东、非洲、东南亚等区域拥有海外制造基地，在南美、东欧、西亚等区域设有海外营销平台。公司持有法国 PSA 集团 14% 的股份，成为 PSA 三大股东之一。企业年产销量超过 400 万辆，销售收入超过 6000 亿元，在中国汽车行业中排名第 2，同时位列世界 500 强第 65 位、中国企业 500 强第 15 位、中国制造业 500 强第 3 位。

在中三角汽车产业集群中，湖北东风汽车集团乘用车产销量位居湘赣鄂三省之首，成为协同发展的龙头。江西的铃木汽车集团、昌河汽车集团和江铃汽车集团均为国内知名大企业，主要生产轻型皮卡和客车。湖南的三一重工、中联重工则专注于专用汽车、工程机械制造。尽管中三角汽车产业集群内存在一定程度的重叠，但总体而言，湘赣鄂三省汽车产业的发展方向各有侧重，呈现出互补特性。

5. 成渝西部汽车产业集群

（1）集群发展概况。重庆作为西南汽车产业集群的核心，发挥着举足轻重的作用。长安汽车集团作为最大的微型车生产基地，拥有长安铃木、长安汽车和长安福特等子公司。此外，重庆北部新区的"十里汽车城"以福特轿车为主体，吸引了大量汽车零部件生产企业。比亚迪汽车有限公司作为我国民营汽车企业的代表，在西南地区具有广泛影响力。得益于产品的独特性，西南汽车产业集群在我国汽车产业集群的发展中具有不可替代的地位。

成渝西部集群迅速崛起，汇集了长安集团、长安福特、长安铃木等自主品牌车企。在国家西部开发战略的推动下，众多整车企业纷纷落户西南地区。重庆的汽车产业主要集中在两江国际城园区，该园区内有7家整车制造企业。其中，重庆长安汽车在规模和技术创新方面独占鳌头，成为重庆汽车产业集群的"轴"企业。

（2）"轴"企业——重庆长安集团。重庆长安集团简称长安汽车，是一家本土诞生的汽车企业。长安汽车已形成微型车、轿车、客车、卡车、SUV、MPV等低中高档、宽系列、多品种的产品谱系，自主品牌处于国内领先地位。为了技术创新，长安汽车注重研究机构的建设，在国内外设研究机构，在美国、日本、英国等国家都设有技术研发中心。在2011年，长安汽车在国家发改委、科技部等多个政府部门牵头的国家认定企业技术中心评比中，以90.9的高分夺得汽车行业第一名。此外，其头部的汽车技术创新项目也多次获得"中国汽车工业科学技术奖"。长安汽车强劲的技术研发实力和较大的产能规模，奠定了其在西部汽车产业集群中核心推动力企业的地位，对当地汽车产业集群的推动及优化有着重要影响。这反映出长安汽车在汽车行业中的发展决心，以及争做国内一流、国际有名的汽车企业雄心。

2021年10月20日，国务院正式发布了《成渝地区双城经济圈建设规划纲要》。该规划纲要明确提出要打造制造业高质量发展双引擎，并推动都市圈外围地区电子信息、汽车等产业快速发展。同时，规划纲要还要求成渝两地汽车产业加强协同合作，共同培育具有国际竞争力的先进制造业集群。为实现这一目标，规划纲要明确了以智能网联和新能源作为主攻方向，携手共建高水平的汽车产业研发生产制造基地。通过这一系列举措，成渝地区有望在制造业领域实现高质量发展，为我国经济发展注入新动力。

围绕国家"双碳"目标、新能源及智能网联汽车规划，成渝西部集群在强链、补链，建创新链，补产业链的基础上，共同推进两地汽车产业链协同发展，共建川渝汽车产业生态圈。

6. 珠三角汽车产业集群

（1）集群发展概况。珠三角经济区以强大的经济实力和沿海地理优势，成了一个汽车产业聚集的地区。该区域以轿车产品居多，有很多优质车企，如广汽丰田、广汽本田、广汽埃安、小鹏汽车等，形成了非常鲜明的汽车产业集群，有着显著的日系特点。现阶段，珠三角汽车产业集群主要分为黄埔地区的广州本田轿车生产基地，以东风乘用车公司为中心的花都汽车城，以及以广汽丰田为主的南沙开发区国际汽车产业园。除此之外，珠三角区域内的汽车零部件配套生产体系也在快速发展，形成了以整车制造企业为中心的区域性零部件生产企业，例如白云经济开发区与广汽本田配套生产，花都区域主要与日产配套生产，南沙区主要与广汽丰田配套生产等。珠三角汽车产业集群的发展，离不开完善的零部件配套生产体系，同时在物流、信息、贸易等发展方面也非常具有优势，该区域内的汽车产业不仅涵盖轿车，还有客车、轻型车与摩托车的生产，种类繁多。珠三角经济区的汽车产业集群正在不断发展壮大，成为我国规模最大的汽车生产制造基地之一。

珠三角地区的经济发展势头较好，汽车工业也有非常雄厚的基础，不仅拥有大大小小的传统车企，还聚集着多个汽车生产基地以及知名度较高的汽车总部。当地政府各种政策的开放，也为汽车产业的培育提供了良好的环境。在新能源汽车产业方面，珠三角汽车产业集群现有比亚迪新能源研发中心、广汽丰田研发中心等技术研发中心，不过，相对于长三角产业，珠三角汽车产业集群略显不足。

（2）"轴"企业——广汽集团。广汽集团目前已形成日系、欧美系和自主系三足鼎立的架构体系，整体实力和综合竞争力不断增强。其中，广汽丰田和广汽本田是日系主要企业，两者均为合资企业，广汽乘用车则是广汽集团的独资企业。广汽集团在珠三角汽车产业集群中处于绝对优势地位。为了提升核心竞争力，广汽集团采取了三方面措施。首先，在自主品牌汽车领域，广汽研究院作为技术研发中心，广汽乘用车作为制造中心，建立了研发、采购、销售、服务和人才等资源平台，强化了生产体系建设，促进了模块资源共享，2020 年自主品牌产量达到了 100 万辆。其次，在日系业务上，以广汽丰田和广汽本田为依托，不断推进汽车零部件本土化的进程，加快了两个品牌的产能品牌建设，2020 年产销规模均达到 100 万辆，产品类型覆盖了所有主流细分市场。最后，广汽集团打造了一个全新的、开放的电商平台，以用户为中心，满足消费者各种用车需求，最终打造出开放共享的互联网汽车生态圈。广汽集团在汽车技术研发创新方面的技术实力较强，成果突出，多次获得"中国汽车工业科学技术奖"。广汽集团拥有全面的品牌技术架构体系、地区领先的产能规模和长远核心竞争力的建设能力，奠定了其在珠三角汽车产业集群中的核心地位，对珠三角汽车产业集群的整体发展及优化起着领头作用。

（二）国内六大汽车产业集群发展分析

1. 集群总体情况

（1）区域竞争日趋激烈。我国大部分省份城市已纷纷制定战略性目标，在汽车产业方面纷纷布局，将汽车产业确立为城市发展的战略目标，提升国民经济的支柱型产业。汽车产业不仅有助于强国建设，还有助于调整产业结构，对于制造业升级发挥着重要作用。当前，全国30多个省市中，已有将近28个省市重点发展汽车产业，将汽车产业作为城市发展的重要目标。部分城市中，已经逐渐建立汽车生产制造基地。内部的变革，以及来自外部的竞争压力，使汽车产业间的竞争越来越激烈，都在纷纷寻求更好的发展路径。智能制造与新能源的崛起，推动了汽车产业新的发展热潮，新兴科技项目俨然成为汽车产业新的发展方向，也成为未来汽车发展的一个新趋势。

（2）各地加速产业转型升级和全国汽车布局变革。各地汽车产业加速产业转型升级的过程，也正是中国汽车产业经历第三次布局的阶段性变革的阶段。第一次布局是在20世纪初，以郑州为代表的老牌汽车产业聚集区，实现了汽车组装的起步，随着以上汽车企业的合资，该区域实现了第二次布局，产业规模化崛起，以深圳为代表的后发地区，承接了汽车产业的生产制造与研发工作，该区域立足本土制造，结合各区的经济基础与劳动资源，构建了整车制造与相关配套企业间的协作体系，促进了企业间的协同发展。2010年至今，吸引了特斯拉、福特等知名品牌研发中心的落地，促进特斯拉在中国地区建厂投产，实现了第三次布局。以上海为代表的后发地区，力推新兴产业集聚发展，该区域通过政府政策的放开，加速车联网新兴产业的建设与规划，联合当地政府与相关部门，通过多部门联合机制路径聚集一百多家车联网企业，不仅带动了当地车联网的发展，也开启了国内新兴产业新时代。

（3）聚集化成为产业发展主要方向。在2018年12月，国家发展改革委推出了《汽车产业投资管理规定》，该规定明确了优化燃油汽车产能布局的方向，并鼓励汽车产业向产能利用充分、产业基础扎实、配套体系完善、竞争优势明显的省份聚集投资。同月，工信部发布的《产业发展与转移指导目录（2018年本）》强调要贯彻国家区域协调发展战略，统筹协调西部、东北、中部、东部四大板块，发挥各区域的比较优势。2020年9月，为了推动我国燃料电池汽车产业持续健康、科学有序发展，五部门联合开展了燃料电池汽车示范应用工作，对基础条件好、产业链上企业技术水平高的城市群给予支持。在这一过程中，我国在顶层设计上持续引导汽车产业在优势承载地区聚集化发展。如今，汽车产业资本要素在六大汽车产业集群内不断汇聚，进一步加速了区域内汽车产业良好生态的形成。

（4）"双碳"目标驱动区域汽车产业加快转型升级。汽车是人们出行的重要交通工具，是交通的重要载体，"碳达峰"与"碳中和"的提出，是中国顺应全球低碳发展趋势、推动经济高质量发展的重要战略举措，这无疑加速了其转型步伐，发展新能源汽车也是大势所趋，顺应时代发展需求。因此，在"双碳"目标下，各级政府纷纷出台各种政策，大力发展新能源汽车。新能源汽车既符合我国战略方向，也是实现汽车产业"弯道超车"的途径。在政府与相关部门的大力支持下，新能源汽车发展势头良好，越来越受人们的欢迎。

（5）集群发展情况比较。从以上分析可得出国内六大汽车产业集群的发展情况，如表 10-1 所示。这六大集群整体发展的速度都很快、影响能力都较大，但在核心竞争力、专业化程度、集群网络体系和创新能力上的差别较大。总体而言，长三角、东北和中三角的汽车产业集群整体实力较强，长三角为最优。

表 10-1　国内六大汽车产业集群发展情况比较

名称	发展速度	影响能力	核心竞争力	内部结构	专业化程度	网络体系	创新能力
长三角汽车产业集群	快	较大	较强	完善中	中	基本形成	较强
珠三角汽车产业集群	快	较大	较强	刚形成	低	基本形成	较弱
京津冀汽车产业集群	快	较大	弱	刚形成	低	基本形成	较弱
东北汽车产业集群	快	较大	较强	完善中	中	基本形成	较强
中三角汽车产业集群	快	较大	较强	完善中	低	基本形成	较强
成渝西部汽车产业集群	快	较大	弱	刚形成	低	基本形成	较强

汽车产业集群的发展要素可分为基础生产要素和高级生产要素。基础生产要素包括区位、交通、资本等，而高级生产要素则是提供创新服务的要素，例如人才和研究机构等。波特认为，基础生产要素对地区或国家的竞争力影响较小，而高级生产要素则具有重要的竞争力影响。

2. 集群发展要素分析

（1）基础生产要素。六大汽车产业集群所拥有的基础生产要素虽有差异，但差异较小。长春、北京和重庆位于内陆，汽车产业的交通条件主要依靠发达的陆路交通，而重庆还可依靠长江这一天然内陆水路。天津、上海和广州的基础生产要素相对突出，既可以依靠发达的陆路交通，也可依靠其发达的海路交通。通常而言，海路运输成本要低于陆路运输成本，因此天津、上海和广州的汽车产业集群在运输成本上比长春、北京和重庆具有更大的优势。北京、天津、上海、重庆和广州是传统的经济强市，资本充足，能够为当地汽车产业的发展提供资本要素，而长春在资本方面相对处于劣势。

（2）高级生产要素。中国六大汽车产业集群在高级生产要素方面存在分层现象。高级生产要素通常指受过高等教育或专门培训的专业技能人才。北京和上海拥有多所高水平大学，为当地汽车产业提供了有利条件，同时也为培养专业技术人才提供了支持。天津、重庆、广州的高等教育资源相对较少，而长春的高等教育资源则处于劣势。不同地区的研究机构和质检机构也能为当地汽车产业的发展提供支持。

总体而言，六大汽车集群的基础生产要素相似，但高级生产要素分布不均。上海和北京在汽车专业技术方面拥有高级生产要素密集的优势，这为其提升竞争力提供了动力。长春、天津、上海和重庆在汽车技术服务机构方面具有比较优势。相比长春、天津、上海和重庆，北京和广州的高级生产要素稍有差距，主要表现在密集度较小、高级别技术服务机构数量偏少。长三角集群区、东北集群区和中三角集群区是中国六大汽车产业集群区域中规模相对大的。

（三）国内六大汽车产业集群发展借鉴

经过多年的培育和发展，我国六大汽车产业集群取得了显著的成果，不仅规模持续扩大，创新能力也不断增强。然而，在认可这些区域产业发展成绩的同时，也需要清醒地看到，中国区域汽车产业的发展仍然面临着一些挑战，如整车产能利用率偏低、整零发展协同性不足等。面对新的形势和挑战，地方汽车产业集群需要采取一系列措施，推动区域汽车产业实现可持续高质量发展。首先，可以加大汽车类项目的监管力度，确保项目的质量和效益。其次，可以积极探索开放式创新模式，以提升产业整体的创新能力。此外，通过鼓励产业协作，可以促进产业链上下游企业之间的协同合作，提高整体产业链的竞争力。最后，加快构建产业生态，形成产业链、创新链、资金链、政策链等多链融合的产业发展新格局。

1. 提高整车产能利用率

在宁波的汽车产业集群区域，仍然需要清楚地划分整车有效产能和无效产能，并建立完善的退出机制，逐步淘汰无效产能。为了最大限度地利用有效产能，宁波汽车产业集群可以在集群内部实施转产策略，通过调整产业结构、产品结构和产业链布局，实现内部产能的优化利用。同时，集群内部还可以积极地培育汽车领域的共享制造平台，推动传统整车制造商与造车新势力进行联合制造。这种合作不仅可以采取"代工模式"，还可以成立合资公司，以有效利用闲置产能，进一步优化资源配置。通过这种双管齐下的策略，宁波汽车产业集群既能充分挖掘集团内部的产能潜力，又能借助共享制造平台实现产业间的协同合作，从而推动汽车产业集群实现高质量发展。

2. 提升招商引资质量水平

宁波汽车产业集群的发展应以产业链和供应链安全为核心目标。首先，需要深入理解六大集群内各省份汽车产业配套体系的发展情况，明确各细分领域在供应链中的完善程度以及在全产业链条中的定位和价值。其次，针对产业链条中的薄弱环节，目前需要结合技术发展趋势和市场趋势，进行精准的策略制定。此外，为了确保项目的质量，集群内部需要加强投资项目管理，严格控制项目质量，并规范产业准入门槛。在此基础上，集群内部需要建立一个决策科学、程序严密、运行规范、监管严格的政府投资管理体系，以确保投资项目的顺利进行。同时，集群内部还需要构建一个多层次的监督体制，对投资项目进行全方位的保障。通过这些措施，我们可以有力地推动汽车产业集群的发展，实现产业链和供应链的安全建设，为我国汽车产业的发展做出贡献。

3. 打造集群企业间开放式创新模式

产业集群的集成创新能力是其在竞争中的一大优势，其中集群创新系统起着关键作用。开放式创新模式有助于六大汽车产业集群推动内部汽车企业和产业的发展与升级。实现开放式创新的过程中，需要充分利用资源和能力，以实现企业创新成本的降低和效率的提升。与此同时，应充分发挥产业集群的优势，与产业链企业、大学和科研院所等展开紧密的技术合作，从而促进汽车产业集群的技术水平提升。此外，优化政策和金融环境也是确保六大汽车产业集群实现开放式创新的重要保障。通过这些措施，宁波汽车产业集群可以进一步借鉴六大汽车产业集群的创新能力，推动我国汽车产业实现高质量发展。

4. 鼓励产业协作

宁波汽车产业集群的发展应以集群内汽车关键零部件为核心，着力加强整车企业和零部件企业之间的合作。主要手段包括扩大规模、调整产业结构以及提升产品附加值，以实现产业链的高效运作。为提高产业链的纵向延伸和横向合作效率，集群内应组建协同创新联合体，适时开展汽车产业整零协同创新试点。在此过程中，还需要建立一个成本共担、利益共享以及知识产权保护等合作机制，以激发各方的积极性和创新力。同时，集群还需推动汽车产业与能源、交通、信息通信等领域的技术加速融合。通过这些领域的相互赋能和协同发展，集群可以不断增强汽车市场的内在需求，从而为产业发展提供持续的动力。

5. 加快构建集群内产业生态

宁波汽车产业集群的发展应建立在一个以需求对接、业务关联、市场融合和经营协同为特点的汽车产业生态系统。首先，集群需要明确产业定位，以实现产业聚集效应。其次，要打破科研高校、政府部门、企业组织、金融机构之间的信息壁垒，以优化营商环境。在此基础上，强化政策引导，积极推动产学研一体化和产业成果转化。这将有助于形成以市场为导向、以企业为核心的创新体系。为了实现这一目标，宁波汽车产业集群可以通过构建平台型产业组织，将平台人才、科研、资金、市场等资源进行网络化连接。这将使平台与上下游企业形成紧密联系，从而提升产业要素的活跃度。总之，宁波汽车产业集群应以需求对接、业务关联、市场融合、经营协同为特征，打破信息壁垒，优化营商环境，推动产学研一体化，形成以市场为导向、以企业为核心的创新体系，并通过构建平台型产业组织，加强上下游企业联系，提升产业要素活跃度。

6. 引导区域汽车行业企业兼并重组

随着国家发改委和商务部在 2019 年 6 月发布的《外商投资准入特别管理措施（负面清单）》，我国计划到 2022 年全面取消外资股比和合资企业数量限制。这一政策调整将带来新的竞争方式，并不可避免地引发行业兼并重组。为了应对这一挑战，集群内部应鼓励整车汽车企业通过兼并重组的方式整合资源，优化产品线，降低运营成本，提升产能利用率和核心竞争力。同时，政府应支持零部件骨干企业通过兼并重组扩大规模，与整车生产企业建立长期战略合作关系，形成战略联盟，以实现专业化分工和协作化生产。为了实现企业兼并重组成果的共享，宁波汽车产业集群需要努力营造一个有利于汽车产业兼并重组的区域环境，充分调动企业的积极性。只有这样，集群才能充分利用企业兼并重组带来的机遇，推动我国汽车产业的规模化和集约化发展。

本章小结

中国的六大汽车产业集群具有独特的中国特色，对于宁波汽车产业集群的发展具有重要启示。然而，随着互联网+时代的到来以及消费者需求的多样化、数字化、全球化和精益生产方式的普及，这种高效、精准、小批量、多品种、低成本的生产方式已成为世界范围内汽车生产企业的主要方式。因此，与汽车产业相关的企业会自发地聚集在特定区域，为核心企业提供相关配套服务，形成汽车产业集群。宁波汽车产业的发展也必然依靠集群获得更多的竞争优势。

第十一章　宁波汽车产业集群升级的对策建议

结合上述研究结果，下面将新形势下全球价值链视角的宁波汽车产业集群升级的对策整理为"七化"对策，即产业迭代高能化、技术创新高端化、产业基础高级化、集群服务先进化、集群配套高标化、集群团队"战斗"化和集群品牌全球化。具体内容可演绎为以下为"七化"路径，如图11-1所示。

图 11-1　新形势下全球价值链视角的宁波汽车产业集群升级的"七化"路径

一、抓牢汽车弯道超车"新赛道"，产业迭代高能化

汽车产业正逐渐向电动化、智能化、网联化（"三化"）的"新赛道"发展。其中新能源汽车，尤其是纯电动汽车更具独特优势。在汽车未来发展方向中，将以电动化为基础，以互联化为纽带实现大数据的收集，逐渐达到智能化出行的更高目标。同时汽车轻量化也是未来发展的重点。为提升宁波整车制造产业在全球价值链中的新高度，可采用如下对策。

（一）集中攻关纯电动汽车，抢占汽车新兴市场

宁波汽车制造企业在乘用车领域应避开产业"红海"区域，重点开发 B 级、C 级轿车和中型、中大型 SUV 车型，并以纯电动汽车为主要发展方向，以满足城市家庭、出租车和公务车等领域的需求。商用客车领域可大力发展新一代高性能、大运量充换电式纯电动新能源客车，以及适应中长线路运营的插电式混合动力客

车。专用车领域可积极寻找适合本地港口、物流等领域应用的新能源集装箱卡车（集卡）项目，提升有条件自动驾驶级别以上纯电动或燃料电池集卡的规模化技术应用能力；以环卫、物流等应用市场为重点，着力开发出以城市配送为主的短途物流车，以及安全性能好、载重能力强的环卫用纯电动市政工程车等。

（二）快速发展智能网联汽车，构建集群新生态

宁波汽车产业集群需快速发展汽车智能网联技术中的环境感知与决策控制，产业集群技术应注重通信与信息交互平台技术、车载智能终端及 HMI 产品和集成控制系统的研发。同时，企业应加大对具有高级辅助驾驶、自动驾驶和 C-V2X 网联功能的整车研发和生产的投入，以加快具备自动驾驶条件的汽车的开发和生产速度，并提高智能网联新车的装备率。此外，企业还重点攻关智能驾驶座舱、雷达探测、机器视觉、车辆姿态感知、车载光学、执行系统、安全解决方案等核心关键部件的研发。同时，攻关开发复杂环境融合感知、智能网联决策与控制、信息物理系统架构设计等关键技术，突破车载智能计算平台、高精度地图与定位等核心技术和产品。最后，主动开发触屏技术、全液晶仪表、抬头显示、车载信息娱乐等产品，加快开发车车/车路/车人协同智能体系、人机交互、激光雷达等关键核心部件车载激光摄像头等智能驾驶关键零部件，研发融合视觉惯导技术与卫星定位等主被动一体的高精度定位和精确导航系统，以及自动驾驶和人机共驾的控制系统、刹车系统、转向系统、安全系统等执行控制零部件。

（三）拥抱氢燃料电池汽车，搭建氢能产业链条

宁波汽车产业集群需建立从制氢、储氢、运氢、加氢、氢燃料电池到氢燃料电池汽车的完整产业链。主动研发氢燃料电池汽车及其关键核心零部件，突破高比功率车用氢燃料电池电堆、电堆控制系统、氢气制备与车载供氢系统、双极板、膜电极与质子交换膜等关键核心产品与技术。全力推进高性能金属双极板和石墨双极板研发和生产，积极探索复合双极，开展高活性、长寿命、低价格催化剂的研发和生产，增强燃料电池催化剂的竞争能力。从事传统空压机企业能积极向氢空压机生产转型升级，开展氢燃料电池用密封件的研发和生产。

（四）优化调整节能汽车，主攻中高端产品/技术

宁波汽车产业集群需丰富高端乘用车车型，不仅大量生产 A 级、B 级轿车和紧凑型 SUV，还将加快高品质 C 级、D 级轿车和中型、中大型 SUV、MPV 的设计、研发、生产制造，以完善车型系列。还需完善或开发搭载 1.6T 及以上+48V 等的插电式混合动力汽车，并突破增压旁通等关联技术，发展汽油机增压器、电

涡流缓速器。宁波汽车产业集群要努力提升变速器传动效率，研发高压混动变速箱系统、电驱动两挡电控减速器、自动变速器电磁阀等关键零部件制造技术，以熟练掌握 8 挡 AT、6 或 7 挡 DCT 的研发与制造能力。宁波汽车产业集群还要不断发展铝合金真空压铸和液压成型等先进工业技术，发展高强度轻质铝合金等轻量化材料，加强车用级碳纤维复合材料、特种塑料、纤维、橡胶等非金属材料在车身零部件中的应用，并提早进行高压铝导线研发布局。

二、数字赋能"智造"和"双循环"，产业基础高级化

（一）集群核心层——赋能升级、消费"云"化、共创美好

根据上述的理论分析与调研分析，本书构建了双循环格局下数字赋能的三位一体宁波汽车产业集群升级强市的路径模型。它是从宁波汽车产业集群的实际特点出发，结合汽车产业的微笑曲线，对应宁波汽车产业集群的三个环节，在双循环格局下，数字赋能宁波汽车产业集群的三个环节，用 TRIZ 理论来创新构建的。

1. 汽车制造：赋能降耗，促进转型升级，推进"未来工厂"

（1）数字赋能降成本，促进企业转型升级。宁波汽车产业集群正面临着智能化改造的迫切需求。首先，宁波汽车产业集群需要大力发展智能制造单元、智能生产线、数字化车间和智能工厂，以实现生产过程的智能化。同时，集群还需积极推动高档数控机床、工业机器人、增材制造装备、智能检测与装配装备、智能物流与仓储系统装备等关键技术装备的工程应用和产业化，从而加速生产设备的数字化、网络化和智能化改造。此外，集群还需重视客户关系管理、产品全生命周期管理等系统软件的研发和产业化能力，以加强软件在制造业中的基础性作用。通过实施"机器换人"行动，集群内可以进一步提高生产效率，降低成本，从而在激烈的市场竞争中立于不败之地。总之，宁波汽车产业集群需要全面提升智能化水平，推动软件与硬件的协同发展，以实现产业的高质量发展。集群需学习宁波市制造业的国家级单项冠军示范企业、宁波市竞争力和制造业百强企业的奇精机械股份有限公司在设计数字化、产品数字化、装备数字化、制造过程数字化和管理数字化的先进经验，持续推进企业从工艺升级—产品升级—自主研发、自主设计—功能升级—价值链升级的进程。

（2）搭建产业云平台，推进集群"未来工厂"。宁波汽车产业集群需推动宁波整车及零部件等龙头企业核心业务系统云化改造，整合企业内部、外部数字资源，搭建产业链级、企业级等各类工业互联网平台，输出行业性系统解决方案。在当前的数字化时代，建立覆盖多个领域的网络化配置体系至关重要。这可以通

过广泛的平台连接实现，从而实现供应链和需求端的顺利贯通。为了提升供应链的数字化水平，集群内部应该发展协同设计、众包众创、共享制造、分布式制造等基于工业云的新型生产组织模式。此外，集群的相关组织需协助加快企业上云步伐，培育设备上云公共服务平台，以支持中小企业设备上云和业务系统向云端迁移。这将有助于满足中小企业在研发设计、生产制造、经营管理、市场营销等方面的业务系统云化需求，从而促进中小企业生产要素的数字化。对于那些具有一定智能制造基础的智能工厂和数字化车间，政府应该鼓励它们利用物联网、大数据、人工智能、工业互联网等技术，加速服务化转型。这将有助于打造"未来工厂"，并聚焦于产品开发、生产制造、销售服务等业务全过程中。通过这些措施，可以进一步提升产业链的数字化水平，为集群内企业提供强大的竞争优势。

2. 汽车销售：数字赋能消费数据，构建汽车消费"云模式"

（1）数字赋能消费"云"，构建宁波汽车消费新模式。数字经济带来汽车营销新业态的变革中，企业管理正逐步向扁平化和精细化方向发展，这一趋势体现在诸多实践路径中，其中营销在线化和全渠道化成为推动数字化进程的重要元素。在汽车销售环节中，可以考虑将数字化与汽车消费平台相连接，实时展示多维度的客观数据，如汽车产品销量、产品质量、产品口碑、产品投诉率、产品关注人数、产品线索人数、品牌认知度、品牌美誉度、用车成本、二手车保值率、服务评价等，以提升消费信息数据化和透明化。同时，汽车销售的盈利重心已经从销售转变为提升售后服务质量，例如宁波百优卡二手车经纪有限公司提供的抖信息服务、抖音直播技能和咨询服务等，这也是数字化的重要实践路径之一。

（2）数字赋能透明消费，创建宁波"二手车云平台"。宁波作为二手车交易大市，全市共有二手车交易市场 35 个，二手车经营公司 400 余家，经纪公司（中介）3500 余家。宁波二手车交易市场规模庞大，二手车销量已逼近新车销量，二手豪车发布量全国领先。宁波可以结合自身特点，改善二手车评估体系，健全宁波二手车交易信用体系。宁波可借鉴美国二手车市场管理办法，由行业相关机构整合汽车行业协会、评估与检测机构、金融服务商、经销商、数据与信息提供商、电商等参与的自我规范和调整，如推进二手车交易影像管理系统建设，建立二手车市场主体信用档案，将二手车交易市场、经纪公司、拍卖企业、鉴定评估机构、维修服务企业等市场主体的信用信息纳入全国信用信息共享平台。确保二手车交易真实性和规范性；进一步完善二手车信息流通工作机制。建立覆盖生产、销售、登记、检验、保养、维修、保险、报废等汽车全生命周期的信息体系。推动汽车维修技术、维修记录、保险赔付记录信息等向社会开放；建立汽车行业守信激励和失信惩戒机制。引导二手车交易市场开展诚信市场创建活动，促进二手车市场主体守法诚信经营，营造公平竞争的市场经营环境和安全放心的消费环境。构建宁波特色的二手车"云平台",以上所有数据实时上线到"二手车云平台",从而为二手车的价格透明与车况透明提供令消费者信服的保障。

3. 汽车后市场——提升"互联网+"服务,集群服务先进化

(1) 壮大"互联网+"的汽车集群相关技术服务。宁波汽车产业集群需建立健全宁波新能源汽车检验检测、标准制定、专利信息等公共服务,进一步完善检测能力、扩大检测范围,重点在于汽车安全、节能环保、新能源和智能网联领域,加强对汽车整车、底盘、发动机、灯具、车身附件、汽车电器、动力电池、驱动电机等全系列产品的试验检验能力。集群需支持企业通过在线监测、在线控制和产品全生命周期质量追溯来提高产品的服务质量。加快培育知识产权、检测认证、技能培训、技术转化与交易等中介服务机构,打造一站式"中介超市"。依托中国(宁波)知识产权保护中心,不断优化提升汽车及零部件产业专利申请"快速通道"。制造企业通过购买工业设计服务,鼓励引进国内外优秀汽车设计人才和团队,以购买、租用、共建等方式与国内外顶尖汽车工业设计工作室进行合作,提高汽车设计能力和水平,重点推进人机交互界面设计,积极探索 MR 混合现实技术在汽车内饰设计中的应用。通过将现实场景和虚拟环境结合起来,使其能够更精确地展示设计方案,并优化设计流程,不断提高设计人性化水平。

(2) 数字赋能后市场,打造汽车生活共享平台。宁波汽车产业集群需要推动宁波汽车企业从以产品为中心转向以客户为中心,提供更全面的"互联网+"整体解决方案。为此,宁波汽车企业需要促进技术创新和数字化转型,通过互联网技术和大数据分析等手段,深入了解消费者需求和市场趋势,提供更个性化、定制化的服务。同时,还需加强与相关企业的合作,建立完整的产业链,提升整个产业的发展水平。进一步,应鼓励汽车企业整合物流资源,提升汽车第三方物流服务能力,发展供应链集采平台和金融服务,规范汽配市场,打击假冒伪劣产品,推行售后配件标准化。另外集群应加快发展报废汽车回收、拆解、再制造以及新能源汽车动力电池的回收利用等专业机构,实现汽车全生命周期管理,提升专业化服务水平。

(3) 创新发展内循环,开创汽车美好生活时代。宁波汽车产业集群需创新发展内循环,倡导智能乘车出行和服务模式,推动汽车企业向生产服务型转变。同时,推进"互联网+充电基础设施",建设统一的充电基础设施公共信息智能服务平台,发展充电导航、状态查询、充电预约、费用结算等智能服务。企业可开展充电设施运营模式创新,提升运行维护和充电服务专业化水平。第三方机构可进行换电模式的示范运行。此外,打造集汽车博览、信息交流、品牌展销、科普娱乐、汽车文化宣传五大功能于一体的汽车工业综合体,创造人、车、环境和谐统一的氛围。依托本地和长三角其他汽车集群文化资源,打造宁波城市汽车工业文

化标签，丰富汽车产业在城市设计、文化宣传等的形式，形成浓厚的汽车产业发展氛围。

通过以上的模型分析，可见宁波汽车产业升级的三个环节中，制造环节的升级强市路径具有我国自主品牌汽车产业的升级特色，数字赋能汽车零部件产业地图具有中国特色，汽车销售环节具有数字赋能的宁波特色，汽车后市场环节具有数字赋能的宁波特色。双循环格局下，数字赋能的三位一体宁波汽车产业集群升级强市的路径模型具有鲜明的时代特征和区域特色。

（二）集群辅助层——数字赋能创新，提升价值链地位

1. 推进"整零"协同创新，提升汽车制造的高端占比

宁波汽车产业集群需要建立一个信息交流平台，加强宁波汽车制造整车与零部件企业之间的信息互通互动。同时，建立整车与零部件协同创新激励机制，打通整车企业与宁波本地汽车零部件企业的设计研发链条，实现整零的同步设计创新；打通整车企业与零部件企业的生产管理、质量控制的链条，实现整零产品质量的同步提升。此外，支持宁波本地零部件企业与全球主流车企建立合作，提高集群小企业的专业化水平和参与社会化竞争的能力。鼓励引领型企业对标国际一流企业制定发展战略，整合国内外资源，开展国际化收购、并购、合作，培育形成千亿级企业。

2. 数字赋能产业大脑，推进集群"双循环"发展

宁波汽车产业集群需依托浙江省产业大脑和宁波一体化智能平台，以宁波城市大脑数据资源体系和工业、商贸、农业、金融、科技、港航等经济领域相关系统数据为基础，推动政府与企业之间的数据汇聚、有序交互贯通和数据融合应用，谋划推进汽车产业大脑建设。依托汽车产业大脑，以产业大数据为基础，将产业空间和数字空间的动态映射，通过数据融合分析，绘制融合产业链、创新链、空间链的全景图，构建产业链数据中心、产业地图等多元化应用场景，完善企业用户画像、政策画像、企业综合评价、全域治理数字化等功能，强化对产业运行情况的监测分析，提高产业数字化治理水平，助推云招商、产业精准服务，推进集群"双循环"发展。

3. 打造集群企业航母编队，多育冠军优秀企业

宁波汽车产业集群正在全方位多层次地打造核心层企业航母编队。为实现这一目标，宁波正在深入实施宁波汽车领军企业培育系列工程，旨在精准培育一批具有巨大潜力和强大实力的"大优强"企业。这些企业将发挥龙头作用，引领行业与产业发展。为了充分利用资本市场，集群鼓励企业推进多渠道上市，抓住全面实行股票发行注册制的机遇，加快推动企业对接多层次资本市场。此外，集群

还致力于建设特色型专业园区，提升产业配套率，进一步完善产业链生态。围绕宁波汽车四条特色产业链，集群鼓励企业专注行业细分领域，深耕细作。通过这种方式，宁波汽车产业集群期望培育一批具有竞争优势的单项冠军、隐形冠军、专精特新"小巨人"企业，从而提升集群核心竞争力。

4. 促进辅助机构建设，实施创新载体建设工程

集群应促进现有宁波市汽车零部件产业协会整合零部件重点企业、科研机构、服务平台等，发挥宁波市汽车零部件产业集群发展促进机构作用，完善核心层、管理层、专家层等组织架构建设。及时开展行业分析、项目推介、企业协作对接、推进校企合作、交流宣传、企业参展、国际国内合作、人才引进培训、咨询服务等服务，进一步营造产业发展的良好环境。集群需完善以企业为主体、市场为导向、产学研用相结合的汽车产业创新体系，支持各类主体攻克关键核心技术。同时，集群需鼓励企业开展自主创新、协同创新、合作创新，并发展一批国家和省级企业技术中心、重点实验室、工程研究中心、企业研究院和博士后工作站等创新载体。以上措施旨在提高汽车产业的创新能力和核心竞争力。

5. 通过强链、增链和横纵连合，提升全球价值链地位

为适应汽车产业电动化、智能化、网联化、轻量化的发展趋势，宁波汽车产业集群应该聚焦于宁波电动汽车产业链、氢燃料电池、智能网联和节能汽车产业链等四条重点产业链的细分领域，加强产业链的关键环节，弥补现有短板，并延伸产业链上下游。同时，除了在汽车产业的"培养"和"引进"方面，企业应该更加积极地"走出去"。自从 2007 年华翔率先收购英国劳伦斯起，圣龙、韵升、均胜电子等零部件龙头企业也陆续收购了日本、德国等重点企业，吉利汽车也收购了沃尔沃、马来西亚宝腾和莲花汽车、奔驰的 smart 等。宁波华翔和均胜电子等众多企业均在全球布局研发和生产基地。强化宁波汽车产业集群在市内与中国科学院宁波材料与工程研究所、宁波清水湾智能技术研究院、宁波模具产业等紧密合作，省内与丽水汽车摩托车协会的"山海协作"，省外与长春汽车协会"南北牵手"和湖北的汽车产业"海誓山盟"。宁波汽车产业集群可通过强链、增链和"横纵连合"，来实现产业链"系统性"、价值链的"世界性"。

三、创新提升汽车关键零部件技术，技术创新高端化

（一）创新提升新能源汽车"三电"技术能力

目前新能源汽车发展受困的主要技术短板为"三电"技术（动力电池、电机和电控系统），宁波汽车产业集群可尽力在"三电"技术方面创新突破。

1. 动力电池

宁波汽车产业集群需围绕电动汽车产业基础，提升正负极材料、电池包集成、永磁体、电机轴承和执行器等产品优势，向产业链中高端进军。宁波容百等企业可进一步扩大钴酸锂、三元材料、锰基正极材料的研发和生产。杉杉新能源、维科新能源等企业可重点研发人造石墨等主流碳素材料，开展锂金属负极材料、硅碳负极材料等行业领先的负极材料创新研究。集群通过加强提升电池状态监测、电池状态分析、电池安全保护、能量控制管理、电池信息管理等技术，重点发展低成本、高集成化电池管理系统，以及电池总成与车身、底盘一体化等技术，来提高电池的性能和可靠性。

2. 电机产品

宁波汽车产业集群鼓励企业突破技术瓶颈，推广高输出密度、高效率永磁电机技术，轮毂/轮边电机技术，高压化、高速化电机技术，制造高可靠低成本逆变器，并探索应用宽禁带材料功率模块的新兴逆变器技术。同时，亦可采用低损耗硅钢、高性能磁钢、成型绕组、汇流排、磁钢定位封装等先进工艺材料生产电机产品，以提升产业竞争力。

3. 电子电控

宁波汽车产业集群鼓励龙头企业如均胜电子加快电源模块、中央控制模块、软启动模块、保护模块、散热系统信号检测模块等分散模块技术研究，进一步拓展电机控制系统技术。同时，加大对新能源汽车电子研发投入，特别注重电池管理系统（BMS）、功率器件、控制芯片集成封装、电池热管理系统、无线充电系统等附加值高的系统产品的研发和生产，以强化与国外高端车以及国产自主品牌车企的合作。

（二）创新攻关汽车发动机的核心关键技术

宁波汽车产业可以考虑从五方面着手。一是发动机总成。龙头企业可重点研发生产涡轮增压发动机，小型车重点搭载 1.3T 及以下发动机，紧凑车型重点搭载 1.4T 发动机，主力车型重点搭载 1.5T 发动机，中大型车辆重点搭载 1.8T 及以上发动机。二是曲柄连杆机构。进一步减轻机体组重量，采用铝合金材质缸盖和油底盖，同时探索研发可降低铝合金材质成本的生产工艺或可替代的低成本材料；加强活塞降温技术的研发，采用自喷油活塞冷却系统降低温度，提升活塞寿命和耐久性。三是配气机构。鼓励龙头企业推广应用可变气门正时技术、进排气双连续可变气门正时技术，采用自适应液压挺柱减少发动机噪声。四是燃料供给系统。可研发推广使用双喷系统、缸外混合歧管喷射、缸内直喷等技术。五是冷却系统。可采用中空充钠等技术快速冷却气门。

（三）创新提升汽车底盘系统的开发设计能力

宁波汽车产业集群可以在以下四个方面提升。一是传动系统。龙头企业应专注于提升变速器制造技术，以满足市场的高品质需求。同时，企业还应努力突破新型材料齿轮精加工技术和刀具涂层技术，实现现代化、智能化、数字化制造和装配成套技术的自主开发应用，从而形成自主开发制造一体化能力。二是行驶系统。企业应重点攻关低滚动阻力轮胎，以降低汽车行驶过程中的能耗。为了实现这一目标，企业需掌握轮胎台面结构及尺寸的优化设计能力，进而自主研发高性能轮胎橡胶材料。通过不断优化轮胎性能，企业将为消费者提供更舒适、更节能的驾驶体验。三是转向系统。可以依托重点转向系统生产企业，注重精细化制造汽车弹簧、万向节、齿轮齿条转向器、动力转向球头等零件产品，实现从零件生产到部件集成再到提供系统总成的产品层级提升。四是制动系统。应研发面向无人驾驶的线控制动系统，围绕半金属、少金属、无石棉有机物等配方摩擦材料生产汽车刹车片，将刹车片品质提升至无噪声、无落灰、不腐蚀轮毂、使用寿命长、制动舒适的水平。同时，可以研发无极调整阻尼力、高频激振阻尼力减震器，加快高强度钢铝合金副车架等底盘件轻量化应用的进程。

（四）创新提高汽车车身及附件的竞争优势

宁波汽车产业集群可以考虑从三方面提升竞争力。一是车身覆盖件方面。集群将着重攻关铝镁合金薄板冲压成型技术和碳纤维增强复合材料技术，以实现全铝车身零部件的冲压成形。二是车身结构件方面。集群将致力于开发超高强度钢板成形技术和铝镁合金压铸成型技术，以及推广超高强度钢板热成形模具镶块冷却水道精铸技术和镶块 3D 打印技术。三是内饰及车身附件方面。集群将注重发展量大面广的产品，如汽车座椅、内后视镜、方向盘套、密封条、安全带、仪表板、车灯等，同时鼓励小微企业生产成本投入小、市场需求量大的 PP、PE、ABS、PA6、TPO 塑料类产品，并采用材料微发泡轻量化技术进行生产，同时注重产品修边、打磨、擦拭、除尘、表面喷漆等工艺环节的处理，提高产品质量、美化产品外观形象。

四、提升"用户思维"的专业服务，集群服务先进化

（一）提升"用户思维"的汽车后市场专业服务

宁波汽车产业集群需推动宁波汽车企业从以产品为中心向以客户为中心转

变，由提供汽车相关产品向提供整体问题解决方案转变。鼓励汽车企业整合物流资源，重点围绕与宁波汽车制造相关的原材料运输、零部件配套、汽车销售、后市场服务等领域，以业务外包、委托运营、联合组建独立运营物流公司等形式，提升汽车第三方物流服务能力。加快发展供应链集采平台、供应链金融服务，发展汽车及汽配批发和零售市场、维修保养、二手车交易、汽车租赁、汽车共享、汽车保险、汽车金融、汽车美容等专业服务市场。规范汽配市场，打击供应链假冒伪劣产品，推行售后配件标准化。宁波汽车产业集群需加快发展报废汽车回收、拆解与再制造，以及新能源汽车的动力电池回收、电池梯次使用；加强新能源汽车技能维修培训与售后专项服务的专业机构等，加强汽车全生命周期管理，提升专业化服务水平。

（二）壮大"用户思维"的汽车产业集群相关技术服务

宁波汽车产业集群需建立健全宁波新能源汽车检验检测、标准制定、专利信息等公共服务，进一步完善检测能力、扩大汽车检测范围，加大在汽车主被动安全、节能环保，尤其是新能源、智能驾驶、智能网联等领域的检测项目，增强对汽车整车、底盘、发动机、汽车电气、动力电池、驱动电机、灯具、车身附件等全系列产品试验检验能力。集群需支持企业提高产品质量的在线监测和控制，以及产品全生命周期的质量追溯能力。集群需加快培育知识产权、检测认证、技能培训、技术转化与交易等中介服务机构，打造一站式"中介超市"。依托中国（宁波）知识产权保护中心，不断优化提升汽车及零部件产业专利申请"快速通道"。制造企业通过购买工业设计服务，鼓励引进国内外优秀汽车设计人才和团队，以购买、租用、共建等方式与国内外顶尖汽车工业设计工作室进行合作，提高汽车设计能力和水平，重点推进人机交互界面设计，积极探索 MR（混合现实）技术在汽车零部件设计和通用场景中的应用，将现实场景与虚拟环境进行结合，不断提高设计人性化水平。

（三）汽车服务"互联网+"，创新汽车服务文化

宁波汽车产业集群正积极推动创新智能乘车出行和服务模式，以实现汽车企业向生产服务型的转变。为了实现这一目标，集群倡导建立一体化的充电基础设施公共信息智能服务平台，以促进充电导航、状态查询、充电预约、费用结算等多元化服务的发展。此外，集群还致力于打造一个集汽车博览、信息交流、品牌展销、科普娱乐、汽车文化宣传等功能于一体的汽车工业综合体。这个综合体将整合汽车文化传播、汽车信息沟通、汽车科技体验和汽车驾乘乐趣等人、车及环境元素，为消费者提供一个和谐统一的汽车商业体验馆。集群还计划利用本地和

长三角其他汽车集群文化资源，为宁波城市打造一个独特的汽车工业文化标签。这将有助于丰富汽车产业在城市设计、文化宣传等方面的表现形式，营造浓厚的汽车产业发展氛围。

五、提升行业标准，推进产业基建，集群基准高级化

（一）加快标准提档升级，提升集群品牌影响力

宁波汽车产业集群需充分支持集群内的龙头企业参与国家汽车行业标准研究与制定，重点在智能网联汽车标准、新能源汽车标准等方面取得突破。鼓励企业对标国际和国家标准，建立健全技术、专利、标准协同机制，开展标准对比、质量比对等活动，鼓励企业参与标准制订。加强集体商标、证明商标培育注册和有效运用，制定宁波市汽车产业品牌培育示范企业认定办法，打造一批特色鲜明、品牌忠诚度高、竞争优势强劲的企业品牌，鼓励企业积极争创"品质浙江制造"品牌。引导鼓励中小企业品牌抱团发展，通过"品牌之旅"等公益性品牌宣传展示活动和报刊、电视、网络、移动终端等媒体渠道，扩大社会影响力和市场美誉度。大力宣传宁波汽车集群的产业地标，形成区域品牌、产业品牌、企业品牌与产品品牌的良性互动发展。

（二）加快智能网联汽车的示范运行基础设施建设

宁波汽车产业集群需以国家级车联网先导区为标杆，着力打造杭州湾的智能网联汽车测试与示范运行基地，加快 5G 网络测试、示范和商用进程，开发和应用智能红绿灯、无级光照模拟设施、卫星定位差分基站，设计开发高精度地图，丰富智能网联汽车测试验证场景，推进建设规模和设施达到国内领先水平。以前湾新区为重点建设智能驾驶的公共道路测试区，协同浙江省打造全国首个杭州测试场－杭绍甬智慧高速公路－宁波测试场－城市开放道路测试区域一体化智能网联汽车测试体系。规划智能交通设施，形成可复制、可推广的智能网联汽车高速公路技术模板和标准体系。围绕智慧交通环节，加快杭州湾无人驾驶测试道路建设；推进智慧出行基础设施建设，推广特定车辆在港口码头、产业园区、旅游景区、机场等特定区域的智慧化应用，推进自动驾驶出租车、自动驾驶公交车等应用示范及服务体系的建设。

（三）加快推进新能源汽车推广的运营基础设施建设

宁波汽车产业集群需加快推进宁波新能源汽车、智能汽车的推广应用，鼓励

宁波本地车企开发城市公交、出租、私人、租赁、环卫、物流、机场、旅游景区、开发区（园区）、大学等领域的新能源汽车与智能汽车产品。加快新能源汽车基础设施网络建设，包括充电桩（站）、换电站、加氢站等。鼓励建设统一的智能服务平台，提供充电、换电、加氢导航、预约、状态查询、费用结算等一体化服务。鼓励企业、业主、运营服务商、充换电设施制造商等各类主体投资新能源汽车基础设施建设，创新运营模式，提升运行维护和服务专业化水平。

（四）完善汽车产业的数字化基建，优化集群生态

宁波汽车产业集群应加速推进新一代工业互联网设备和技术研发产业化，包括宁波汽车工业以太网、短距离无线通信和 5G 等。支持汽车企业应用新型网络技术和先进适用技术改造企业内网，探索在现有系统上叠加部署新网络和新系统，促进信息技术网络和生产控制网络融合。加速推动基于 5G、窄带物联网等技术的主动标识载体在设计、生产、服务等环节规模化应用，不断扩展标识载体应用场景，推动标识解析系统与工业互联网平台、工业 APP 等融合发展。

六、创新打造核心层，整合集群资源，集群团队"战斗化"

（一）打造集群核心层企业航母编队，提升核心竞争力

全方位多层次地打造宁波汽车产业集群核心层的企业航母编队。深入实施宁波汽车领军企业培育系列工程，精准培育一批"大优强"企业，鼓励企业发挥龙头作用，带领行业前进；多渠道推进企业上市，抓住股票发行注册制机遇，加速推进企业进入多层次资本市场；打造特色专业园区，提升产业配套率，完善产业链生态；围绕宁波汽车四条特色产业链，鼓励企业专注于行业细分领域，深入耕耘，培育一批竞争优势明显的单项冠军、隐形冠军、专精特新"小巨人"企业。

（二）推进"整零"协同创新，提升汽车制造高端占比

宁波汽车产业集群需建立宁波汽车制造整车与零部件企业的信息交流平台，促进供需双方信息的交流和互动。集群将建立整车与零部件协同创新的激励机制，关注汽车产业链的关键领域，打通整车企业与宁波本地汽车零部件企业的设计研发链条，实现整零的同步设计创新。同时，集群还需打通整车企业与零部件企业的生产管理、质量控制链条，提高整零产品质量的同步水平。支持宁波本地零部件企业与全球主流车企建立合作，共同进行同步设计、研发创新、高端配套等方

面的战略合作。同时，集群需推动大企业为其配套的小企业提供技术、资金、信息、市场网络等方面的支持和合作，提高集群小企业的专业化水平和参与社会化竞争的能力。集群需鼓励引领企业对标国际一流企业制定发展战略，整合国内外资源，结网抱团开展国际化收购、并购、合作，培育形成千亿级企业。

（三）促进集群辅助机构建设，实施创新载体建设工程

宁波汽车产业集群需促进现有宁波市汽车零部件产业协会整合零部件重点企业、科研机构、服务平台等，发挥宁波市汽车零部件产业集群发展促进机构作用，完善核心层、管理层、专家层等组织架构建设。及时开展行业分析、项目推介、企业协作对接、推进校企合作、交流宣传、企业参展与国际国内合作、人才引进培训、咨询服务等服务，进一步营造产业发展的良好环境。完善以企业为主体、市场为导向、产学研用相结合的汽车产业创新体系，支持各类主体协同攻克关键核心技术。集群需鼓励企业进行自主创新、协同创新、合作创新，发展一批国家和省级企业技术中心、重点实验室、工程研究中心、企业研究院和博士后工作站等创新载体。

七、提升产业集中度，变革集群"链式"，集群品牌全球化

（一）优化空间布局，推进重大项目，提升产业集中度

宁波汽车产业集群应以宁波汽车产业重点园区为核心，以龙头企业为引领，以链式发展为导向。同时，应加快在产业集群布局一批行业公共服务平台，形成"引领区、支撑区、多点联动"的产业空间布局。打造杭州湾南岸汽车产业引领区和北仑（含梅山）汽车产业支撑区，依托鄞州汽车零部件产业园、宁海汽车零部件产业园和海曙新能源材料产业园等园区，重点建设一批百亿级汽车零部件产业基地，打造多点联动汽车产业集群特色基地。引导汽车产业企业向重点领域、重点区域、重点园区集聚，推进先进产能扩产、延伸产业链。

（二）通过强链、增链和横纵联合，提升全球价值链地位

宁波汽车产业集群应紧跟汽车产业电动化、智能化、网联化、轻量化发展趋势，聚焦于宁波电动汽车产业链、氢燃料电池、智能网联和节能汽车产业链等四条重点产业链细分领域，加强产业链关键环节，弥补产业链现有短板，拓展产业链上下游。在汽车产业"培育"和"引进"的同时，积极推进企业"走出去"。

（三）招引高端品牌项目落地建设，打造全球品牌生态

宁波汽车产业集群应围绕宁波高端品牌乘用车、高效发动机、新能源"三电"、氢燃料电池、汽车电子总成、感知系统等关键领域和关键核心技术，重点引进国内外领军企业、创新机构、创新人才，储备一批重大项目。推进建立重大项目统筹招商机制，建立汽车产业招商信息共享平台，推进市场化招商、园区招商合作，建立全球招商网络体系。鼓励优势企业"走出去"拓展国际市场，争创更多全球汽车整车品牌，更多国内外知名的汽车核心零部件品牌，打造全球品牌生态。

由上所述，全球价值链视角下宁波汽车产业集群的升级实质是打造高质量的汽车制造业、先进的汽车服务业，让集群团队协调发展，共同走向全球化的品牌产业集群。

本章小结

本章在前文分析的基础上，基于企业层面着重探讨宁波汽车产业集群在升级优化中可以采用的策略，如产业迭代高能化、数字赋能"智造"和"双循环"、打造全球品牌生态、集群品牌全球化等措施，助力宁波汽车产业集群的优化。

第十二章　宁波汽车产业集群升级的政策建议

为充分发挥我国汽车产业超大规模市场优势和内需潜力，构建宁波汽车产业集群的自主可控、安全可靠的产业链，构建国内国际双循环互促新发展格局，促进宁波汽车产业集群的全球价值链升级，引领宁波汽车产业集群向高级化和现代化转型升级，应做好汽车产业集群升级的软硬件环境建设，做好如下重要保障。

一、树立新发展理念，创新驱动高质量发展

政府需要树立和坚持创新、协调、绿色、开放、共享的宁波汽车产业集群发展理念，以创新驱动宁波汽车产业集群建设，引领宁波汽车经济高质量发展。为此，政府需要做到"致广大而尽精微"。"致广大"包括把握好汽车高质量发展的大局，主动服务和融入新发展格局；"尽精微"则需要深入了解汽车产业发展的"新四化"和"双碳"目标政策，便于把握新能源的主流赛道，推动集群创新向价值链高端迈进。

政府服务的核心在于推动宁波汽车产业集群的创新建设。宁波市政府可以通过引导汽车产业的集聚效应、知识的外溢效应及集体行动，可以不断将创新资源注入到产业中，或者共享企业内的创新资源，从而创造更大的价值。创新集群的建设可以围绕宁波汽车产业链进行优化和完善，也可以围绕创新链进行布局，为产业链赋予新的能量。在建设创新集群的过程中，政府鼓励宁波汽车产业集群抓住数字经济发展的重要机遇，推动产业的数字化变革，加速传统汽车产业的数字化和智能化改造，推动工业互联网在线新经济的发展。创新集群还需要强化行业协会的作用，推动创新资源和产业要素的创新。政府应鼓励发展企业提出问题、科研机构提供答案的新模式，充分发挥高校、研发机构、检测机构在汽车产业集群科技创新中的关键作用。同时，政府还应全力争取创建国家级实验室和企业总部研究开发中心，支持校企产学研的紧密合作。在汽车产业创新集群中，金融的作用尤为重要，政府需要充分协调雪中送炭式的金融服务，为集群的发展提供强大的支持。

推动政府和市场更好结合，加强总体方案规划和统筹布局。围绕汽车新能源、智联网、轻量化等优势汽车领域加强科技招商工作，招引高校创新团队，全力打造最优营商环境，形成宁波汽车"246"的产业集群优势。

二、顶层设计，高端打造，打破"低端锁定"

为了促进宁波汽车产业集群高质量发展，政府需要进一步完善协同推进机制。在宁波市制造业高质量发展领导小组框架下，统筹协调推进全市汽车产业集群培育工作，完善跨部门、跨地区、跨园区的协作机制，协调解决集群发展重大问题，研究落实重大项目，统筹规划、项目、土地、园区和招商资源，对汽车产业高质量发展进行整体谋划。同时，组织交流和督促检查集群培育情况，指导集群发展促进机构规范运作，形成纵向联动、横向协同推进合力。联合汽车企业、行业协会、科研机构等进一步提升宁波汽车产业集群发展促进机构，促进集群多边交流和互利合作，引导集群企业"抱团"突破国外企业技术封锁以及开发海外市场，打破"低端锁定"状态。政府应当积极推动宁波汽车产业集群发展，为宁波市制造业高质量发展注入新动力。

三、优化布局提升集中度，招引高端提升高度

政府可通过加大发展宁波汽车产业重点园区、龙头企业和链式等手段，加速建设产业集群和行业公共服务平台，形成了"引领区、支撑区、多点联动"的汽车产业空间布局。重点打造杭州湾南岸汽车产业引领区、北仑（含梅山）汽车产业支撑区，以及鄞州汽车零部件产业园、宁海汽车零部件产业园和海曙新能源材料产业园等园区。同时，政府将引导企业集聚重点领域、重点区域和重点园区，推进产能扩大和产业链延伸。此外，政府还积极招引高端品牌项目，推动全球品牌生态建设。围绕宁波高端品牌乘用车、高效发动机、新能源"三电"、氢燃料电池、汽车电子总成、感知系统等关键领域和关键核心技术，引进国内外领军企业、创新机构和创新人才，储备重大项目。推动重大项目统筹招商机制，建立汽车产业招商信息共享平台，并建立全球招商网络体系。同时，鼓励优势企业"走出去"，拓展国际市场，争创更多全球汽车整车品牌和国内外知名的汽车核心零部件品牌，打造全球品牌生态。

四、强化政策支持力度，做好落地跟踪

政府可整合优化现有各项政策扶持渠道和方式，研究制定汽车产业集群发展扶持政策，在技术改造、关键技术攻关、创新载体建设、公共服务平台建设、企业梯队培育、质量品牌培育以及集群促进机构运营管理等方面予以支持。设

立新能源汽车产业发展政府性专项基金，撬动社会资本形成汽车产业基金。同时，研究制定新能源（汽车）产业链发展、整车与零部件融合发展、智能网联汽车道路测试管理办法、智能网联汽车道路基础设施建设方案等政策，形成"1+X"系列政策体系。此外，研究建立汽车产业发展专家智库和支撑机构，邀请各界精英人士加入，定期为政府提供政策建议，同时做好有关政策后期落地的一系列跟踪措施。

五、优化营商环境，建立集群发展体系

全面落实支持实体经济发展政策，进一步优化宁波汽车产业集群营商环境，具体可从以下几个方面着手。

（一）完善快捷高效的阳光政府服务平台

政府可简化流程，提高效率，完善高效的行政服务和提供便捷的服务平台，从而有效提高企业办事效率，大力降低宁波汽车产业集群办事门槛，有效促进企业发展。它是集群营商环境优化的直接体现。高效的行政服务，对于优化营商环境极为重要。浙江打造的"最多跑一次""阳光政务"，借助互联网提供一站式服务，探索在一个工作日内完成宁波汽车产业集群相关企业和组织所需全部服务流程，取得了良好效果。因此政府要继续完善政务服务事项清单，不断扩大涵盖面，扩大办理范围，打通政府服务群众和企业的最后一公里。

（二）协助破解企业融资难，完善金融服务

在汽车芯片短缺的背景下，我国宁波汽车产业集群的许多民营企业面临严峻的融资挑战。由于融资困难、成本高昂，这些企业的发展受到严重影响，可持续发展受到制约。为了解决这一问题，宁波市政府及相关金融机构可采取一系列措施。首先，政府可以出台相关政策，降低企业的融资成本，减轻企业的财务压力。其次，金融机构可以优化贷款审批流程，提高贷款效率，满足企业的资金需求。此外，还可以搭建更多的融资平台，为企业提供多元化的融资渠道，帮助企业更好地应对市场风险。

（1）政府需要加大对汽车产业的支持力度，增加对企业的财政补贴和扶持政策，鼓励企业进行技术创新和产品升级。这样可以提高企业的核心竞争力，增强企业的盈利能力，为企业融资提供更牢的基础。

（2）政府需要加强对金融机构的监管，引导金融机构提高对汽车产业的信贷支持力度，降低融资成本。此外，政府还应鼓励企业加强与银行、保险等金融机

构的合作，通过多元化的融资渠道降低融资难度。

（3）政府还应加强对宁波汽车产业集群内的企业个体和组织的培训和指导，提高企业的融资能力和管理水平，降低运营负担。这样可以帮助企业更好地了解融资的流程和要求，提高企业的融资成功率。

（4）宁波市政府可以采取一些创新措施来解决融资难题。例如，可以考虑设立中小微企业银行贷款风险补偿资金，开展纳税信用贷款服务，建立省级层面对接平台统一系统。此外，还可以实施知识产权金融创新和促进计划等来进一步营造良好的汽车产业集群营商环境，从而提高企业的竞争力和发展潜力。

通过政府的支持和努力，相信宁波汽车产业集群内的企业个体和组织的融资难、融资贵问题会得到有效解决，企业的可持续发展会迎来更好的机遇。

（三）加强知识产权保障体系，激发市场创新

政府可完善汽车产业相关的知识产权保护，保障宁波汽车产业集群的创新成果产业化和市场化。政府应加强知识产权保护顶层设计，并制定实施规划。此外，政府还可以成立知识产权部门，颁布相关规定，以保障企业的知识产权。同时，政府还可以成立快速维权中心，以提高维权效率，降低维权成本。这些措施有助于激发市场创新要素，让企业敢于创新，能自由创新，从而促进当地营商环境的改善。

（四）加强监管市场主体，倒逼企业守信经营

宁波是中国重要的汽车产业基地之一，拥有庞大的汽车产业集群。这个集群的成功，除了得益于宁波地区得天独厚的产业条件和经济环境外，还离不开政府的监管和执法。市场监管部门在汽车产业集群的管理中发挥着重要作用，它们需要建立完善的情报信息工作平台，利用大数据、云计算、互联网等技术手段，推动市场监管执法向智能化模式转变。这样可以更加公正地评价集群内部企业的守法程度和守信程度，并做到公正化评价、动态化调整、差异化监管。

（五）贯彻产业相关政策，建立监管评价体系

政府需贯彻落实国家关于汽车产业发展和投资管理的相关政策，做好汽车整车和零部件投资项目备案管理，严格落实责任追究制度，加强汽车投资项目的事中和事后监管，推进宁波汽车产业的合理布局和有序发展。切实营造统一、开放、透明、公正的汽车产业市场环境，建立健全宁波市汽车行业知识产权诚信管理制度和知识产权保护信用评价机制，建立以企业为维权主体、行业联盟自律，构建行政保护和司法保护相互协调、社会共同参与的知识产权保护体系。建立宁波汽

车产业集群统计监测和发展评估体系，定期统计和通报汽车产业发展情况。委托专业化第三方机构，对标国际知名汽车产业集群，优选评估指标、评价规则，开展对集群发展情况的动态监测和评价，把汽车产业集群发展培育工作纳入制造业高质量发展建设目标考核内容。

政府要不断为宁波汽车产业集群升级营造更好的发展环境，解决集群发展中的各种困难，释放集群各市场主体的经济活力。

六、引导跨界创新，加大要素保障功能

政府可引导和推动各级产业发展基金、创业投资引导基金、天使投资引导基金，采用股权投资、杠杆收购、联合投资等方式，向新能源汽车和智能网联汽车等重点发展领域倾斜投资。同时，实施新能源汽车推广应用补助政策，对宁波市的重大汽车产业投资项目实行"一事一议""一企一策"。

为了进一步支持汽车产业的发展，宁波市政府可加大对汽车产业的用地保障力度。对于那些对宁波汽车产业布局具有重大影响的项目，以及符合产业链发展需求的企业，给予用地指标的倾斜。同时，鼓励金融机构创新金融产品和服务，特别是在汽车供应链金融领域，可以开展应收账款贴现贴息和供应链产业链国内贸易信用保险等业务，以进一步降低汽车零部件企业的应收账款风险。研究完善首台（套）产品保险补偿政策，探索建立保险费率分级浮动机制和分档阶梯补偿机制。鼓励保险机构根据市场需求，创新汽车险种、扩大承保范围，以加大对首台（套）产品及其生产企业的支持。

因此，政府的主要工作在于树立新发展理念，创新驱动集群高质量发展，做好顶层设计、优化空间布局，协调集群内外资源，优化营商环境、强化政策支持集群发展和监督集群管理。

本章小结

本章基于政策层面着重探讨宁波汽车产业集群在升级优化中可以采用的策略，如创新发展理念、优化顶层设计、优化营商环境、引导跨界创新等，为宁波汽车产业集群升级优化保驾护航。

第十三章　部分优秀企业介绍及相关案例研究

一、自主品牌强者：浙江吉利汽车有限公司

（一）吉利汽车简介

浙江吉利控股集团成立于 1986 年，进入汽车行业的时间是 1997 年。其子公司浙江吉利汽车有限公司（简称吉利汽车）的资产总值超过 4800 亿元，员工总数超过 12 万人。吉利汽车集团目前管理着七大品牌：吉利、领克、极氪、几何、银河、宝腾和路特斯汽车。

吉利汽车自 1999 年在宁波落户以来，在这里取得了飞速的发展。

2020 年 1 月 8 日，吉利汽车集团总部和 smart 合资公司全球总部在宁波杭州湾新区设立新总部。此举是吉利控股集团充分利用长三角一体化的发展机遇，积极融入浙江大湾区建设战略布局。smart 品牌全球合资公司总部项目注册资本达到 54 亿元人民币，双方各出资 27 亿元人民币。梅赛德斯-奔驰股份公司主要通过 smart 品牌出资方式获得相应股份。为更好满足全球市场需求，合资公司在中国和德国设立了营销中心。此布局将有助于提升 smart 品牌的全球竞争力，为吉利汽车和梅赛德斯-奔驰股份公司的合作注入新活力。

（二）吉利汽车成为强者之因

2022 年全球百强汽车品牌榜中共有 24 个中国品牌上榜，其中吉利排第 25 名，位于中国百强汽车品牌榜第 6 位，见表 13-1。

表 13-1　2022 年中国汽车工业整车二十强企业名单

序号	企业名称	省市	2021 年营业收入/亿元
1	上海汽车集团股份有限公司	上海市	7798.46
2	中国第一汽车集团有限公司	吉林省	7056.96
3	东风汽车集团有限公司	湖北省	5555.15
4	北京汽车集团有限公司	北京市	4817.58
5	广州汽车工业集团有限公司	广东省	4318.83

续表

序号	企业名称	省市	2021年营业收入/亿元
6	浙江吉利控股集团有限公司	浙江省	3603.16
7	中国长安汽车集团有限公司	北京市	2595.54
8	比亚迪股份有限公司	广东省	2161.42
9	华晨宝马汽车有限公司	辽宁省	2147.87
10	中国重型汽车集团有限公司	山东省	1683.82
11	长城汽车股份有限公司	河北省	1364.05
12	奇瑞控股集团有限公司	安徽省	1061.13
13	陕西汽车控股集团有限公司	陕西省	820.03
14	安徽江淮汽车集团控股有限公司	安徽省	403.14
15	蔚来控股有限公司	安徽省	364.73
16	郑州宇通集团有限公司	河南省	282.54
17	重庆理想汽车有限公司	重庆市	270.10
18	广州小鹏汽车科技有限公司	广东省	209.98
19	厦门金龙汽车集团股份有限公司	福建省	154.18
20	庆铃汽车（集团）有限公司	重庆市	84.67

1. 企业文化的定位

吉利汽车集团一直以来都秉持着"快乐人生，吉利相伴"的核心价值理念。这一理念深入人心，成为吉利汽车前进道路上的指引。吉利汽车深知，只有坚持可持续发展战略，才能在日益激烈的市场竞争中立于不败之地。为了实现这一目标，吉利汽车通过采用领先的安全、智能、新能源、车联网及环保健康技术，不断推出高品质的产品，并提供高增值的服务，以满足消费者的多元化需求。吉利汽车坚信，只有将技术和服务做到极致，才能赢得消费者的信任和满意。吉利汽车还致力于成为中国新能源节能技术的引领者，通过不断地研究和创新，推动新能源技术的发展，为我国的节能减排做出贡献。同时，吉利汽车也立志打造具有全球影响力和国际竞争力的中国汽车品牌，让世界看到中国汽车的实力。吉利汽车不断努力，以技术创新为动力，以服务质量为保障，推动我国汽车产业的发展，为实现中国汽车强国梦贡献自己的力量。

2. 品牌矩阵布局合理

吉利汽车集团，作为我国汽车制造业的佼佼者，始终秉持着成为最具竞争力和最受尊敬的中国汽车品牌的坚定信念。集团旗下拥有多个知名品牌，包括吉利汽车、沃尔沃、领克以及几何等，广泛涵盖各类汽车市场。不仅如此，吉利汽车集团还持有宝腾汽车 49.9%的股份以及全部经营管理权，同时拥有豪华跑车品牌路特斯 51%的股份，进一步巩固了其在全球汽车市场的地位。

吉利汽车集团生产的车型种类繁多，包括轿车、SUV、MPV 等多种类型，满足不同消费者群体的需求。旗下的车型有星越 L、星越 S、星瑞、帝豪系、缤越、缤瑞、豪越、ICON、博越系、嘉际、博瑞、远景系等，这些车型都以出色的性能和独特的设计风格赢得了消费者的广泛好评。值得一提的是，吉利汽车集团的车型覆盖了传统燃油、油电混动、插电混动、纯电动等多种动力系统，无论是城市用户还是乡村用户，都可以在吉利汽车中找到满足自己需求的车型。这种全面的车型覆盖和多元化的动力系统选择，进一步彰显了吉利汽车集团的市场实力和用户关怀。

3. 持续不断地加大科技创新投入

吉利汽车集团建立了全球化的研发体系，拥有五个设计造型中心和五个工程研发中心，分别位于中国上海、瑞典哥德堡、西班牙巴塞罗那、美国加州和英国考文垂。吉利汽车集团以"自主突破创新，融合全球智慧，掌握核心技术"为核心研发理念，实施"产品平台化""安全第一""能源多元化""智能化技术"战略。在国际化过程中，吉利汽车采取了独特的技术创新策略和相关知识产权保护管理，这也是其成为中国自主乘用车品牌之首的重要原因之一。图 13-1 展示了吉利在杭州湾研发中心的投入。

图 13-1　吉利杭州湾研发中心（航拍）

吉利汽车作为我国汽车行业的重要力量，一直致力于技术创新和品牌建设。表 13-2 的数据显示，吉利汽车已经取得了显著的成果。首先，吉利汽车非常注重自主研发。公司高管认为，只有通过企业自身的技术创新，才能在激烈的汽车市场竞争中脱颖而出。因此，公司在研发方面投入了大量的人力、物力和财力，以保持自身的技术领先优势。其次，吉利汽车在品牌建设方面也取得了突出的成绩。他们的产品品牌涵盖了多个领域，包括轿车、SUV、新能源汽车等，满足了消费者的多样化需求。此外，吉利汽车还通过跨国并购、合资企业和技术研发中心等方式，与高端汽车品牌合作，进军中高端细分市场。这种策略不仅提升了吉利的品牌形象，也提高了吉利汽车的产品质量和技术水平。同时，吉利汽车也意识到了互联网和金融科技对企业的影响。吉利汽车积极与这些企业合作，延伸汽车价值链，提升制造业服务水平。最后，吉利汽车通过许可方式授权其他公司使用相关技术，并积极保护自身知识产权。这种做法既体现了吉利汽车对自身技术的信心，也体现了吉利汽车对知识产权保护的重视。

表 13-2　吉利汽车技术创新策略梳理

策略	策略概述	具体措施
坚持自主创新	自主开发车型，自主开发关键零部件技术、汽车架构	2003 年 3 月 12 日　吉利自主开发的 CK-I 车型、FC-I 车型、EPS 电子助力转向装置、4G18VVT 发动机共四项成果通过省级技术鉴定 2006 年 3 月 28 日　吉利自主研发的 Z 系列自动变速器及产业化项目顺利通过汽车工业科技进步成果鉴定，获得 2006 年度汽车行业科技进步一等奖 2020 年　吉利和沃尔沃共同开发"CMA 超级母体架构"，用于领克和首款 SUV 车型，开发 SEA 浩瀚智能进化体验架构，促进智能电动汽车发展
强化品牌管理	持续优化各种汽车细分市场品牌	2006 年 12 月 29 日　吉利集团开发的自由舰、Z 系列 AT 自动变速器、G 系列发动机分别荣获中国汽车自主创新成果"集成创新奖""引进、消化吸收再创新奖""原始创新奖"三项大奖 2006 年 10 月 16 日　吉利汽车英文商标 GEELY 及图案被列入第七批全国驰名商标 2014 年　北京车展前夕，吉利发布全新品牌战略"回归一个吉利"，并采用全新 LOGO 2014 年 12 月 15 日　吉利汽车发布首款中高级轿车博瑞 2015 年底曹操专车正式上线，成为中国首个车辆制造商进军专车市场的专车品牌，首个取得网约车许可证新能源汽车共享出行平台 2016 年 10 月 20 日　吉利汽车在德国柏林发布全新品牌 LYNK&CO（领克） 2019 年 4 月 11 日　吉利新能源纯电品牌几何及旗下全球首款车型几何 A 在新加坡正式发布

续表

策略	策略概述	具体措施
通过跨国并购或者合资形式与高端汽车品牌合作	引进、消化、吸收和创新汽车高端技术	2009 年 8 月 2 日　吉利成功收购全球第二大自动变速器公司澳大利亚 DSI 2010 年 3 月 28 日　吉利正式收购沃尔沃 100%股权 2017 年 6 月 23 日　吉利控股集团收购马来西亚宝腾汽车（PRO-TON）49.9%的股份以及豪华跑车品牌路特斯（Lotus）51%的股份 2017 年 11 月 13 日　吉利控股集团全资收购了 Terrafugia（太力）飞行汽车公司，开启了陆空一体化技术领域的探索 2018 年 2 月 24 日　吉利间接收购戴姆勒股份公司 9.69%具有表决权的股份 2021 年 2 月　浙江吉利控股与 Faraday Future（法拉第未来）签署框架合作协议，计划在技术支持和工程服务领域展开合作
在国内外成立技术研发中心或合作中心	通过建立技术合资公司或技术研发中心加强前沿技术研发合作	2017 年 8 月　吉利与沃尔沃汽车公司联手成立了一家技术合资公司。公司选址在安第斯地区。吉利在英国的前沿研发中心，则致力于研发全新的轻量化电动商用车
进行技术授权许可	提供适应当地市场的技术	2019 年　吉利与吉利控股签署了一份重要的 GEP3 协议，吉利控股获得了使用吉利汽车控股有限公司发动机相关知识产权的授权。其授权范围涵盖了宝腾以及其旗下公司的使用，标志着吉利汽车控股有限公司的发动机技术得到了充分的认可，提供了强大的技术支撑，有助于提升吉利控股和宝腾等公司的市场竞争力
基于"互联网+"，和金融科技等企业进行跨界技术合作	延伸汽车价值链，增强制造业服务化	2015 年 8 月　吉利与法国巴黎银行个人金融公司联手成立了一家名为吉致汽车金融的公司，总部设在中国（上海）自由贸易试验区，进一步拓展业务范围，提升服务质量，并为经销商创造更大的价值 2018 年 3 月 15 日　吉利汽车集团推出吉客智能生态系统（GKUI）。这是一个以用户需求为核心，致力于构建智能互联行业新型生态圈的车联网平台 2018 年 7 月　由中铁投、吉利控股集团以及腾讯公司共同组建的国铁吉讯科技有限公司成立。它旨在帮助我国铁路动车组 Wi-Fi 平台的建设经营的重要性突破
积极维护自身知识产权	强化知识产权保护	2018 年 9 月　吉利控股集团对威马汽车科技集团有限公司等提起了知识产权侵权诉讼，这是我国车企发起的首例知识产权反侵权案。该案的诉讼标的额高达 21 亿元，凸显我国车企对于知识产权保护的重视，也展示了自主品牌在技术创新和知识产权保护方面的决心和实力

资料来源：根据公开资料整理

4. 吉利汽车在汽车新赛道上的表现

据预计，到 2025 年中国智能汽车数量将达到 2800 万辆，渗透率达到 82%。吉利汽车作为传统头部车企，面对智能汽车时代的到来，既与供应商合作开发相关产品，又全面布局智能汽车相关产业链，全面加速智能化进程。其在智能化方面的发展举措如下。

（1）吉利汽车进行深度自研，平台不断升级。吉利汽车是一家以技术创新和人性化设计为核心理念的企业，在近年来的发展中，一直走在行业的前沿。2017年 5 月 10 日，吉利汽车在宁波举行了一场发布会，正式推出了"iNTEC 人性化智驾科技"。这项技术整合了吉利汽车的技术实力，向公众展示了其对于未来技术战略的规划和展望。2018 年 3 月，吉利汽车再次以用户体验为核心，推出了"吉客智能生态系统"。这个系统为用户带来了更智能、更便捷、更人性化的用车体验，充分体现了吉利汽车对用户需求的深度理解和精准把握。2019 年，在龙湾论坛上，吉利汽车再次向公众展示了最新成果——"爬行者智能系统"。这个系统标志着吉利汽车自动驾驶技术的新一轮迭代进化已经完成，展示了吉利汽车在自动驾驶领域的领先地位。同时，吉利汽车也积极与杭州湾新区政府合作，共同打造了宁波杭州湾智慧城市国家级示范项目。这个项目是全球首个集成 V2X+5G、边缘计算等技术的综合性示范点，对于推动自动驾驶的发展，以及促进上下游产业链的共同提升，都起到了重要作用。

（2）吉利汽车借助新品牌极氪成功在市场竞争中脱颖而出。在汽车行业不断向电动化和智能化发展的趋势下，吉利汽车以品牌向上的姿态，借助极氪这个新品牌，成功地在市场竞争中脱颖而出。2021 年 4 月 15 日，吉利汽车正式发布了纯电动新品牌极氪汽车，这标志着吉利汽车在汽车行业的新一轮竞争中，已经成功地迈向了更高端的市场。极氪汽车的首款量产车型——极氪 001，是基于先进的 SEA 浩瀚架构打造的猎装轿跑，深受用户欢迎。

（3）吉利汽车布局智能化领域，加速自研和合作开发。吉利汽车通过深度自研和合作开发的方式，在硬件、软件和整车领域进行布局，投资亿咖通和沃尔沃的全资子公司 Zenseact，并与百度、富士康等多家公司合资成立公司，与高通、伟世通、联发科技、腾讯、华为、字节跳动、Waymo、Google、Nvidia 等公司进行战略合作，以全面加速智能化进程。

近十年来，吉利控股集团累计研发投入超过 1000 亿元，其中 2019 年投入 200亿元人民币，研发投入占销售总收入比例为 6.4%。吉利汽车宣布进入"科技吉利4.0 时代"，以 BMA、CMA、SPA、SEA 为核心，进入"全面模块化架构造车时代"。吉利于 2022 年 1 月进军换电产业。吉利自主研发的发动机和变速箱获得多项荣誉。吉利汽车的技术创新成绩举世瞩目，其中与沃尔沃汽车联合开发的 1.5TD

发动机技术达到国际领先水平。吉利控股集团也获得了多项奖项和荣誉。吉利汽车成为国际汽车标准合作组织（IATF）的第 10 个成员，并拥有董事表决权，这是 IATF 全球化发展的重要里程碑。

5. 销售网络给力

吉利汽车拥有 1000 多个国内销售网点和 400 多个海外销售和服务站点，覆盖全球。截至 2020 年 10 月底，吉利汽车全球累计销售超过 1000 万辆，成为首个实现乘用车产销 1000 万辆的中国品牌，总销量为 1213 万辆。2021 年全国汽车年度销量排行榜见表 13-3。

表 13-3　2021 年全国汽车年度销量排行榜　　　　金额单位：元

	厂商	2021.1—12	2020.1—12	同比	份额
1	一汽大众	1778389	2110300	-15.7%	8.8%
2	上汽大众	1457111	1568007	-7.1%	7.2%
3	上汽通用	1277261	1406606	-9.2%	6.3%
4	吉利汽车	1213021	1247526	-2.8%	6.0%
5	东风日产	1134889	1211893	-6.4%	5.6%
6	长安汽车	1116033	942100	18.5%	5.5%
7	上汽通用五菱	966932	818189	18.2%	4.8%
8	长城汽车	948793	836366	13.4%	4.7%
9	一汽丰田	846299	787598	7.5%	4.2%
10	广汽丰田	840396	760269	10.5%	4.2%

2022 年 1—12 月中国汽车厂商零售销量排行榜 TOP10 见表 13-4。

表 13-4　2022 年 1—12 月中国汽车厂商零售销量排行榜 TOP10

排名	企业名称	销量/万辆	市场份额
1	比亚迪汽车	180.46	8.8%
2	一汽大众	177.91	8.7%
3	长安汽车	127.42	6.2%
4	上汽大众	124.35	6.1%
5	吉利汽车	123.47	6.0%
6	上汽通用	103.69	5.0%
7	广汽丰田	97.15	4.7%
8	东风日产	89.79	4.4%

续表

排名	企业名称	销量/万辆	市场份额
9	一汽丰田	79.93	3.9%
10	上汽通用五菱	78.63	3.8%

制图：中商情报网（WWW.ASKCI.COM）

2020 年 1—12 月厂商批发量排行榜见表 13-5。

表 13-5　2020 年 1—12 月厂商批发量排行榜　　　金额单位：元

排名	厂商批发·累计	2020 年 1—12 月	2019 年 1—12 月	同比	份额
1	一汽大众	2071488	2046189	1.2%	10.5%
2	上汽大众	1505505	2001777	-24.8%	7.6%
3	上汽通用	1467470	1600102	-8.3%	7.4%
4	吉利汽车	1320217	1361560	-3.0%	6.7%
5	东风日产	1213570	1287367	-5.7%	6.1%
6	长安汽车	975570	803291	21.4%	4.9%
7	长城汽车	886596	911468	-2.7%	4.5%
8	东风本田	850307	800089	6.3%	4.3%
9	上汽通用五菱	835216	979082	-14.7%	4.2%
10	广汽本田	801710	770884	4.0%	4.1%
11	一汽丰田	779116	729233	6.8%	3.9%
12	广汽丰田	765008	682008	12.2%	3.9%
13	上汽乘用车	686450	695627	-1.3%	3.5%
14	奇瑞汽车	632692	605602	4.5%	3.2%
15	北京奔驰	610816	567306	7.7%	3.1%

注：数据来源于天风证券

6. 吉利汽车在新赛道的发展分析

吉利汽车可谓是在不断探索、创新和转型中发展壮大的。吉利汽车在创立初期并非从事汽车行业，而是在其他领域进行了初步的尝试和摸索。随着企业规模的扩大，汽车业务逐渐成为吉利的主营产品和主要利润来源。吉利的迅速发展壮大提升了其在浙江省以及全国汽车企业中的地位。2003 年，吉利迈出了国际化的第一步，通过出口方式进入国际市场。此后，吉利采用了跨国收购，新建企业，组建合资生产企业、合资技术研发公司等多种方式，进入了全球高端品牌市场、出租车制造市场、汽车关键和核心零部件生产市场、汽车金融市场等更多的汽车细分市场。自 2007 年起，吉利进入了智能和绿色发展转型阶段，致力于发展智能、环保汽车。在这一过程中，吉利汽车成为中国企业社会责任的优秀案例。从 2015 年开始，吉利集团加大了向智能、环保汽车转型的战略布局，包括加强新能源汽车（纯电动汽车、甲醇燃料汽车）的研发与合作，进军电动汽车电池的生产和销售领域，以及实施"蓝色吉利行动计划"新能源发展战略。

在新能源方面，极氪成为吉利的一张王牌。吉利陆续推出帝豪 EV450、帝豪 GLPHEV、博瑞 GE、领克 01PHE 汽车发展新赛道。2018 年吉利汽车推出了新能源动力系统智擎，包括纯电技术、混动技术、替代燃料以及氢燃料电池等四大技术路径。随着全新纯电动轿车几何 A 等多款新能源及电气化车型陆续推出，吉利更敏锐、更精准、更高效地把握新能源汽车市场发展机遇。2021 年 4 月，吉利发布了全新新能源汽车品牌极氪汽车，并在之后 3 年内推出 6 款全新车型（2021 年 1 款，2022 年 2 款，2023 年 3 款），包括 SUV、轿车和 MPV 车型，全部基于 SEA 浩瀚架构。按照吉利规划，2025 年，极氪会构建起一个比较完整的车型矩阵。极氪 001 在上市之初，市场反响比较好，也得到了很多订单。虽然后期出现了一些波折，引起了一部分消费者的反弹，但是极氪 001 在产品力上的优势已经为各方所见。随着产品的上市以及渠道的不断完善，以极氪 001 在造型和智能网联方面的特点，在国内甚至海外市场迎来热销并不是难事。不过，作为一个全新的品牌，极氪汽车需要学会怎么和消费者更有效地沟通。销量数字之外，沃尔沃、戴姆勒、百度或许还有雷诺，都会成为极氪所使用的 SEA 浩瀚架构的客户。对于吉利来说，在收购沃尔沃之后，其全球化的道路更注重联盟的打造。之前吉利向马来西亚宝腾输出的博越车型并大获成功就是一个很好的案例，而作为吉利重金打造的 SEA 架构，在纯电动整车平台打造数以百亿计的情况下，其潜在的市场需求更大。吉利希望极氪汽车能够在高端电动汽车市场占有率居全球前三，销量达到 65 万辆。

在智能化方面，吉利汽车于 2017 年 5 月 10 日在宁波发布了"iNTEC 人性化智驾科技"，成为业内整合技术实力、展现未来技术战略的先驱企业。2018 年 3 月，吉利汽车推出了"吉客智能生态系统"，旨在为用户提供更智能、便捷、人性化的用车体验。2019 年，吉利汽车发布了"爬行者智能系统"，标志着自动驾驶技术的新一轮进化。同时，吉利汽车与杭州湾新区政府合作，共同打造了宁波杭州湾智慧城市国家级示范项目。该项目是全球首个综合性示范点，集成了 V2X＋5G、边缘计算等技术，面向智慧城市、智能交通和自动驾驶等应用领域，旨在促进上下游产业链协同提升和自动驾驶的发展。

吉利公司不断聚焦新能源、自动驾驶、智能网联等前沿技术领域，并加大研发投入，强化创新能力。公司秉承"快乐人生，吉利相伴"的核心价值理念，致力于实现"造最安全、最环保、最节能的好车,让吉利汽车走遍全世界"的企业愿景,长期坚持可持续发展战略。吉利公司的努力带动了大量产业链上下游企业的共同发展,为实现宁波"246"万千亿级产业集群、中国汽车梦作出了不懈努力。

(三)吉利汽车发展的启示

吉利汽车从一个民营中小企业发展成为全球知名汽车品牌,其技术创新策略启示有如下五点。

1. 实现多样化组合技术创新方式

吉利汽车在技术创新方面采用了多种管理手段和方式,包括跨国并购引进世界优秀品牌汽车的先进技术、与国外研究机构建立技术合作中心、建立合资企业进行技术投资和技术授权等。此外,公司还采用了多种开源性技术创新方式,如技术交流协议、研发外包、生产共享和供应商网络、政府资助联合研究项目、研究协会、科技交流用数据库和价值链等。吉利汽车在技术创新方面具有灵活性,能够根据不同的情况灵活运用各种技术创新方式,以实现更好的技术创新效果。

2. 较强的技术消化和吸收能力,增强战略资产

吉利汽车通过多次大型跨国并购和在国外组建技术合资企业等投资方式,与被投资企业或合作伙伴的技术研发合作取得显著效果。它们能够快速将合作开发的技术应用于不同市场定位的产品,并取得良好的财务和商业绩效。

3. 针对目标消费市场的特征实现朴素式创新

朴素式创新策略的目标是以金字塔底层消费者为目标群体,在降低产品复杂程度和成本的同时,通过创新商业模式和产品价值等手段,满足消费者需求,提供质量合格、易用耐用的商品。吉利汽车以国内用户特征为出发点,开发适合中国消费者需求和偏好的自主汽车品牌,并在"一带一路"沿线国家,尤其在东南亚、中亚不断拓展市场。这一成功案例展示了朴素式创新策略的应用。在当前跨国企业将目标消费群体定位于发展中国家的中低收入群体的大环境下,朴素式技术创新策略兼顾低成本和实用性优势,更加适用。

4. 企业家对技术市场发展的洞见

在当前充满不确定性的技术市场中,企业管理者需要具备敏锐的洞察力、感知力和准确的预判力,以便在关键时刻做出明智的决策。吉利汽车的创始人李书福便是一个很好的例子,他准确地把握了市场变化,并采取了果断的行动。吉利汽车收购沃尔沃汽车的案例曾经引起了业界的广泛关注和质疑。然而,李书福坚信收购将有助于吉利汽车提升技术实力和市场竞争力。事实证明,他的判断是正确的。在收购之后,吉利汽车与沃尔沃汽车不断深化技术合作和市场融合,共同推动产品创新和升级,最终实现了双方的"双赢"。为了顺应绿色化和智能化的发

展趋势，吉利汽车积极投入新能源汽车和智能汽车相关技术的研发与市场拓展。此外，公司还加强了赛车和陆空一体化等技术创新活动，以保持在汽车高端市场的竞争力。

5. 保护知识产权，确保创新成果

为了确保创新成果和商业价值的合法性和稳定性，吉利汽车非常注重知识产权保护，涵盖了技术、品牌和商业模式等多个方面。吉利汽车深知知识产权保护的重要性，因此采取了强有力的措施来维护自身的商业利益和市场利益。例如，吉利汽车曾利用法律武器为商业模式的模仿者筑起技术壁垒，有效保护了自身的利益。这些做法非常值得其他制造企业借鉴。吉利汽车的成功经验为中国制造业企业在全球价值链中的攀升提供了有益的启示。通过加强关键技术控制力和应对全球供应链风险的能力，企业可以更好地应对挑战，实现持续发展。在长期坚持可持续发展战略的过程中，吉利汽车不断推动产业链上下游企业共同发展，为实现宁波"246"万千亿级产业集群、创造超越期待的出行体验而努力。

二、宁波汽车零部件部分优秀企业

（一）宁波汽车零部件"F4"（四大头部企业）

1. 宁波均胜电子股份有限公司

宁波均胜电子股份有限公司（简称均胜电子）于 1992 年成立，总部位于中国浙江省宁波市鄞州区，是一家专注于汽车电子与汽车安全领域的顶级供应商（股票代码为 600699）。该公司主要专注于智能座舱、智能网联、智能驾驶、新能源管理和汽车安全等领域的研发和制造，目前设有汽车安全和汽车电子两个事业部，并设有智能汽车技术研究院和新能源研究院。

作为一家汽车零部件制造企业，宁波均胜电子股份有限公司的产品涵盖了多个与驾驶相关的领域，包括人机交互、行车安全（主动和被动安全）、车载信息娱乐、新能源汽车电池管理系统和 5G 车载互联等。凭借先进的创新设计、生产制造、品质管理和优秀的服务，均胜电子已成为宝马、奔驰、奥迪、大众、通用、福特、本田和丰田等全球汽车制造商的长期合作伙伴。在与各汽车制造商的长期合作中，公司始终以客户为中心，提供高质量的产品和服务，因此获得了保时捷、大众、通用等汽车制造商的优秀供应商奖。

均胜电子在 2022 年全球汽车零部件供应商百强榜中排名第 30 位，在中国汽车零部件供应商百强榜中排名第 5 位。这些成绩充分证明了公司在汽车零部件领域的实力和影响力。

该公司产品包括 HMI、主被动安全、Infotainment、BMS 和车载互联等，是宝马、奔驰、奥迪、大众、通用、福特、本田、丰田和特斯拉等全球汽车制造商的长期供应商。目前公司聚焦于汽车安全与汽车电子两个高成长性业务，其中汽车电子细分为智能座舱与智能驾驶，以及新能源电控。均胜电子的主要产品如图 13-2 所示。

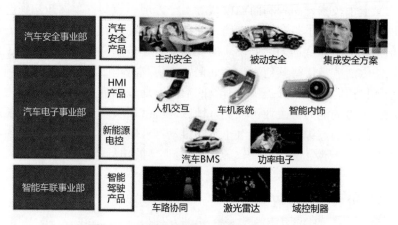

图 13-2　均胜电子公司发展史及的主要产品

2. 宁波华翔电子股份有限公司

宁波华翔电子股份有限公司（简称华翔）成立于 2001 年，是专业从事中高档乘用车汽车零部件研发、生产、销售及售后服务的公司，是中国制造业 500 强企业、中国汽车零部件百强企业，在亚欧美三大洲的 11 个国家拥有 69 个生产基地。该公司是上海大众、上海汽车、一汽大众、上海通用、天津一汽丰田等国内汽车制造商主要零部件供应商之一，主要产品包括汽车内外饰件、汽车底盘附件、汽车电器及空调配件、汽车发动机附件、汽车消声器等。该公司于 2005 年在深圳证券交易所中小板块上市。目前，该公司在国内外拥有 17 家一级子公司。它通过低成本、高质量、高效率的发展特色，已成为中国汽车零部件行业的大型骨干企业。宁波华翔通过了 ISO/TS16949：2002、ISO14001：1996、ISO9002、QS9000 及 VDA6.1 质量、环保体系的第三方认证。

华翔作为国内一家民营零部件企业，自成立以来便立足主业，追求踏实经营，在客户资源、品牌、成本、技术开发、生产基地布局等方面都积累了一定优势，在行业也具备优势地位。华翔始终坚持走高端化路线，产品主要为宝马、奔驰、福特、通用、沃尔沃、捷豹路虎等世界主流品牌的中高端车系提供配套服务，同时还是新能源车企特斯拉、RIVIAN、比亚迪、蔚来、小鹏和理想的产品供应商。

3. 宁波敏实汽车零部件技术研发有限公司

宁波敏实汽车零部件技术研发有限公司（MINTH）由台商秦荣华于 1992 年创立，总部位于浙江省宁波市小港工业开发区，是一家专业设计、生产、销售汽车零部件的上市集团公司，2005 年在香港证券交易所上市（股票代码：00425），旗下主要产品包括风挡饰条、内水切、雨水槽、踏板饰条、轮眉饰条、泥槽、门框装饰条、车顶饰条等。该公司现已跻身全球汽车零部件百强企业。敏实集团拥有全球最优质的客户平台，是全球最大的铝电池盒供应商、最齐全的表面处理供应商。2022 全国汽车零部件百强企业榜中位列第 27 位。

目前，宁波敏实汽车零部件技术研发有限公司在全球范围内拥有四大产品线：塑件、金属车身系统、电池盒和新事业；五大研发中心；逾 70 家生产工厂，覆盖中国、美国、墨西哥、德国、英国、法国、塞尔维亚、捷克、波兰、日本和泰国等国家。集团员工人数近 20000 人，客户遍布全球 30 多个国家，为 60 多个汽车品牌提供服务。该集团客户占全球汽车市场份额超过 80%，其中包括雷诺-日产、丰田、福特、通用、戴姆勒-克莱斯勒、大众、本田、宝马、标致雪铁龙、现代和三菱等品牌。同时，敏实集团还与许多知名汽车制造商建立了一级供应关系，已进入通用汽车、福特、日产、戴姆勒-克莱斯勒、大众等全球采购系统。敏实集团与日本三惠、东海兴业、片山工业、ALTIA 桥本、岐阜车体、爱信，德国 Kittle、Dura 以及泰国 Aapico 结为战略合作伙伴，不断发展壮大，走在世界汽车零部件行业的前列。

4. 宁波拓普集团股份有限公司

宁波拓普集团股份有限公司（简称拓普集团）于 1983 年成立，总部位于中国浙江省宁波市北仑区，是一家技术领先的汽车零部件企业，主要专注于汽车动力底盘系统、饰件系统、智能驾驶控制系统等领域的研发与制造，于 2015 年在上海证券交易所上市（股票代码为 601689）。宁波拓普公司拥有 10 余家控股企业，分布于宁波、上海、平湖、烟台、沈阳、重庆、四川、柳州、青岛、武汉、杭州湾、宝鸡、武义等地，并在美国底特律、加拿大多伦多、德国威因海姆等地设立了分支机构。

拓普集团以技术为核心，建立了支持全球项目的研发中心和技术领先的试验中心，涵盖了动力底盘系统、饰件系统和电子系统等多个事业部。公司主要提供减震系统、饰件系统、智能驾驶系统、底盘轻量化系统和热管理系统等五大系列产品。凭借卓越的研发技术、制造技术、质量管理和全球供应能力，公司与多家国内外汽车制造商建立了稳固的技术合作关系。在与奥迪、宝马、菲亚特-克莱斯勒、通用、吉利、福特、奔驰、保时捷、大众等知名汽车制造商的合作项目中，公司为他们提供全球供应链支持。为了确保产品质量和服务水平，公司在研发体系、采购体系、物流体系、生产体系、销售体系和质量体系等方面实行精益化管理。这种严谨的态度使得拓普品牌在国内外汽车行业中拥有良好的信誉。在 2022年全国汽车零部件百强企业排名中，拓普集团名列第 35 位，充分展现了公司在汽车零部件领域的实力。

拓普集团是一家以技术为核心的高新技术企业，具备浙江省企业研究院、浙江省企业技术中心、浙江省博士后工作站以及国家博士后工作站等多项资质。其主打产品获得了国家火炬计划的认可，展现了公司在技术创新方面的强大实力。公司的研发中心被认定为省级高新技术企业研究开发中心，下属的产品检测中心也通过了严格的审核，成为国家级测试中心。这不仅证明了公司在产品质量上的严格把控，也显示了其对技术创新的执着追求。拓普集团凭借其在汽车零部件行业的卓越表现，荣获了多项荣誉，包括"中国汽车零部件（减震器）行业龙头企业"。此外，公司还通过了 QS9000/ISO9001、ISO14001、ISO/TS16949、ISO17025等多项第三方权威认证，证明了其产品质量和管理体系的可靠性。在科技创新方面，公司承担了国家火炬计划项目、国际科技合作等科技项目，展现了其对技术创新的热情和对未来发展的坚定信心。

为了适应汽车行业电动化、网联化、智能化、共享化的发展趋势，拓普集团正在推进"2+3"产业战略，旨在成为 Tier0.5 级汽车零部件领军企业。该集团的目标是在汽车智能驾驶系统、热管理系统和轻量化底盘系统三大新业务领域实现布局。为了积极响应建设"246"万千亿级产业集群的号召，集团在宁波杭州湾新区和鄞州经济开发区新成立了三家全资子公司，并投资 80 亿元新建相关产业项目。

（二）部分汽车零部件专精特新企业

"专精特新"中小企业是指具备"专业化、精细化、特色化、新颖化"特征的中小企业，其企业规模必须符合国家《中小企业划型标准规定》（工信部联企业〔2011〕300 号）的规定。2012 年 4 月 26 日，国务院发布了《国务院关于进一步支持小型微型企业健康发展的意见》（国发〔2012〕14 号），首次提出了鼓励小型微型企业发展现代服务业、战略性新兴产业、现代农业和文化产业，走向"专精特新"和与大企业协作配套发展的道路，以加快从要素驱动向创新驱动的转变。截至 2021 年，工信部已先后公示了三批专精特新"小巨人"企业名单，共计 4762家。其中，上海和北京的专精特新"小巨人"企业数量均超过 2500 家，遥遥领先于其他全国城市。而排名第三的是宁波，有 182 家企业入选，占据了浙江全省的38.72% 和全国的 3.82%。以下是部分汽车零部件专精特新企业的简要介绍。

1. 宁波圣龙（集团）有限公司

宁波圣龙（集团）有限公司创立于 1996 年，位于浙江省宁波市鄞州投资创业中心，是一家集工业、贸易、投资于一体的企业。集团拥有 2800 名员工，业务涵盖汽车零部件、地源热泵空调、化工和金融投资等领域。集团设有博士后科研工作站，并拥有 4 家子公司，均为高新技术企业。

圣龙股份有限公司是圣龙集团的子公司，于 2017 年成功在上海证券交易所上市。作为国家火炬计划的重点高新技术企业和资信 AAA 级企业，圣龙股份在汽车零部件领域取得了卓越成就。公司拥有国家级企业技术中心，展现了其在技术研发方面的卓越实力和对技术创新的执着追求。圣龙股份专注于汽车发动机油泵、自动变速器油泵、分动器油泵、真空泵、凸轮轴、离合器总成、行星齿轮架等自动变速器核心零部件的研发和制造，具备强大的竞争优势。为了扩大业务范围，圣龙股份通过并购等方式在欧洲（德国）建立生产和研发基地，以更好地为全球客户提供服务。目前，圣龙股份已成为全球知名厂商福特、通用、雪铁龙、捷豹路虎、宝马、保时捷等的一级战略供应商。

圣龙股份有限公司一直致力于创新积累，在科技研发方面取得了显著成果。截至 2020 年 12 月 31 日，公司已累计完成了 56 项各类科技成果，其中包括 4 个国家火炬计划项目、52 项市级新产品和 2 项市级重点工业新产品。此外，公司还获得了 55 项国内发明专利和 159 项国内实用新型专利，以及来自美国、德国、日本、法国等国家的 16 项发明专利。2018 年，《中国汽车工业年鉴》期刊社评选公司为中国优秀汽车零部件企业，并授予了"先锋成就奖"。同时，公司的一种变排量叶片泵（国家专利号：ZL201310655270.1）被国家知识产权局评为第二十届中国专利优秀奖。2019 年，公司荣获了"浙江省人民政府质量奖"、"宁波市制造业单项冠军示范企业"和"宁波市专家工作站"等荣誉称号。2020 年，公司的"新能源汽车高效高精确电子油泵技术研究及产业化"项目被列为宁波市 2025 重大科技专项和浙江省重大创新专项，同时还荣获省级单项冠军培育企业和本土经营对外 20 强企业等荣誉称号。

2. 宁波继峰汽车零部件股份有限公司

宁波继峰汽车零部件股份有限公司（简称继峰汽车）成立于 1996 年，总部位于浙江省宁波市北仑区大碶高端汽配模具园区。该公司于 2015 年 3 月 2 日在上海交所 A 股板块正式上市，股票代码为 603997。在 2022 年的全国汽车零部件百强企业榜单中，继峰汽车公司排名第 22 位。

其产品涵盖乘用车和商用车两个领域。在乘用车市场上，公司的主打产品包括乘用车座椅头枕、座椅扶手、中控系统、内饰部件、操作系统以及创新的热塑解决方案等。而在商用车领域，公司的主要产品包括卡车座椅、非道路车辆座椅部件（如牵引机、建设机械和叉车）以及火车和公共汽车座椅等。凭借领先的创新设计、生产制造、品质管理和优质服务，继峰汽车公司已经发展成为能够同时为欧系、美系、日系和自主品牌等整车生产厂家提供配套汽车零部件的供应商。该公司与宝马、奥迪、大众、戴姆勒、特斯拉等主机厂以及江森、李尔、佛吉亚等座椅厂建立了长期合作伙伴关系。为了更好地服务全球客户，继峰汽车公司在20多个国家拥有近70家控股子公司，形成了覆盖全球的生产、物流和营销网络。这一强大的全球网络使公司能够快速响应客户需求，并提供高效、优质的服务。

继峰汽车通过了多个体系认证，包括 IATF16949 质量体系、ISO14001 环境体系认证、ISO45001 职业健康安全管理体系、GB/T29490 知识产权管理体系、GB/T23001 两化融合管理体系等。公司的测试中心还取得了 ISO/IEC17025：2005 实验室认可，并获得了大众汽车、宝马、福特、神龙、吉利等多家国内外主机厂的实验检测资质认可。此外，公司还荣获了众多重要荣誉称号，包括"高新技术企业""国家制造业单项冠军产品""国家知识产权优势企业""全国机械工业先进集团""2020 年财富中国 500 强""2020 中国汽车零部件企业百强""第二批'雄鹰行动'培育企业""浙江省技术创新能力百强企业""浙江省汽车工业百强""浙江省高新技术企业创新能力百强""浙江名牌产品"和"浙江省专利示范企业"。

（三）新能源汽车电池企业

1. 宁波杉杉新材料科技有限公司

宁波杉杉新材料科技有限公司（简称杉杉科技）成立于 2003 年 7 月 7 日，注册地位于浙江省宁波市海曙区望春工业园区。经营范围包括锂离子电池负极材料及其他碳素材料的研究开发、制造、加工及批发、零售，锂离子电池材料的批发、零售等。宁波杉杉新材料科技有限公司对外投资 7 家公司。

杉杉科技的新能源锂电材料是其支柱产业之一。经过二十余年的持续投入，杉杉科技已在上海、宁波、包头、眉山、宁德、郴州、湖州、长沙、石嘴山、衢州、东莞、昆明等地设有多家生产企业，成为全球最大的锂离子电池负极、正极及电解液领域的综合供应商。2021 年，杉杉的负极人造石墨出货量排名全球第一。鑫椤资讯 2022 年的最新数据显示，杉杉的负极出货量突破 20 万吨，同比增幅 100%，市场份额达 16%，人造石墨负极材料出货量蝉联全球榜首。

杉杉锂电材料技术研发处于世界领先地位，目前杉杉科技旗下拥有三个国家级高新技术企业（负极、正极、电解液）、两个国家级企业技术中心（负极、正极）、一个省级企业技术中心（电解液）、两个博士后工作站，参与国标制订，拥有 400 多项技术专利。杉杉科技高度重视锂电材料产品研发和质量提升，得到了世界主流电芯厂和汽车厂的认可，成为宁德时代、LG 化学、比亚迪、特斯拉、戴姆勒-

奔驰、宝马、通用 GM 等企业的主要动力级负极材料供应商，并持续保持消费电子负极材料全球第一的市场地位。同时，杉杉科技主持完成多项国家级项目及国家标准的制定，先后获得国家科学技术进步奖、国家企业技术中心、国家制造业单项冠军等荣誉。

2. 宁波容百新能源科技股份有限公司

宁波容百新能源科技股份有限公司（简称容百科技）成立于 2014 年，总部位于浙江省余姚市。该公司于 2019 年在上交所科创板上市，股票代码为 688005。容百科技是一家跨国型集团公司，专注于高科技新能源材料行业，主要致力于锂电池正极材料的研发、生产和销售。该公司由拥有二十余年锂电池正极材料行业成功创业经验的中韩团队共同创立。

容百科技由白厚善先生创立，他是中国化学与物理电源行业协会理事、第五届中国电池行业年度人物以及中国电动汽车百人会理事。该公司旗下拥有六家控股子公司和一家合营公司。容百科技与宁德时代、比亚迪、LG 化学、天津力神、孚能科技等国内外知名客户建立了长期稳定的合作关系，为其提供前沿高能量密度产品的配套产品，包括性能稳定、制备技术成熟的三元正极材料。公司的产品技术实力在国际上处于领先地位，不仅是国内首家实现 NCM811 大批量产的正极材料生产企业，更是国际先进、国内领先的锂电池材料先锋企业，引领着锂电池三元材料的发展方向。

作为一家国家级高新技术企业，宁波容百新能源科技股份有限公司一直致力于产品研发和科技创新。公司拥有强大的科研实力，研发团队由行业资深技术专家、国内外知名高校院所的博士、硕士及以上学历的科研人员组成，总人数超过300 人。公司还建立了省级科研中心和博士后工作站，承担了多个国家级科研项目，其中包括火炬计划、星火计划和国家 863 计划。此外，公司还荣获投中网"2017年核心竞争力产业最佳企业榜单"和清科集团"2018 中国最具投资价值企业 50强"的认可，并入围了科学技术部火炬中心与长城战略咨询等联合发布的中国"独角兽"榜单。

三、运用 TRIZ 理论解决宁波中高端新能源汽车顾客购买决策的实证研究

（一）研究背景

本案例是运用 TRIZ 理论来解决宁波中高端新能源汽车的营销难题。它以利星行集团的宁波利星 4S 店的中高端新能源汽车腾势 500 为例，通过对宁波市新能源汽车经销企业的深入调研和国际车展顾客的问卷调查后，分析腾势 500 作为比

亚迪股份有限公司和戴姆勒股份公司的合资汽车品牌，其产品具有国内最先进新能源技术和 BBA 豪华汽车品牌阵营的一流造车技术的"混血儿"，却是连续多年的全国新能源车销量的垫底者。腾势汽车是如何将"一手好牌打得如此稀烂？"

（二）研究过程

本案例将从宁波汽车顾客痛点的顾客购买决策角度，首先采用 TRIZ 理论的功能分析，探究出宁波顾客购买中高端新能源汽车决策的制约因素；然后用 TRIZ 理论的物—场分析找到其破解之道；最后本案例希望通过 TRIZ 理论解决中高新能源汽车的顾客痛点而改善其营销状况，以便为我国汽车强国梦提供实证助推之力。

运用功能分析的思路是：A.确定系统提供的主要功能，明确各组件的有用功能及对系统功能的贡献，建立并绘制组件功能模型图。本案例的目标功能是通过对宁波顾客购买高端新能源乘用车决策的功能分析，找到顾客购买决策的影响因素，以便于解决后续的解决问题提供参考来源。B.组件分析顾客购买电动汽车决策过程，除了考虑传统车的因素外，将增加纯电动汽车的"三电"和充电服务与配置、自然环境等考虑。购买汽车对于私人顾客是一项较为复杂的决策，所以影响因素比较复杂。C.3.结构分析宁波顾客购买新能源汽车决策过程的结构分析。D.建立功能模型根据上述组件关系矩阵，结合前期调研数据，宁波顾客购买新能源汽车决策过程的功能模型，如图 13-3 所示。

运用物—场分析的思路是：

A. 建立物—场模型，本案例物—场分析的期望功能是促进顾客购买腾势汽车的意愿和行为。根据调研数据和功能分析，建立购买新能源汽车决策过程的物—场模型，它是属于不足的物—场模型。分析物—场资源首先是分析"物质"资源清单。顾客购买腾势汽车决策中"物质"资源主要包括腾势 500 与燃油汽车相比的电池特性及由此带来车辆性能、销售和售后服务等改变；然后进行顾客购买腾势汽车的决策过程的场资源分析。

B. 应用标准解，来探求改善方案从 TRIZ 的 76 个标准解法中，找到针对效应不足的完整模型，可用第 2 级强化物—场模型来改善；第 3 级向超系统转化和第 5 级综合使用场改善。结合资源分析，下面依次找出其对应适合解法来探索其改善方案。

S2.2.2 物质 S2 的分解，来达到微观控制转换营销策略细化，强化营销服务。营销策略从 4PS 提升到 7PS；分离出"三电"专项管理。故将"三电"进行单独专项管理，增加宁波顾客的购车放心程度。1）增加"三电"售后保障服务。2）单独增设"三电"险种。汽车金融应做一些新探索，宁波利星也在做此尝试。3）

增设"三电"单独估价，规范行业标准，便于市场流通。

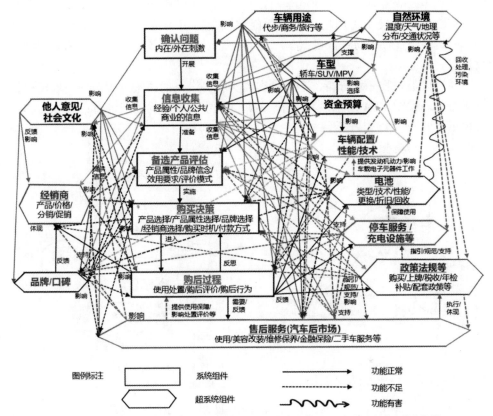

图 13-3　顾客购买新能源汽车（腾势）决策过程的功能模型

注：1. 同一组件与别的组件的作用，尽量采用不同颜色线条来区分，标识在组件出发点位置。
2. 组件作用标识省略：图中"他人意见"的"影响"，由于是同一组件在相邻位置对其他不同组件的作用都是"影响"，故省略了标识。其他组件，如收集信息、售后服务等也是同理省略。

S2.2.6 构造物质　1）开拓营销渠道，加大对经销商的支持力度。造车新势力的特斯拉和蔚来的成功营销，离不开直营店的大力推广模式。2）增设宁波新能源的二手车业务。

S2.3.1 匹配场 F、S1 和 S2 的节奏　1）产品的高端定位。2）打造爆款车型，迅速扭转颓势。3）将"三电"设计成更轻巧、便捷、易操作产品，方便顾客使用。

S3.1.2 向超系统进化的法则　社会联合跨界创新一个汽车产业的生态系统。新能源汽车虽是新型交通工具，但它不只是一种交通工具。在汽车"四化"中，它对智能化和网联化非常重要，所以在新制造、新生态、新科技、新体系和新产品方面都有拓展空间。腾势汽车、比亚迪等新能源汽车应联合把汽车产业、材料产业、信息技术、数字技术、汽车金融、汽车人才和政策等因素融合提升，创新出宁波汽车产业生态系统，在汽车四化和中国汽车强国路上有所突破。

S5.2.1 综合使用可用场 宁波新能源汽车后市场是一个很有潜力的广阔市场。在此市场做好布局是很多汽车厂商、4S 店及其他相关企业的业务拓展和利润增值点。

通过以上的物—场分析，宁波顾客购买腾势汽车的决策过程的物—场模型将有所改善，如图 13-4 所示，其中图 13-4（b）中的顾客的购车的意愿更强烈和决策也更肯定。

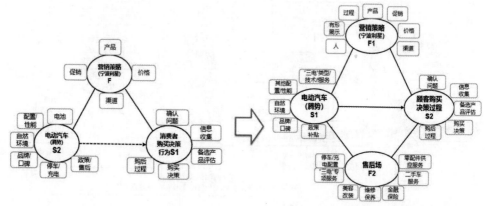

（a）原来的顾客购买电动汽车决策过程的
物-场模型（效用不足的物-场模型）

（b）改善后的顾客购买电动汽车决策过程的
物-场模型（效用正常的物-场模型）

图 13-4 顾客购买腾势汽车决策过程的物—场模型（改善）

（三）研究启示

它实质是中国汽车产业的变革和消费升级问题。近年来汽车消费受到经济环境的严重影响，特别在政策补贴退坡后，宁波的中高端新能源乘用车更为明显。希望从宁波汽车消费的系统视角得到如下改善措施：高端新能源乘用车只有解决顾客痛点，才能赢得市场；汽车生产商要明确产品定位和保持不断创新、提升核心能力，才能具有竞争优势；宁波汽车经销商需改善服务品质；宁波汽车后市场服务需完善服务和规范标准。宁波政府需改善规划和强化引导服务；提升社会公众对新能源汽车的认知；汽车强国梦任重道远，需要社会各界共同努力创新，中国汽车产业才能实现"弯道超车"。当前新能源汽车正处于市场过渡期和关键发展阶段，宁波市需要培育和营造良好的发展环境，需要各界协同创新和共同推进。

四、改善宁波电动汽车消费"软环境"的思考

（一）研究背景

目前宁波电动汽车产业存在明显的"前重后轻"现象，即偏重前端的"卡脖子"技术开发和相关投入，对消费端的"软环境"关注度不够。

（二）研究过程

1. 发现并分析宁波电动汽车消费"软环境"的"三不问题"

首先运用多角度分析法，找出宁波电动汽车消费"软环境"的"三不问题"，然后分析其原因如下：

（1）电动汽车"不好用"——宁波的使用环境不友好。这主要在于三个方面的问题：充电不方便、担心行驶的电量不够（续航焦虑）和售后维修。一是充电问题，其原因主要有三点：充电桩总数虽然在增加，但车桩配比仍严重不足；续航焦虑问题和售后维修难和费用高。

（2）"不敢买"电动汽车——宁波消费者的焦虑。这主要存在于三个方面的问题：车子太贵；不安全会自燃，很可怕；贬值快、二手车不好卖，甚至卖不掉。主要原因分析在于：电动汽车价格高的原因主要受制于电池因素；电动汽车的安全性问题；电动汽车保值率低和二手车评估体系不完备。

（3）"不了解"电动汽车——宁波新能源汽车消费信息沟通不畅。这主要存在于不了解或有误解。

2. 从三个方面提出改善宁波电动汽车消费"软环境"的建议

（1）改善宁波电动汽车使用"软环境"——改善电动汽车的充电环境、优化电池管理系统和规范电池管理办法、增加人才培养、增设维修服务站点和规范维修管理。

（2）消除宁波新能源车主的消费焦虑——除了不断提升和创新三电技术，还举例说明了打造宁波地方特色的"三电"专项保险金融和构建"二手车云平台"。

（3）改善宁波新能源汽车消费信息沟通——企业和社会各界需通过各种渠道和方式展开宣传、并强化新能源汽车政策对宁波市民的有效宣传。

（三）研究启示

它主要在于促进电动汽车消费是满足我国汽车产业发展的客观需要，扩大内需、满足人民绿色出行的需要，也有利于中国汽车产业实现"弯道超车"的中国梦，其意义重大而影响深远。

五、产教融合培育宁波汽车产业高职经管类工匠人才的实证探究

大量研究证明，全面提升高职技能人才培养质量的有效路径是深化产教融合、强化课程改革，才能培养出满足地方经济发展需要的工匠型人才。下面以"汽车客户服务管理"课程为例，来探究宁波汽车产业经管类人才的工匠精神培育。

（一）宁波汽车产业高职经管类人才工匠精神的培养现状分析

1. 工匠精神培养在宁波高职经管类课程中缺乏相应实践

工匠精神是指对于工作的专注、细致和精确，追求卓越、追求完美的精神态度。在经管类课程中，培养学生工匠精神的实践研究应该得到重视。但是目前，工匠精神在人才培养中的应用研究主要集中在宏观和中观层面，而在宁波高职经管类课程中，对于工匠精神的实践缺乏相应研究。首先，宁波高职经管类课程中的实践教学内容相对较少，很少注重培养学生的实际操作能力和技巧。其次，宁波高职经管类课程中缺乏对于工匠精神的理论研究。因此，课程教材应该增加对于工匠精神的相关理论知识的介绍和讲解，让学生能够深入理解和领会工匠精神的重要性。

2. 课程教学改革的重要性

"汽车客户服务管理"是宁波 G 职院市场营销专业汽车营销方向的一门专业核心课程。该课程旨在培养学生成为汽车销售顾问，并具有扎实的汽车销售知识和基础技能。目前该课程已经进行了两轮教学，但教学效果不尽如人意，主要存在下述三个问题。一是授课师资没有汽车行业相关实践经验、授课水平不足、教学训练设施不完善。二是部分学生对该课程有排斥情绪。由于汽车营销方向的知名度不高，该课程的招生情况不理想，学生对学习该课程也存在排斥。三是中高职生一体化教学的烦恼。部分同学在中职阶段已经学过汽车营销或汽车维修，或在 4S 店进行全职实习。考虑到后续的招生将主要面向 3+2 中职生，我们需要探

索课程教学改革，培养学生不断进取的工匠精神。因此本项目应该着重解决授课师资和教学设施问题，提升课程的知名度，并进行课程教学改革，以培养学生的工匠精神和进取心。

3. 探究式教学模式进入课程教学的客观性

探究性教学模式是指在教师的指导下，学生通过自主、探究和合作的学习方式，深入探究教学内容中的主要知识点。它要求学生进行小组合作交流和自主学习，以达到课程标准中关于认知与情感目标的要求。该教学模式不仅可以加深对知识技能的理解与掌握，还有助于培养创新思维与工匠精神。

4. 管理 TRIZ 结合探究式教学的必要性

TRIZ 是一种发明问题解决理论，它是一套研究方法体系，能够帮助进行发明创新。TRIZ 能够有效地描述新技术和新系统的发展过程，并详细阐述技术和系统的演化过程。然而，TRIZ 理论相对较为复杂，最好结合其他理论使用以达到更好的效果。在实践中，探究式课程教学模式容易导致思维发散后难以聚焦，从而导致后续执行困难。这不利于全面培养工匠型人才，也不利于激发学生的学习兴趣和提升职业能力。因此，将 TRIZ 与探究式教学相结合进行管理是非常必要的。

（二）探究宁波汽车产业高职经管人才的工匠精神培育

1. 培养目标

在产教融合的背景下，本案例以"汽车客户服务管理"课程为例，采用了"1+3"教学模式、五步探究式教学方式、信息化教学技术以及 TRIZ 理论（解决问题），以创新的方式培养出宁波高职汽车营销的工匠型人才。通过这种培养方式，它将有助于培养具有爱岗敬业的职业精神、精益求精的品质精神、协作共进的团队精神以及追求卓越的创新精神的宁波汽车营销"匠才"。

2. 实施路径

（1）教学理念改革。通过立德树人，培养工匠意识。本课程把立德树人放在首位，培养学生对岗位对专业的认同感，解决不喜欢专业，排斥课程的问题，克服浮躁的学习心态。加强对汽车产品、行业和产业进行解读，增强他们对顾客和国家的责任感和使命感，培养工匠意识。

（2）教学实施改革。其目标是深化产教融合，探究多元课程创新，以培养工匠精神。为实现这一目标，本案例主要从三个方面入手：采用"1+3"的教学模式、推行"五步"探究式课程教学方式，以及应用信息化教学手段。

一是"1+3"的教学模式快速弥补了授课师资与设施的短板。由于本课程的校内教师都是非汽车专业人士，对宁波汽车行业及其销售相关的知识和技能都很短缺。"1+3"的教学模式中，"1"代表一门专业核心课程，而"3"则代表该课程所对应的校内教学团队、校外企业教师以及宁波地区的紧密型合作企业。校内教学团队与校外企业教师共同备课，迅速补充知识的不足。校外企业教师拥有丰富的汽车销售经验和熟练的销售技巧，填补了校内教师在汽车销售技能方面的不足。紧密型合作企业提供学生所需的教学用车和真实的企业调研场景，为课程的技能训练提供支持。因此，该教学模式能够深化产业与教育的融合，有效弥补师资和设施上的不足之处。

二是采用"五步"探究式课程教学方式培养学生工匠精神。本课程针对"汽车客户服务管理"课程，创建了"激、问、探、练、拓"五个环节探究教学模式，如图 13-5 所示。

图 13-5 "五步"探究式教学模式

三是采用信息化教学手段。本课程通过蓝墨云班课平台，提供各种课程训练，学生可通过手机端来完成课程学习，养成善用手机学习的良好习惯。

（3）实施疑难改革。用管理 TRIZ 理论结合探究式教学，解决本课程改革的疑难问题。本课程中曾设计创新问题情境问卷来解决课堂问题，教学整体效果改善明显。

（三）产教融合教学实施难点的解决

1. 探究式教学模式的设计与内容选择

本课程采用自主合作探究的教学模式，选择"向顾客推荐新车"的内容进行探索。新车推荐是本课程中专业性和实践性最强的内容，最重要的内容，所占篇幅几乎是整本教材的一半，所以本课程将选它为探究式教学模式的教学内容。

2. 制定探究式课程教学的评价体系

注重学习结果和过程的评价，实现定量、定性、形成性、总结性、个人、小组、自我和他人评价的结合。在产教融合背景下的探究宁波高职经管类课程的教学改革，不仅可以培养学生理解、掌握本课程的知识与技能，更有利于培养宁波高校学生对汽车行业爱岗敬业、不断进取、追求卓越的工匠品质。

本章小结

在汽车产业集群化发展中涌现了一批非常优秀的汽车企业，这些汽车企业在转型发展中的经验具有非常重要的价值，也为宁波汽车产业集群的发展提供许多经验与参考。同时作者结合自己的工作实践，分享了在宁波中高端新能源汽车消费、电动汽车使用以及宁波高校在培养汽车产业的经管类人才的案例。本章可为其他正在或者即将进行产业集群升级的汽车产业人士提供一定的参考。

第十四章　启示与展望

一、研究启示

在汽车新赛道和"双碳"目标等背景下，从全球价值链视角来研究宁波汽车产业集群升级，实质是我国地方产业集群在新形态下的绿色低碳高质量发展的一个典型案例。它可为其他地区的产业经济发展提供如下启示。

一是找准产业集群发展的战略定位。宁波汽车产业集群在分析内外部环境和自身优劣势之后，借鉴日本丰田汽车产业集群的"整零轮轴式"协同发展模式，确定集群升级定位为在政府的相关政策支持指引下，走技术自主创新的道路。这也是中国很多地区的相关产业发展的可借鉴之路。

二是确定产业集群升级的特色目标。在智能化时代，汽车消费越来越多样化，宁波汽车产业集群升级的目标是打造高质量的汽车制造业、先进的汽车服务业、集群团队协调发展，共同走向全球化的品牌集群。各地的产业集群也可结合自身特点，打造出有区域特色的优质品牌产业或产业集群。

三是做好集群高质量发展的重要保障。当前全球汽车产业正处于价值链重构，新赛道带来产业布局调整的关键时期，但同时又面临国际形势的百年未有之大变局，各地汽车产业集群内外的各相关企业和组织应齐心协力抓住"弯道超车"的重大契机，做好集群的高质量发展的重要保障，确保汽车产业链和供应链的安全和韧性。

四是维护好集群高质量发展生态环境。在新能源新赛道下，具有技术密集、资本密集和知识密集的汽车产业集群要"做大做强做活做新"，尤其离不开良好的营商环境。宁波汽车产业集群的 5000 多家企业和组织，民营企业占有绝大部分，也是集群中发展最活跃、成绩最突出的个体。它们成功的背后离不开宁波市政各级机构的创新服务理念，"最多跑一次"，"一事一议"等，对集群发展的有效驱动和监督管理。

因此在新形势下宁波汽车产业集群能够成功升级的主要原因在于：找准产业集群发展的战略定位，坚持走自主创新道路；打造高质量特色的汽车制造业、先进的汽车服务业和共同走向全球化的品牌集群；做好集群高质量发展的保障，确保汽车产业链和供应链的安全和韧性；维护好集群高质量发展生态环境，尤其要营造良好的营商环境。各地汽车产业集群或其他特色产业也需要在做好高质量发展顶层设计、协调集群内外资源，"做大做强做活做新"，做好集群高质量发展和可持续发展。

二、未来展望

我国汽车产业发展的生态环境。全球政治格局正加速演变，汽车产业链生态逆全球化。我国汽车产业已经历了模仿、创造、创新三个阶段，目前已经可以平视世界。当前我国汽车产业已实现产销量、保有量、出口量和报废量全球第一。我国的汽车技术已取得突破性进展，在不同领域呈现的优势各异。自主汽车品牌将成为全球关注点，未来的新能源与智能网联汽车将会加速得到普及。

我国汽车产业集群的发展预期。汽车产业集群边界将从"有界"向"无界"发展，在新能源的赛道上有更多的发展机遇。未来将有更多产业参与汽车产业主体的跨界融合，共同打造以汽车为核心的生态体系。汽车供应链体系将从"链式关系"向"网状生态"演变，构建安全可控的供应链体系成为新时期产业安全的新要求。汽车产品与技术将加速向电动化、智能化、网联化、共享化方向发展，产业需做好管理协同、创新攻关和服务创新来迎接新赛道。

宁波汽车产业集群的发展预期。宁波汽车产业集群作为国家级优势培育产业集群，汽车产业作为宁波的经济龙头，其发展之路将任重而道远。未来宁波汽车产业集群除了继续坚守关键软硬件、材料、工艺等的优势领域外，还将在新能源、智能网联、燃料电池和轻量化汽车零部件等新领域拓展，打造宁波"新能源汽车之城"，塑造"汽车强市"的宁波名片，做好全国"重要窗口"的"模范生"。

参 考 文 献

[1] 肖景橙. 汽车产业集群生态系统健康评价研究[D]. 重庆：重庆师范大学，2018.

[2] 温茜茜. 中国产业发展模式研究[D]. 上海：复旦大学，2015.

[3] 何旭. 基于"钻石模型"的我国新能源汽车产业竞争力评价研究[D]. 赣州：江西理工大学，2020.

[4] 邵云飞，王思梦，詹坤. TRIZ 理论集成与应用研究综述[J]. 电子科技大学学报（社科版），2019，21（04）：30-39.

[5] 周蕾. 全球价值链视角下中国汽车产业升级路径研究综述[J]. 对外经贸，2018（05）：74-78，98.

[6] 杜秋实. 全球价值链视角下中国汽车产业升级路径研究[D]. 重庆：重庆工商大学，2023.

[7] 王君华，刘国新. 面向 TRIZ 的企业内部协同创新体系构建思路[J]. 科学学研究，2015，33（06）：943-950.

[8] 孟祥霞. 跨国经营企业发展模式创新与路径拓展：宁波跨国经营企业典型案例研究[M]. 杭州：浙江大学出版社，2018. 02.

[9] 张东生，王文福，孙建广. 管理视域下 TRIZ 理论研究趋势探析[J]. 当代经济管理，2020，42（01）：14-21.

[10] 窦思敏. 宁波市创新集群与产业结构优化互动的典型模式与规律[D]. 宁波：宁波大学，2019.

[11] 2022 全球汽车供应链核心企业竞争力白皮书：新时代新机遇下的核心竞争力构建[J]. 汽车与配件，2022（20）：56-60.

[12] 闵珊，李洪庆，杨帆，等. 中国汽车产业集群发展现状及对策研究[J]. 商业经济，2022（2）：59-61+160.

[13] 甘栩玫，杨西平. 新能源背景下的比亚迪盈利能力分析[J]. 老字号品牌营销，2022（10）：121-123.

[14] 罗兰贝格管理咨询. 解密汽车营销十大关键趋势[J]. 汽车与配件，2021（22）：46.

[15] 杜运潮，角雪岭. 鄞州区汽车零部件产业集群高质量发展策略研究[J]. 宁波经济（三江论坛），2022（7）：10-12，32.

[16] 顾志鹏. 领略科技战略力量触摸共富科技密码[J]. 今日科技，2022（8）：2-7.

[17] 曹莉. 全方位打造战略性新兴产业——记浙江省磁性材料应用技术制造业创新中心[J]. 中国科技产业，2022（5）：40-41.

[18] 耿彪. 汽车产业转型升级背景下汽修职业教育专业建设的研究（上）[J]. 汽车维修与保养，2020（10）：85-87.

[19] 陈星华. 构建基于 1+X 证书制度下新能源汽车技术专业职业技能证书体系[J]. 时代汽车，2021（11）：36-37.

[20] 谢玉菡. 基于职业能力培养的中职学校新能源汽车专业人才培养研究[D]. 天津：天津职业技术师范大学，2020.

[21] 徐明辉，张红烛，蒋一春. 我国非中规进口汽车认证制度发展历史及前景建议[J]. 时代汽车，2022（16）：25-29.

[22] 李文龙. "大市场、大质量、大监管下的检验检测机构成长与发展概论"系列（二）我国汽车检验检测机构的成长与发展概论[J]. 中国认证认可，2021（7）：6-16.

[23] 林佳飞. 薪酬满意度和工作绩效关系研究——基于员工敬业度和组织公平的交互作用[D]. 杭州：浙江工业大学，2020.

[24] 李伟云. A汽车零部件公司多元化战略研究[D]. 成都：西南财经大学，2021.

[25] 柴威武. 一汽-大众全新数字高尔夫车型市场营销策略研究[D]. 长春：吉林大学，2021.

[26] 王自立. 电动汽车电机驱动控制系统研究[D]. 南宁：广西大学，2020.

[27] 刘光辉. 基于云模型和 PROMETHEE 评价法的电动汽车充电站选址研究[D]. 广州：暨南大学，2018.

[28] 任禹洁. 新能源汽车上市公司绩效的行业内部关联与综合价值研究[D]. 西安：陕西科技大学，2019.

[29] 陈琦. 基于电化学模型的锂离子电池状态估计[D]. 镇江：江苏大学，2022.

[30] 褚芝含. 补贴退坡背景下融资结构对比亚迪财务绩效的影响研究[D]. 兰州：甘肃政法大学，2022.

[31] 刘玉彬. 动力电池过热应急冷却热管理系统研究[D]. 长春：吉林大学，2021.

[32] 钱林霞. 汽车产业变局 大湾区完整产业链优势突显[J]. 新经济，2022（9）：9-14.

[33] 刘军明. 广州小鹏汽车科技有限公司 P7 车型市场营销策略研究[D]. 长春：吉林大学，2021.

[34] 王柄根. 华为汽车产业链将迎上行周期[J]. 股市动态分析，2023（20）：54-55.

[35] 胡德文，刘美玲，陶亭希．宁波国家级制造业单项冠军企业现状特征分析[J]．质量与市场，2022（15）：4-6．

[36] 顾婷婷．全球价值链视角下我国制造业产业升级的驱动因素研究[D]．南京：东南大学，2020．

[37] 贾生华，吴晓冰．全球价值链理论与浙江产业集群升级模式研究[J]．技术经济，2006（4）：29-31．

[38] 胡大立．我国产业集群全球价值链"低端锁定"战略风险及转型升级路径研究[J]．科技进步与对策，2016，33（03）：66-71．

[39] 余玉龙，王晓萍．基于全球价值链的产业集群升级研究：一个应用模型[J]．产业与科技论坛，2008（4）：37-39．

[40] Humphrey, J and Schmitz, H..Governance and Upgrading:Linking Industrial Cluster and GlobalValue Chain[R]. IDS Working Paper 120, Brighton:2000.

[41] Gary Gereffi, John Humphrey and Timothy Sturgeon. The Governance of Global Value Chains[J]. Review of International Political Economy, Vol.12, No.1, 2005, pp.78-104.

[42] 赵超越．清洁能源汽车产业生态研究[D]．北京：北京邮电大学，2020．

[43] 刘涛．PEM 燃料电池改性扩散层表面液滴动态行为数值模拟研究[D]．天津：天津商业大学，2021．

[44] 刘星．混合固化镧镍合金吸/放氢性能研究[D]．大连：大连理工大学，2021．

[45] 吴蔚．中国汽车从"走出去"到"走上去"[N]．经济参考报，2021-12-17（005）．

[46] 马艳．"阵痛期"汽车产业如何迈向现代化新征程[N]．中国工业报，2023-04-07（003）．

[47] 本刊．杨琳：商用车巨大的成交量背后，是智能、创新需求提升——在 2020 物流与运输车辆高峰论坛上的致词[J]．商用汽车，2020（12）：18-19．

[48] 2023 中国商用车绿色低碳发展论坛　中国商用车及零部件行业可持续发展大奖[J]．汽车与配件，2023（23）：18-38．

[49] 李建林，邵晨曦，张则栋，等．氢能产业政策及商业化模式分析[J]．发电技术，2023，44（03）：287-295．

[50] 施博文，余敏，许晓敏，等．"双碳"目标下超大型城市氢能汽车的应用[J]．信息与管理研究，2023，8（Z1）：40-51．

[51] 陈静纯．"双碳"目标下我国新能源汽车产业面临的挑战及对策[J]．时代汽车，2023，（24）：119-121．

[52] 罗仕华，胡维昊，刘雯，等．中国 2060 碳中和能源系统转型路径研究[J]．中

国科学：技术科学，2024（01）：43-64.

[53]　苟雯，郑慧慧. 宁波氢能产业"跨越式"发展有待时日[N]. 宁波日报，2021-08-27（011）.

[54]　邓婕. 浙江宁波：跑出数字经济高质量发展加速度[N]. 经济参考报，2023-10-12（004）

[55]　董娜，唐婕，刘馨泽. 去年我市 22 万辆新车减税超 27 亿元[N]. 宁波日报，2023-01-12（001）.

[56]　宁波市经济和信息化委员会. 建设宁海智能汽车小镇 打造宁波"工业客厅"[N]. 宁波日报. 2021-02-15（001）.

[57]　谢霞. 攻坚谋跨越 奋进再攀高 2019 年宁波推进"六争攻坚、三年攀高"行动综述[J]. 宁波通讯. 2020，（5）. 14-17.

[58]　任骏，张逸龙，刘怡然. 迈向制造业高质量发展新目标[J]. 宁波通讯，2019（13）：28-31.

[59]　拥抱数字经济春天，宁波按下"快进键"[N]. 宁波晚报. 2020-4-11（001）.

[60]　吴妮可，黄佩婷，朱其豪，等. "中国制造 2025"背景下宁波企业转型智能制造案例分析[J]. 经营与管理，2017（6）：22-25.

[61]　郁进东. 宁波着力推进数字经济系统建设："产业大脑"赋能智能化生产[N]. 经济日报. 2021-08-26（011）.

[62]　蔡克俭. 促进制造业与新一代信息技术、 智能技术深度融合 ——宁波市推进智能制造工程总结与展望[J]. 中国信息化，2019（6）：12-17.

[63]　毛加强. 慈溪市自主创新 100 例[M]. 杭州：浙江人民出版社出版. 2007.

[64]　王喜文. 新产业政策[M]. 北京：新华出版社，2017.

[65]　中国汽车动力电池产业创新联盟. 2022 年国内新能源汽车及动力电池市场预测[J]. 汽车纵横，2022（8）：79-82.

[66]　窦雨. 中国电动汽车发展情景与钴需求分析[D]. 北京：中国地质大学（北京），2020.

[67]　夏丹，尤畅，王丹静，等. 宁波以 45 家制造业单项冠军企业居全国之首 背后秘诀何在[N]. 浙江日报. 2021-08-05（001）.

[68]　延续增长态势 2022 年国内汽车销量超 2686 万辆[J]. 越野世界，2023，18（8）：8-9.

[69]　本刊记者. 从"单项冠军"到"小巨人"：宁波企业的非凡亚运[J]. 宁波经济（财经视点），2023（12）：26-27.

[70]　杜莎. 汽车变革趋势下的安全新思路[J]. 汽车与配件，2019（23）：38-40.

[71]　朱俏俏. 资源型产业集群与制造业产业集群转型升级演化路径的异同研究

[D]. 乌鲁木齐：新疆大学，2016.

[72] 王丹. WL 新能源汽车发展战略研究[D]. 重庆：重庆师范大学，2021.

[73] 陈露楠. FDI 对中国制造业全球价值链地位升级的效应分析[D]. 大连：东北财经大学，2019.

[74] 马冲. GVC 视角下中国汽车产业升级的 SWOT 分析[J]. 全国流通经济，2019（4）：98-100.

[75] 徐小雅. 基于全球价值链的皖江城市带汽车产业集群升级分析[J]. 宿州学院学报，2015，30（2）：32-35.

[76] 王文东. 汽车产业集群竞争力区域比较——以长春、北京、天津、上海、重庆和广州为例[D]. 天津：天津商业大学，2018.

[77] 陆斌亿. 东风柳汽公司售后配件供应链优化策略研究[D]. 桂林：广西师范大学，2019.

[78] 解柠羽. 美日汽车产业集群生命周期比较研究[D]. 长春：吉林大学，2011.

[79] 曲中直. 一汽集团自动驾驶汽车业务竞争战略研究[D]. 长春：吉林大学，2022.

[80] 肖潇，周立峰. 四川省汽车产业发展探讨[C]. 四川省第十五届汽车学术年会论文集，2021.

[81] 李志勇. 中国汽车产业集群触发"链式效应"竞争力[N]. 经济参考报，2021-06-28.

[82] 郭艺璇. 混合所有制改革下员工持股计划的激励效果研究[D]. 南昌：华东交通大学，2020.

[83] 薛瑜婷. 新收入准则对汽车制造企业财务的影响研究 ——以上汽集团为例[D]. 上海：华东师范大学，2022.

[84] 李开娟. X 品牌新车营销项目化管理研究[D]. 成都：电子科技大学，2019.

[85] 何新星. 成渝地区双城经济圈功能分工对城市全要素生产率的影响研究[D]. 重庆：西南大学，2022.

[86] 中国汽车技术研究中心，日产（中国）投资有限公司，东风汽车有限公司. 新能源汽车蓝皮书[M]. 北京：社会科学文献出版社，2023.

[87] 张兆英. 电动汽车消费"软环境"思考[J]. 合作经济与科技，2021（10）：63-65.

[88] 陈传宣，张兆英. 产教融合视域下探究高职经管人才工匠精神培育的课程实施[J]. 今日财富，2020（12）：134-135.

[89] 浙江省工业和信息化研究院. 2017 浙江工业发展报告[M]. 杭州：浙江大学出版社，2018. 01.

[90] 赵立金. 中国新能源汽车发展及挑战[C]. 2018 铌在电池中应用国际研讨会

论文集，2018：1-12.

[91]　王凯艺．宁波加速打造新能源汽车之城[N]．浙江日报，2023-02-20（002）.

[92]　刘刚．"产业大脑+未来工厂"促进余杭区"专精特新"发展的路径与对策研究[J]．企业科技与发展，2023，（11）：10-14+18.

[93]　赵雅玲．中国制造企业国际化过程中的技术创新策略——以吉利汽车为例[J]．企业经济，2021，40（5）：14-21.

[94]　罗幸钞．吉利汽车中欧跨文化管理策略研究[D]．长春：吉林大学，2022.

[95]　资料整理来源：洞见研报官网 https://www.djyanbao.com/report/

[96]　资料整理来源：宁波人民政府网 http://www.ningbo.gov.cn/

[97]　资料整理来源：宁波市经济和信息化局 http://jxj.ningbo.gov.cn/

[98]　资料整理来源：宁波市汽车工业发展年度报告（2018-2022）